自民党の番頭

二階幹事長の懐刀

林幹雄の凄腕

大下英治
Eiji Ohshita

さくら舎

【目次】自民党の番頭　林幹雄の凄腕《すごうで》――二階幹事長の懐刀

第1章　自民党幹事長特別補佐官

第2章　先見力と迅速力

第3章　安岡正篤と林大幹

第４章　政界再編の奔流

第5章　野党生活

第6章　経済産業大臣

第７章　経済政策の推進

第8章　二階幹事長の凄技外交

自民党の番頭　林幹雄の凄腕《すごうで》——二階幹事長の懐刀

第1章　自民党幹事長特別補佐官

二階幹事長下の〝特別補佐官〟始動

自民党総務会長であった二階俊博《にかいとしひろ》は、平成二十八年八月三日の自民党役員人事で、安倍晋三《あべしんぞう》総理大臣から幹事長に指名された。その直前まで、幹事長の職に就いていた谷垣禎一《たにがきさだかず》が、七月十六日、趣味のサイクリング中に転倒。当初、谷垣幹事長のけがの程度は軽いとされていたが、八月三日の党役員人事までの復帰は困難な状況であることが判明、幹事長職の続行は難しいとの結論が出た。

二階は南米・ペルーを訪問中に安倍総理からの電話を受けた。八月一日に一人で総理官邸に来てほしいという。

〈〝一人で来てほしい〟ということは、人事面の相談事だろうな〉

二階にはそう察しがついた。

二階は八月一日の午前十一時、総理官邸を訪れると、安倍総理から、こう告げられた。

「幹事長をお引き受けいただきたい。すべてをお任せします」

その言葉を受けて、二階は思った。

〈大変重要な役割を命ぜられた。全力を尽くして、総理を支えていかなくては〉

その直後、経済産業大臣を交代する直前の林幹雄《はやしもとお》のもとに二階俊博から電話があった。

「ちょっと、宿舎に来れないか？」

内閣改造がその直後に予定されている時期であった。

〈何か人事についてだろうか……〉

林はそう思い、赤坂宿舎の二階の部屋に向かった。

二階は言った。

「実は、安倍総理から幹事長をやれと言われたんだ」

林はすぐに言った。

「会長、断っちゃダメですよ」

林はさらに言った。

「今度、わたしは経産大臣の役職は交代でしょうから、わたしで良かったら幹事長代理でお願いします」

二階もそう考えていたらしく、言った。

「じゃあ、そうしてもらおう」

林は、それ以来、幹事長代理として様々な職務をこなしている。

林は、自らの職務について語る。

「わかりやすくいえば、幹事長特別補佐官のようなポジションです」


二階幹事長は、平成二十八年八月に自民党の幹事長に就任して以来、幹事長代理としてコンビを組む林幹雄について、以前からの政治家としての印象について語る。

「林さんが志帥会《しすい》（二階派）に入ったのは平成二十五年一月からですが、その前から、仕事を共にする機会は多かった。落ち着いた性格で、じっと腰を据えて物事に取り組むことができる数少ない有能な政治家の一人として頼りにしていました」

「ポスト安倍は安倍」という磐石の背景

二階幹事長は長い政治家生活のなかで、複数の官邸を見てきている。その経験からしても、第一次安倍内閣と比較して、第二次安倍内閣の人事面の采配はとてもうまくいっていると感じている。

菅義偉

例えば、菅義偉《すがよしひで》官房長官については、安倍総理ともっとも気が合う人材を登用していると感じる。具体的には、総理に話した内容は、官房長官に言わなくても必ず伝わっている。

また、官房長官に話を通せば、総理にも必ず伝達される。この両者の信頼関係が、内閣運営において大きな効果を発揮している。

〈生意気な言い方になってしまうかもしれないが、やはり、安倍総理自身が、ご苦労されたことによって、人間的にさらに、大きくなられたのだろう〉

人材登用の面はもちろんだが、安倍総理は自信と経験を蓄え、演説もずいぶん上達したと二階は思う。

また、ひところは総理大臣が一年交代という時期があった。しかし、現在の安倍内閣は長期政権として安定し、諸外国の交渉の際にも有利に働く。

現在の内閣は、長きにわたり政府や党で政治に取り組んできたベテランばかりを揃えている。二階は、安倍総理が思い描いている政策を実現できるような環境をつくりたい。

二階は、時折、記者から質問を受けることがある。

「ポスト安倍は、誰ですか？」

二階は、こう答えるのだという。

「安倍総理のあとは、安倍総理です」

じっくり長期政権で政治に取り組むことにより、外国の政治家からの評価が高まる。ＴＰＰにしろ、アメリカのトランプ新大統領との関係にしろ、国際社会、国際政治の場で日本がリーダーシップを取るようになるだろう。各国の首脳が集まるような場で、安倍総理が中央にいる。その姿を見て、二階は、日本が国力を付けてきたと同時に、安倍総理自身が能力を高めてきていることを強く感じる。

二階幹事長は、第一次安倍内閣と第二次安倍内閣の違いは、安倍総理に対する党内の評価、世間的な評判が大きく向上した点だと考えている。二階の長い議員経験から見ても、これはやはり、安倍総理自身が自信を持って政治に取り組んでいるからにほかならない。

昔から、総理大臣が就任すると、党内からなるべくその内閣を早く終わらせようとする勢力が現れる。政治目標の一つとして、内閣を潰しにかかるようなグループがいたりするのである。

しかし、今回の安倍内閣に関しては、少なくとも自民党内には、総理の座から引きずり降ろそうなどと考えている者はいないと二階は見ている。みなが、安倍の政治手腕に満足しているのだ。

外交一つとってみても、世界中を回って国際的に見事なコミュニケーションを実現している。このことに対して、党内からは賞賛の拍手が鳴りやまない。

なぜ安倍外交は順調なのか。それは、安倍総理自身の祖父の岸信介《きしのぶすけ》元総理、父親の安倍晋太郎《しんたろう》元外務大臣と、大物政治家に囲まれて育ってきたという家庭環境も大きいと、二階は考えている。

さらに、これまでの外交が成功し続けていることの好影響もあるだろう。

糸魚川《いといがわ》市大火への迅速対応

平成二十八年十二月二十二日の昼前から二十三日の夕方まで、新潟県糸魚川市で大規模火災が発生した。糸魚川駅近くのラーメン店で発生したこの火事は、強い南風が吹いていたことや、発生地域が昭和初期に建造された雁木《がんぎ》造の商店街や木造住宅の密集地域であったことにより、日本海方向に拡大、延焼した。

その規模は、多発的に出火する地震や津波の二次災害を除いて、単一出火の延焼では、日本国内で過去二十年間で最大となった。

人的被害は、消防団員十五名を含めて、負傷者十七名で、死者は発生しなかった。

その一方、建物への被害は激しかった。慶安三年（一六五〇年）創業で新潟県最古の酒蔵として知られている加賀の井酒造の酒蔵、相馬御風《そうまぎょふう》にゆかりの品を所蔵し過去の糸魚川での大火を免れて百九十五年にわたって存続してきた割烹「鶴来家《つるぎや》」、北大路魯山人《きたおおじろさんじん》や美空ひばりなどの多くの著名人が宿泊したことで知られる旅館「平安堂」などが焼失した。

この災害からの復興にいち早く動いたのが自民党幹事長の二階俊博であった。

二階は、被害状況を聞き思った。

〈これは、自然災害以外のなにものでもない。被災者生活再建支援法が絶対に適用されるべきだ〉

被災者生活再建支援法は、自然災害の被災者への支援を目的とした法律で、阪神・淡路大震災をきっかけに平成十年に成立した。

この法律が適用されると、住宅の被害程度に応じて、全壊した自宅を新築で再建した場合は最大三〇〇万円、大規模半壊で新築した場合は最大二百五十万円などが支給される。また、新潟県、糸魚川市の制度で上乗せ額は全壊が百万円、半壊が五十万円である。

新潟県内では、平成十六年の中越地震で適用された。また、平成十九年の中越沖地震を契機に、それまで家財道具購入などに限られていた用途が住宅再建などにも拡大された。

だが、この法律はこれまで地震による被害などが中心で、火災による被害での適用はなかった。

しかし、二階は適用するべきだと強く思っていた。すぐさま、自民党として取り組み始めた。

十二月二十七日には、自民党災害対策特別委員会・総務部会の合同会議を開催した。

この会議で、すでに現地視察をおこなった自民党新潟県連の報告や要請を踏まえて、今回の火災災害を強風による「自然災害」と位置づけて、被災者生活再建支援制度を活用することができないか、政府に早急の検討を求めることを決定した。

こうした声を受けて、政府内でも検討が進んでいく。松本純《まつもとじゅん》防災担当大臣、麻生太郎《あそうたろう》財務大臣らが調整し、最終的に安倍総理大臣が適用を決断した。

十二月三十日には、第二回の自民党災害対策特別委員会・総務部会の合同会議が開催された。

この席で、松本純防災担当大臣は、糸魚川大火で住宅被害を受けた人に被災者生活再建支援法を適用し、支援金を支給することを明らかにした。

こうして火災では初めてとなる支援金の支給をおこなうことが決まったのだ。

自民党の幹事長代理を務める林幹雄衆議院議員は、ホッと胸をなでおろしていた。

〈良かった。住宅再建のメドが立ち、被災者の方たちも安心して年が越せるな〉

林は、会議終了後、自民党幹事長室を訪れ、二階俊博に言った。

「幹事長、すぐに適用が決まって良かったですね」

そう言って、林は幹事長室を引き揚げようとした。

その林の後ろ姿に、二階から声がかかった。

「よし、これから現地に行くぞ」

林は驚いた。

「えっ、幹事長、今からですか？」

二階が続けた。

「せっかく決まったんだったら、すぐに報告しに行こう。それに現地の視察をして激励もしなきゃダメだ。この寒空の下、被災者の方たちは不安になっているだろうから励まさないといけない。それだけじゃなく、今後についての要望もあるだろうから、それも聞いて次の取り組みに進まないといけない」

「わかりました」

林はすぐに糸魚川市まで視察に向かう調整に取りかかった。なにせ年の瀬の十二月三十日である。一年のうちでもっとも飛行機や新幹線のチケットが取りにくい時期だ。

すぐに調べた。飛行機も北陸新幹線も、ほぼ売り切れだった。

林は困った。

〈どうするか、こうなったら、ヘリをチャーターするしかないか……〉

そう思ってヘリコプターの運航会社に問い合わせてみた。だが、それも無理だった。

〈最悪、バスをチャーターして一晩かけて行くしかないか……〉

そう思っているとき、たまたま羽田空港発—富山空港行きの最終便である全日空三二一便が十三席ほど空席があることがわかった。

林はすぐに言った。

「よし、それを押さえてくれ」

富山市から新潟県の西端にある糸魚川市まで車で一時間ほどだ。

林は、富山市で一泊したのち、翌日の朝早くから視察するスケジュールを組んだ。

と同時に、米山隆一《よねやまりゅういち》新潟県知事や糸魚川市の米田徹《よねだとおる》市長など現地の要所要所にもすぐに連絡した。

大晦日《おおみそか》の被災地行きの帰結

二階と林のほか、視察に同行したのは、副幹事長で北信越ブロック担当の左藤章、副幹事長の堂故茂、自民党政調会長代理で災害担当の片山さつき、自民党災害対策特別委員長の三原朝彦《みはらあさひこ》、自民党災害対策特別委員長代理の佐藤信秋《さとうのぶあき》、自民党災害対策特別委員会の事務局長の坂本哲志《さかもとてつし》、自民党国土強靭化推進本部事務総長の福井照《ふくいてる》、環境副大臣の伊藤忠彦《いとうただひこ》、自民党新潟県連会長の長島忠美《ながしまただよし》、地元の新潟県第六区選出の高鳥修一《たかとりしゅういち》、新潟県選出の塚田一郎《つかだいちろう》らであった。

実は、被災者生活再建支援制度の適用のほかに、もう一つ心配事があった。

それは、火災により大量に出現したがれきの処理費であった。火事の場合は、本来がれきの処理は自己負担になる。

だが、自然災害の指定を受けるとそれも自己負担がゼロになる。被災者にとってみれば、そのほうが経済的な負担は軽減されるし、復興に向けた足がかりにもなる。

がれきの処理費をめぐっては、糸魚川市は、原則として八割を負担し、所有者の負担は二割を上限にする方針を示していた。

二階は、糸魚川市役所で米山知事、米田徹市長らと意見交換した際に語った。

「災害廃棄物（がれき）の処理費は被災した方々の心配事なので、個人負担はゼロにしよう」

その後、二階や林たちは、被災現場を視察した。

火災からまだ一週間ほどだったため、市の中心部には深刻な火災の影響が残っていた。

二階は、報道陣に対し、がれきの個人負担ゼロの方針について語った。

「この方針どおりやる。一つ一つ市長や知事とよく相談しながら対応したい」

二階の発言を受けて、米田市長は、この日午後の記者会見で語った。

「力強い言葉をいただいた。国が費用を何割負担するかなど、詳細は年明けに協議したい」

視察を終えると、二階たち一行は北陸新幹線で夕方に帰京した。

二階の行動は、その後も迅速だった。

現地でのヒアリングをおこなうと、すぐさま聞いた五項目の要望について、自民党の災害対策特別委員長の三原朝彦に指示を飛ばした。

「委員長、この要望を今すぐ各省庁に伝えてくれ。三十一日でもやっているはずだ。それで年が明けた六日におこなう三回目の対策会議でその結果が報告できるようにしてくれ」

林は、一瞬も気を緩めることなく、大晦日の最後の最後まで仕事に徹する二階のすさまじさに驚嘆した。

年の明けた平成二十九年一月五日、この日は自民党の仕事始めであった。

安倍総理は、自民党役員会の席で二階に礼を言った。

「二階幹事長に心からお礼を申し上げたい。三十一日の大晦日に被災地に行き、現地の要望を改めて聞いて対応してくれてありがとうございます。国民に自民党がいかに仕事しているかアピールしてくれて、本当に感謝しています」

一月十二日、糸魚川市は、被災した建物のがれき撤去費用について、全額を国と市が負担すると発表した。

その後の調整もあり、最終的には、国が費用の九割を負担し、残る一割を市が負担することで調整がついた。視察時に二階が提案したとおりの結果になったのだった。

二階は、幹事長代理としての林の仕事ぶりについても、語る。

「付き合いが長いから、いちいち説明しなくてもお互い阿吽《あうん》の呼吸でやれることが多い。なにより、とても助かっている。幹事長の職務をこなすうえで、林さんの存在は非常に大きい」

古老たちが語る二階俊博〝幹事長〟の凄み

かつて衆議院副議長や、自治大臣、厚生大臣、通産大臣などを歴任し、平成二十四年十一月に民主党顧問を最後に引退した渡部恒三《わたなべこうぞう》は、二階俊博をよく知る一人である。

渡部は、二階が自民党幹事長に就任してから一カ月近くが経った平成二十八年九月二日、都内の料理店で二階と会食した。渡部は、幹事長に就任した二階を激励した。

二階にとって、渡部は、田中角栄元総理が率いた自民党田中派の先輩にあたる。

渡部は、その席で語った。

「最近、新聞を読まなくなったが、二階幹事長になってから読むようになった。田中《たなか》（角栄《かくえい》）幹事長以来の幹事長だ。残りの人は、忘れた」

渡部は、二階を幹事長にした安倍総理の人事を絶賛する。

「やっぱり、戦後の歴代の自民党幹事長を見てきたけど、田中（角栄）幹事長が一番。その次が二階幹事長。安倍総理もワンマンなところがあるけれど、その欠点を補える人事。また、中国ともパイプがあるし、安倍総理のようなタカ派なところもないから、多くの人たちが安心感を持って見ることができる。残念ながら、この人事のおかげで安倍政権は続いてしまうよ」

渡部は、田中角栄と二階の違いについても語った。

「ちょっと比較するのは無理。田中角栄は、まさに天才政治家。二階君はそんな天才ではないものの、地味だけど、非常に立派な実績をつくってコツコツとやっていくタイプ。まさに努力の人。一度は自分たちと一緒に自民党を出たけれども、今の自民党では、最高の適任者。二階君のほかに誰がいるのかと思う」

渡部恒三

自民党を飛び出し、新生党、新進党と行動をともにしたあと、二階は、自由党、保守党、保守新党を経て、自民党に。一方、渡部は、衆議院副議長を務めたあと、無所属、そして民主党と袂《たもと》を分かった。だが、渡部と二階の人間関係は党を異なることになっても、変わることはなかった。

渡部が語る。

「二階君の良いところは、極めて誠実で、もっとも信頼できるところ。今もっとも信頼する政治家といえば、百人が百人、二階俊博って言うんじゃないか」

　渡部は、小選挙区制が導入されたことにより、かつての中選挙区時代のように政治家がそれぞれ人間性を磨いたり、切磋《せっさ》琢磨《たくま》する雰囲気がなくなったと嘆く。

古賀誠

「田中角栄ブームが起こったように、弱い立場の人の気持ちがわかるような政治家が今の政治家にはいなくなってしまった。それは与野党含めてで、与党も野党も、国会議員がみんなサラリーマンになっている。そういうなかで田中角栄の時代を想い出させる政治家は二階俊博ただ一人。十年後、二十年後、三十年後の日本を考えたら、本当に心配だ」

　かつて自民党幹事長や運輸大臣を務めた古賀誠《こがまこと》は、二階俊博を古くから知る一人だ。

平成五年、宮澤喜《みやざわき》一《いち》内閣への不信任案の採決をきっかけに、二階は、小沢一郎《おざわいちろう》や羽田孜《はたつとむ》らと一緒に自民党を飛び出し、新生党を結成する。その後、二階は、新生党、新進党、自由党、保守党、保守新党に所属し、平成十五年十一月の衆院選後に自民党に合流する。

　古賀が語る。

「政界再編の時期は、政党をコロコロ変える議員がたくさんいました。今、彼らのほとんどは、消えていってしまいました。ですが二階さんは違います。立派に活躍なさっています。それはなぜか。二階さんは、所属する政党の名前こそ変わってきたかもしれませんが、本人の政治家としての姿勢はずっと変わることがなかった。だから他の政治家とは異なり、今も政治家を続けていらっしゃる。やはり、それは本人の姿勢、政治家としての軸足が変わらないからだと思います」

二階は、自民党の議員たちのなかでも中国や韓国などアジアとの強いパイプを持っている。

古賀が語る。

「二階さんは、非常に人脈を大事にします。やはり国と国をつなぐのは、人と人です。それを大事にする二階さんの姿勢は、日本の外交にとっても非常に重要だと思います」

二階は、現在、自民党の幹事長として活躍している。

「二階さんは、小泉《こいずみ》（純一郎《じゅんいちろう》）政権のときの郵政民営化委員会の委員長を務められた際もそうですが、ご自身の役職におけるガバナビリティをとても大事にされます。ご自身の考えがあっても、その役職の重要性を考えて行動されます。かつて、大平《おおひら》（正芳《まさよし》）先生が福田《ふくだ》（赳夫《たけお》）内閣の時代に幹事長を務めていましたが、国会で難しい局面が続いたときには、大平先生が自民党を代表して野党と交渉して、話をまとめられていました。福田先生と主義主張が違っても、自民党の幹事長という立場である以上は、ともに歩いていくという立場を徹底されていました。二階さんも、大平先生のように、幹事長としてしっかり職責を果たすんじゃないでしょうか」

第一次・二次安倍内閣の違いの源泉

安倍が重視している外交については、特に、対中国政策については、親中国派である二階は、安倍とは一線を画す。

執行部から外れれば、党人派の流れを汲むアンチ安倍派の先鋒となってもおかしくない。政界に幅広い人脈をもっているだけに、ひとたび反旗を翻《ひるがえ》すとなるとやっかいな存在だ。

安倍総理は、その二階を、幹事長に据えた。安倍総理に代わって自民党を束ねる立場に据えた。

二階が、小泉政権時代から力を注いできた「日本の観光立国化」が実現し、いまや観光は日本にとってなくてはならない産業の一つとなっている。平成二十六年の訪日外国人旅行者は、千三百四十一万人に達し、一千万人を超えた。

その旅行消費額も四三％増の二兆二百七十八億円に達した。海外のそれにくらべるとまだまだ伸びしろはある。地方創生にもつながるだけに、安倍総理としても重視したい産業である。

それとともに、二階の起用は安倍総理にとってもプラスに働く。

安倍総理を支えるのは、外交的に、特に、中国に対して強い姿勢を崩さない識者、政治家が多い。安倍総理が偏った思想、姿勢のひとたちで囲まれているのであれば、相手側も、安倍総理をそのような人物と見て、進むものも進まない。そこに、二階がいて、交渉役として間に入ることで日中関係にもよい影響をあたえるに違いない。

平成二十九年三月五日の自民党大会で、総裁任期の党則改正がおこなわれ、「二期六年」から「三期九年」に変更された。この党則改正の議論に火を点《つ》けたのは、安倍総理総裁を支える二階俊博幹事長であった。平成二十八年の参院選がおこなわれる一カ月前に、当時総務会長だった二階は、最初に言及していた。

おそらく二階独特の勘で延長論について言及したのだろう。

第一次安倍内閣と第二次安倍内閣を比較して、平成二十八年八月から自民党の幹事長代行として二階を支えることになった下村博文《しもむらはくぶん》は人事面に関しても、変化を感じた。安倍総理はもともと人を見る目があったのだと思う。しかし、一度目は「お友達内閣」と批判されたように、安倍自身の視野の範囲内の人材をどう活用しようかという部分があったように思う。それは、信頼関係が築かれていない人を活用することの難しさということを含めて、あえて一緒に汗を流したことのある人間を選んだのだろう。

昔は、派閥推薦で第三者が選んだ人物を指名すれば良かったわけだが、小泉総理のころからそのような派閥推薦は受けない流れとなった。だから、自薦他薦含めて、データは安倍総理のもとに集まってきていたはずだが、安倍総理は、自分の心眼で人物を鑑定してきたのだろう。その人物評価眼には、なかなか優れたものがあるなと下村は見ている。

その選択眼はまさに、挫折の経験から培われたのではないか。安倍の、まだ花開いていない能力を見極める鑑定力には、相当のものがあると下村は感じている。

現在の、二階幹事長という人選に関しても、世間は当たり前のように受け入れているが、就任前はありえないことだと思われていた。そうした人事に関しても、安倍の人物鑑定眼が生かされている。

菅義偉官房長官と二階幹事長のように、考え方の流れの異なる人々を同時に引き寄せている。思想的に一致することはないが、彼らは安倍に対して強い忠誠心を持っている。

特に、二階幹事長は自分が総理大臣になろうとは思ってもいないだろうし、今の立場でやるべきことをとことんやろうと考えているだろう。下村からすると、二階は総理大臣というよりは幹事長タイプの人物だ。

安倍には、敵でも味方にしてしまう、人たらし的な魅力がある。

第一次安倍内閣の際、中川秀直《なかがわひでなお》が幹事長を担当していたが、彼にはプライドがあった。中川は当選回数も多く、政治経験も安倍より長い。中川にとって、安倍は弟分という感覚があったから、官邸は官邸、党は党という気分があったように見受けられた。

しかし、二階にはそうした考えがない。変な対抗意識がなく、包み込むような対応をしている。二階幹事長自身、あと十年も第一線で政治に携わるという年齢でもないから、トップを目指すという野心などないのだろう。

下村は、谷垣幹事長の時代は、総裁特別補佐で特命担当副幹事長を務めていた。当時も、幹事長室にいたわけだが、現在の二階幹事長の幹事長室とは雰囲気が極端に異なる。

二階の幹事長室には、千客万来方式で全国から人が押し寄せている。二階が倒れないかと心配なくらいだが、倒れても良いという覚悟で幹事長職に取り組んでいるように見える。会合も数多くおこない、関係を持った人たちと決して切れることがない。

林選対委員長代理が動く

平成二十九年九月十五日、安倍晋三総理が外遊先のインドから戻った直後、自民党幹事長の二階俊博は、安倍総理と二人だけで食事をしている。

その後、自民党本部に戻ってきた二階に、幹事長代理の林幹雄は、直接聞いた。

「総理と、選挙の話は出ませんでしたか」

「いや、出なかったよ」

二階は飄々《ひょうひょう》と答えたという。

同じ日の午後三時、与野党幹事長会談のあとで、公明党の井上義久《いのうえよしひさ》幹事長が林幹雄に聞いてきた。

「林さん、選挙の話、聞いてない？」

「いや、聞いてないですよ」

林は答えた。

「二階さんにも聞きましたが、そんな話は出なかったと言ってましたよ」

「マスコミがざわざわ、すごいんだよな。本当に選挙になるなら、準備しないといけないし」

井上はそうこぼしながら、去っていった。

翌十六日、林が自民党本部に行くと、二階も出てきていた。

「幹事長、選挙の話でマスコミがもちきりですよ。臨時国会で解散だとか言ってますけど、どうなんですか」

林に問われると、二階はいつもの調子で言った。

「なら、総理に確認してみようか」

安倍総理を中に二階幹事長（左）と林幹事長代理

「じゃあ、わたしが電話します」

林はそう言って、安倍総理に電話をかけた。

すると安倍は逆に聞き返してきた。

「あれ、林さん、幹事長から聞いてない？」

もし、マスコミが言うように、臨時国会で解散がおこなわれるなら、公認の調整など準備はたくさんある。

幹事長代理の林は、選対委員長代理も兼任している。

林がそのことを伝えると、安倍は「そうか。林さん、選対委員長代理だもんな」と言い、さらに続けた。

「月曜日（九月十八日）に国連総会に出席するためにニューヨークに向かわなければならないんだけど、その前にちょっと幹事長と一緒に来てくれませんか」

林は、その場で二階の了解を取り付けて、月曜日に安倍総理と会うことになった。

九月十八日の月曜日、安倍総理は、午後二時にニューヨークに向けて羽田空港から出発する。その直前に総理私邸に行くことになった。

しかし、選挙近しの風向きを感じて、与党幹部には常に番記者がいた。これでは動きが取れない。林は、何食わぬ顔で徒歩で出て、記者が見えなくなってから二階の車に乗り込み、合流した。それから、安倍の私邸がある渋谷区富ケ谷に向かった。

安倍の私邸の一階に車で乗り入れると、二階にエレベーターで上がった。そこに、安倍総理が昭恵夫人を伴って待っており、二階と林の二人は応接室に通された。

いきなり、安倍は切り出した。

「解散の話は、国連から戻ってから明確にするけれども、冒頭解散も頭に入れて公認調整を急いでください。時期については、国連総会から戻って判断するので、まだ口外しないでください」

「冒頭解散」。安倍は確かにそう口にした。

林は思った。

〈「頭に入れて」ということは、これは解散するということだな〉

その日から、林幹雄が選挙対策委員長代理を務める選挙対策本部は、大車輪で働くことになる。

まずやることは、公認候補の決定だった。これは当然、まず現職が優先される。問題は、現職議員がおらず、候補者が決まっていない選挙区だった。

候補の選出については、各都道府県連からも通達が届く。ところが地域によっては、ひと筋縄ではいかない。

この時期、現職議員が死去したことにともなう補欠選挙が青森四区、新潟五区、愛媛三区の三選挙区で十月二十二日に執行される予定であった。

青森四区と愛媛三区は候補者が決まっていたが、新潟五区では調整が遅れていた。

自民党新潟県連内でゴタゴタがあり、その影響で、公認候補が決まらなかったのだ。何事もなければ、元新潟県知事の泉田裕彦《いずみだひろひこ》になるはずだったが、自民党の新潟県議団が反対していた。

そのタイミングで総選挙に突入したものだから、候補者が決まらない。新潟は、一区から六区まである。地元の自民党新潟県連からは一応の公認候補「候補」が上がってくるのだが、泉田が出馬しようとしている問題の新潟五区は白紙で届いた。

そのため、新潟五区の公認候補は、自民党党本部で決定することになった。

結局、林選対委員長代理の主導で泉田が公認となる。

泉田は、選挙戦では無所属の前魚沼市長の大平悦子を破り、初当選を果たす。当選後は、志帥会（二階派）に入会した。

「勝ったほうを公認」をルール化させた埼玉十一区など

公認候補がすんなり決まる選挙区ばかりとは限らなかった。全国で二十ほどの選挙区で、候補者選びが難航した。

埼玉十一区、山梨二区、岡山三区では、与党系の候補者が競合したため、「勝ったほうを自民党公認にする」という厳しい状況となった。

埼玉十一区の小泉龍司《こいずみりゅうじ》は、かつて郵政民営化をめぐって反対票を投じたため、平成十七年九月十一日の衆院選では自民党の公認を得られず、無所属で出馬し落選していた。小泉は、その後、自民党を離党していた経緯があった。

だが小泉は、その後、平成二十一年八月の衆院選に無所属で出馬し、国政復帰を果たす。平成二十四年十二月、平成二十六年十二月の衆院選でも無所属ながらも当選を重ねていた。

また、無所属のままで自民党の志帥会（二階派）に特別会員として入会していた。

自民党内には、「もう復党させてもいいのではないか」という意見もあった。

だが、自民党埼玉県連は強硬に反対していた。そこで林は決断した。選挙に勝ったほうが自民党公認議員とする。

埼玉では、候補者が自民党の「公認」か、「推薦」かで、色分けされた。「推薦」候補は、無所属での出馬になるので、比例復活ができない。公認か推薦か。その差は、天国と地獄ほども大きい。

結局、小泉は、十月四日付けで自民党に復党したうえで、今回の衆院選では無所属で出馬した。自民党の「推薦」を受けて無所属で出馬した今野智博との三度目の対決も制し、六選を果たした。その後、自民党から追加公認を受けた。

こういう構図はほかにもあった。山梨二区でも同様の対立となった。

長崎幸太郎《ながさきこうたろう》は、平成二十四年十二月の衆院選で、山梨二区から無所属で出馬、自民党の堀内光雄《ほりうちみつお》の長男の妻である堀内詔子《のりこ》を破り、当選する。平成二十六年十二月の衆院選でも無所属で出馬し、二階俊博総務会長の支援を受けて、自民党公認の堀内を再び破り、当選している。長崎は、今回の衆院選では、自民党から復党を認められたものの、公認は得られなかった。

山梨二区のケースも、自民党本部と自民党山梨県連が睨み合うかたちとなり、自民党総裁である安倍総理も困り果て、「幹事長と選対委員長に一任する」と言わざるをえなかった。

結果的には「勝ったほうが自民党公認」というルールが優先された。

そのため今回の衆院選では、長崎は無所属で出馬し、自民党の推薦を受けて、やはり無所属で出馬した堀内に破れ、落選した。ただし選挙後、長崎は二階幹事長から自民党幹事長政策補佐に任命された。

例外扱いとなった神奈川四区の特殊事情

神奈川四区では、かつてみんなの党に所属していて、平成二十九年九月二十七日に自民党に入党したばかりの浅尾慶一郎《あさおけいいちろう》と山本朋広《やまもとともひろ》の二人が対立していた。

山本朋広は、防衛副大臣であったが、希望の党の出現によって、自民党に留まるかどうか逡巡しているという報告があった。

官邸サイドには「山本がもし離党した場合、マスコミに攻撃の口実を与えることになる」と危惧する声があった。

それでなくても神奈川八区を選挙区としていた自民党衆院議員で、第三次安倍内閣の内閣府副大臣だった福田峰之《ふくだみねゆき》が九月二十四日に自民党からの離党と新党への参加を表明していた。その騒動の直後でもあり、連鎖反応が起こる可能性もあった。

山本の離党を食い止めるためには、自民党公認を確約するしかない。

二階幹事長から林に電話があった。

「なんとかならないか」

浅尾を自民党に入党させたのは二階の力あってのことであった。

林は「いや、それは難しい」と答えた。

山梨二区、埼玉十一区、岡山三区でも「勝ったほうが自民党公認」という原則を貫いている。ここだけ例外を認めるわけにはいかない。

だが、原則はあくまでも原則だった。防衛副大臣は制度上一人しかいない。そのたった一人の副大臣が離党でもしようものなら、どんな騒ぎになるかわかったものではない。

結局、安倍総理と二階幹事長のトップ会談により、山本朋広が自民党公認になり、浅尾は無所属で出馬することになった。

ところが蓋を開けてみると、立憲民主党から出馬した早稲田夕季《わせだゆき》が予想外の強さを見せて、小選挙区で勝利し、初当選。自民党公認の山本朋広が二位で比例復活当選、無所属の浅尾は三位となり落選の憂き目を見ることとなった。

群馬一区の複雑事情に林代理が使者に立つ

群馬一区も、複雑な地元事情があった。中曽根康隆《なかそねやすたか》が出馬を表明したのは、自民党の公認候補の一本化がほぼ決まった後だった。

もともと群馬一区は、佐田玄一郎《さたげんいちろう》と尾身朝子《おみあさこ》の二人が公認争いをしていた。自民党群馬県連は尾身を推していて、佐田は公認から外された。

そこに中曽根康隆が手を挙げた。

かつて群馬一区を地盤としていた尾身幸次元財務大臣を父に持ち、前回の衆院選で北関東ブロックの比例単独で当選していた尾身朝子は、一年以上も前から群馬一区で出馬する準備をしてきた。

しかし、圧倒的人気を持つ中曽根康弘元総理の孫が出馬してきた。中曽根康隆は、議員でもなく、父の中曽根弘文《ひろふみ》元外務大臣の元秘書にすぎず、派閥にも属していない。ただ「大勲位の孫」というだけであった。

だが、事前の情勢調査によれば、尾身朝子と中曽根康隆の支持は拮抗していた。もし、前回比例復活している希望の党の宮崎岳志《みやざきたけし》が、保守分裂の合間をぬって得票を伸ばした場合、尾身と中曽根康隆の二人が共倒れになる可能性もあった。

自民党本部としては、保守分裂を避けるためには、あとから手を挙げた中曽根康隆の選挙区からの出馬を断念させるしかなかった。

説得の使者として、林は急遽、前橋市に行き、中曽根康隆と会い、訴えた。

「このまま両方落選したら、あなたの責任だということになる。『中曽根が出馬したせいで野党にとられた』と。自民党県連からは除名されるだろうし、中曽根家の名誉ある系譜に汚点を残すことになる。それでもいいのですか」

中曽根康隆の後援会長も巻き込んで話し合いがもたれた。

林は、中曽根康隆を説得した。

「次の選挙まで時間はある。それまでにしっかり地盤を固めて、次の公認を狙ってくれ。今回は尾見朝子の応援にまわってくれないか」

話し合いの末、自民党の公認候補を勝たせるために、中曽根康隆は、北関東ブロックから比例単独で出馬するということになった。

が、比例単独出馬といっても、選挙区と重複する候補者が優先されるため、掲載順位は下位の三十位であった。衆院選の結果次第では、その順位までまわってこないかもしれない。

中曽根康隆は、尾身の応援にまわり、尾身の決起集会に二千人の支持者を集めた。

選挙の結果はどうだったか。

自民党の圧勝によって、「次回を待て」と説得された中曽根康隆まで、比例で当選することとなったのだ。

もともと、北関東ブロックは苦戦すると、林幹雄は考えていた。

しかし、自民党は比較的野党が強い埼玉県が大健闘した。一区の村井英樹《むらいひでき》、二区の新藤義孝《しんどうよしたか》、三区の黄《き》川田仁志《かわだひとし》、四区の穂坂泰《ほさかやすし》、七区の神山佐市《かみやまさいち》、八区の柴山昌彦《しばやままさひこ》、九区の大塚拓《おおつかたく》、十区の山口泰明《やまぐちたいめい》、十一区の小泉龍司、十二区の野中厚《のなかあつし》、十三区の土屋品子《つちやしなこ》、十四区の三ツ林裕巳《みつばやしひろみ》、十五区の田中良生《たなかりょうせい》が小選挙区で当選し、比例復活だったのは、立憲民主党の枝野幸男《えだのゆきお》代表に敗れた五区の牧原秀樹《まきはらひでき》と希望の党の大島敦《おおしまあつし》に敗れた六区の中根一幸《なかねかずゆき》だけであった。北関東ブロックでは、自民党は七議席を獲得したため、三十位の中曽根康隆だけでなく、三十三位の神田裕《かんだゆたか》までが当選することになった。

自民党系候補が競合した岡山三区では阿部俊子《あべとしこ》が当選した。

実は阿部は、平成十七年の衆院選に初出馬したときから、四回連続で比例復活当選であった。阿部の選挙区には郵政民営化の際に造反して以来、自民党を離党していた平沼赳夫《ひらぬまたけお》が選挙区での当選を続けていた。平沼は、平成二十七年十月二日、およそ十年ぶりに自民党への復党を果たしていたが、高齢と脳梗塞《のうこうそく》での後遺症を理由に引退を表明し、次男の平沼正二郎《しょうじろう》に譲ろうとしていた。

岡山三区は、自民党岡山県連による調整も進まず、結局、阿部知子と平沼正二郎の二人を無所属で出馬させ、勝ったほうを追加公認とする方式で選挙戦に突入することになった。自民党岡山三区支部長の阿部は、「推薦」にとどまった。

選挙前の下馬評では、平沼赳夫の後援会を引き継いだ平沼正二郎が組織力があり優勢に見られていた。だが、結果は、阿部が当選し、平沼正二郎は落選となった。

今回の衆院選の結果を志帥会（二階派）に絞って見ると、金子恵美、西川公也、中川郁子、高木宏壽、勝沼栄明、長崎幸太郎、浅尾慶一郎ら八人が落選した。いっぽう選挙後、志帥会には、中曽根康隆、泉田裕彦、小寺裕雄《こてらひろお》、繁本護《しげもとまもる》の四人の新人議員が入会し、元職の小林茂樹《こばやししげき》も国政復帰を果たしている。

二階・林の選挙戦取り仕切り

今回の衆院選では、解散前の世論調査で、自民党の議席は微減はすれども過半数は維持できるという見込みが出ていた。

おそらく安倍総理も、その数字を見て冒頭解散を決意したのだろうと、林幹雄は推測している。

希望の党や、立憲民主党の結党など投票直前になって不確定要素が続出したが、結果を見ると、その予想に大きな影響はなかった。

林自身は、選挙戦前には自民党本部で候補者の調整などに忙殺されたため、外の空気や民意の動きを把握する暇はなかった。

マスコミの報道を見る限りでは、「悪くないだろう」と思っていたが、いわゆる小池旋風、希望の党の登場により、多少の波乱はあるかもしれない、と見ていた。

選挙戦に突入すると、各候補者たちから駅頭での辻立ち演説の反応の報告が入ってきた。

「当初よりも、空気が変わってきている」

「悪くない」

駅頭での辻立ち演説は、聴衆の反応がダイレクトにわかる。長年、選挙を戦っている候補者が見れば、現在どんな情勢かはすぐにわかる。

林は各地からの報告を見ながら、思っていた。

〈もしかしたら、小池旋風は失速するかもしれない〉

林は、党本部に詰めている関係で、自分の選挙区の千葉十区にはほとんど帰れなかった。

これは、選挙戦全体を取り仕切る党幹部の宿命ともいえた。二階幹事長に至っては、自身の出陣式にさえ出られなかった。

結局、二階が自分の選挙区である和歌山三区に入ったのは、終盤のわずか二日だけ。林にしても、四日程度だった。

林は、九回目の当選を果たした。

だが得票数は、投票率の低下もあり、一万票近く減らして、八万八千三百九十八票であった。

選挙が公示されてから四日後の十月十四日、二階幹事長が自民党候補者に向けて緊急通達を出したことがニュースになった。

新聞各紙が序盤情勢として「自民優勢　３００議席に届く勢い」という分析を記事にしたその直後であった。

二階の緊急通達は、「あたかもわが党が優勢で勝利も確実であるかのような報道がなされているが、現状は一瞬たりとも楽観は許されない」というものだった。

この緊急通達は、自民党候補者たちの気を引き締めるのに大きな効果があったようだ。

小泉進次郎の筆頭副幹事長就任と記者会見改革

選挙後の自民党の人事で、話題になったのが、小泉進次郎《こいずみしんじろう》の「筆頭副幹事長」就任だ。

これには、伏線があった。

八月の内閣改造で、石破派の齋藤健《さいとうけん》がわずか当選三回で農水大臣に抜擢されていた。

齋藤は、小泉進次郎と同じ平成二十一年八月の衆院選で初当選を果たした。この衆院選は民主党の圧勝に終わったため、自民党で初当選したのは、齋藤、小泉進次郎、伊東良孝《いとうよしたか》、橘慶一郎《たちばなけいいちろう》、元参議院議員の金田勝年《かねだかつとし》の五人しかいない。

林は、二階に提案した。

「うちも小泉進次郎を筆頭副幹事長にしませんか」

二階もそのアイデアに応じた。

「いいね。小泉を口説いてみてくれ」

そこで林は、小泉進次郎を口説いた。

が、それに対して小泉進次郎は、最初固辞する姿勢を見せていた。

「筆頭副幹事長は、当選五回とか六回の人がやるべき重職です。自分のような若手が担当したら、幹事長室のバランスが崩れます」

林は、渋る進次郎に対して、重ねて口説いた。

「何を言っているんだ。あんたの親父さんは、まだ若手議員だった安倍晋三総理を幹事長に抜擢している。それを考えれば無理な人事ではないよ」

それでも小泉は固辞し続けた。

「父は父、わたしはわたしです」

そう言ってにべもない。これには、林も唸《うな》るしかなかった。

次の日になり、今度は二階が動いた。

林は二階から言われた。

「小泉を呼べないか」

林が調べてみると、小泉進次郎は福島からの帰りの車中であった。

林は頼んだ。

「じゃあ、その足でこっちへ来るように言ってくれ」

小泉進次郎

料理屋で会合中だった二階は、隣にも部屋を取らせて、そこで福島から戻ってきた小泉と会った。林も同席した。

このとき、官邸からの指示で「筆頭副幹事長」はすでに柴山昌彦に内定していた。

それでも二階は小泉に対して約束した。

「承知してくれるなら、君を筆頭にする」

すると小泉も提案してきた。

「筆頭を二人にしてくれませんか。自分がその役職に就くと、順番が乱れるからやりにくい。副幹事長も衆院議員だけで十五人もいます」

「副」がつくとはいえ、筆頭副幹事長はそれほどの要職だ。

小泉の提案を聞くと、二階は即答した。

「わかった。それなら二人体制でいこう」

小泉進次郎を報道担当の筆頭副幹事長にすることで、その場の話はまとまった。細かいことはスタートしてからまた詰めればよい。

小泉が帰ってから、林は安倍総理に電話した。

「筆頭副幹事長を二人体制にして、小泉君を筆頭にします」

安倍総理は林の話を聞くと言った。

「おお、グッドアイデアだね」

そして続けた。

「ところで小泉はその話を受けるかな」

「たった今、二階幹事長が説得しました」

林がそう言うと、安倍総理は「早いな！」と驚いていた。

小泉進次郎が筆頭副幹事長になったことで、執行部の約束事でさっそく変わったことが一つある。

自民党役員会の後の幹事長の記者会見で、これまでは「副総裁はこう言った」「総務会長はこう言った」と、幹事長自身が発言内容を発表していた。

これに対して、小泉進次郎が「そういうのを幹事長が全部言うのはおかしい」と疑問を呈したのだ。

「そういうのは幹事長ではなく誰かが担当して、幹事長は自分の発言をしてから記者の質問に応じる形のほうがいいと思う」

林は思った。

〈そう言われればそうだな〉

林は、二階に報告し、決めた。

「では小泉進次郎がこれまで二階幹事長が報告していた役員会の様子を代わって報告してから、そのあとに幹事長が発言して、それから記者の質問を受け付ける。そういうスタイルでやってみましょう」

実験的にそのようにやってみたところ、評判は良かった。

役員連絡会の進行にも、小泉進次郎の風が吹き込んだ。

役員会は、幹事長が仕切るが、その翌日に開かれる役員連絡会は、役員会と同じことをやる。

そこでは「幹事長代理が司会進行を担当し、幹事長発言だけを記者会見と同じようにやってもらったらどうですか」という声が上がった。

しかし、林幹事長代理は、幹事長と同じ派閥だから「自分がそれをやったらおかしい」と思っていた。

そこで林は提案した。

「メインテーブルに代行が座っているのだから、萩生《はぎう》田《だ》光一《こういち》幹事長代行が進行をやったらどうだろう」

結局、萩生田幹事長代行が司会進行をおこなうことになり、そのスタイルがそのまま続いていくことになった。

林幹雄が見る小泉進次郎人気のゆくえ

今回の衆院選では、小泉進次郎の人気がすごかった。聴衆が二千人規模で集まる。総理の人気に匹敵するかもしれないと林幹雄は感じた。

応援演説の引き合いも殺到して、幹事長室ではさばききれず、総理遊説と同様に遊説班に任せることになった。

遊説班のなかに小泉班を別に作って、そこで調整するのだ。都道府県連からの「進次郎を寄こしてほしい」のリクエストには、遊説班がＳＯＳを送らざるをえなかった。

希望の党代表の小池百合子《こいけゆりこ》東京都知事に対しての小泉進次郎の演説も見事なものだった。

小泉進次郎は、衆院が解散された九月二十八日午後、国会内で記者団に小池百合子東京都知事を挑発するように語った。

「小池さんに出ていただき、夢と希望を語る自民党と、希望を語る希望の党、希望対決でいいじゃないですか」

さらにこう語った。

「運動靴とヒールを使い分けるのではなく、わかりやすく一つの靴を履いていていただきたい」

その発言で、それ以後に小池都知事が出馬を表明してもハプニングではなくなった。

今後、自民党として、小泉進次郎をどう育てるのか。

林幹雄は思う。

〈何より本人の資質が卓越している。あとは努力だろう〉

小泉進次郎に対して、やっかみもあるとマスコミは書く。それは仕方がない面もある。永田町では議員は嫉妬の海を泳いでいるようなものだ。誰かが大臣になるたびに、面白くないという声はどこかからも出てくる。

第2章　先見力と迅速力

〝扉を開く〟天性の勘と影響の広がり

二《に》階《かい》俊《とし》博《ひろ》幹事長は、先を読む天性の勘があると、林幹雄《はやしもとお》は思っている。

また、誰も口にしなかったようなことを思い切って「バン！」とやる度胸と勝負勘もある。

たとえば、かつて離党した綿貫民輔《わたぬきたみすけ》元衆院議長に対して、二階は自民党への復党の道を開いた。

綿貫は、かって二階が所属していた田中派では先輩にあたる。綿貫は、田中派の流れを汲む小渕《おぶち》（恵《けい》三《ぞう》）派の会長にも就任。衆議院議長も歴任している。

ところが、小泉純一郎《こいずみじゅんいちろう》総理の推し進める郵政民営化に強硬に反対した。離党し、亀井静香《かめいしずか》らと国民新党を結成し、代表に就任し、自民党を除名されている。

その後は、平成二十一年の衆院選で落選し、政界を引退した。

ただし、全国治水砂防協会会長は続けていた。

自民党を除名され、離党した議員で、復党した者はいまだかつていない。前例がなかった。二階は「ならば前例を作ろう」と思い切って、綿貫の復党を実現させた。


海外においても同様だ。今でこそ、会えばにこやかに握手くらいは交わす中国の習近平《しゅうきんぺい》中華人民共和国主席と安倍晋三《あべしんぞう》総理の関係だが、ほんの少し前までは、口も利かないような関係だった。

それを「このままではいけない」と、「一帯一路」に対する政府間交渉のなかで、二階が剛腕を発揮し、変えていったのだ。

「一帯一路」は中国の支配する政治経済構想であり、日米は関係せずという方針で臨んでいた。そのことは中国側も承知していて、平成二十九年五月十四日、十五日に北京で開催された「一帯一路」国際会議の式典に安倍総理には招待状を送らなかった。

ところが、二階には招待状がきたのだ。外務省や官邸筋の一部が「行かないでくれ」というのを押し切って、二階は中国に向かった。

二階には「ここで行かなければ、日中関係は完全に冷え込む」という読みと危機感があった。

二階の行動を聞いて、経団連の榊原定征会長が「同行したい」と言ってきた。

こうなると、官邸も無視はできない。招待された世耕弘成《せこうひろしげ》経済産業大臣の派遣こそ見送ったが、経産省の松村祥史《まつむらよしふみ》副大臣が、急遽二階の訪中団に加わることになった。

さらに安倍総理側近の今井尚哉《いまいたかや》政務秘書官も派遣された。

習近平との面会で、中国側は習主席や外務大臣を含めて、五人が臨席する予定だった。それに対して、日本側は十二人になってしまった。

通例ならば「双方同じ人数で」とバランス感覚が優先し、顔ぶれの調整に時間がかかるところだ。しかし二階は「かまわない。全員で行こう。椅子がなければ、立ってればいいんだ」とまで言っていた。

調整は朝まで続き、結局、日本側の十二人全員が習主席との面談に顔を並べた。

この五月十六日の北京の釣魚台国賓館《ちょうぎょだいこくひんかん》での習近平国家主席との面談が、日本側の福井裕大使が驚くほどの和やかな面談となった。

福井大使は言っていた。

「こんな穏やかな習主席は見たことがない。素晴らしい」

その後の二階のやり方も、破天荒だった。

二階は中国首脳に言った。

「まず親書を読んでくれ」

親書は、中国語と日本語の二通が用意されていた。習主席には中国語の親書を、外務大臣は日本語が堪能なので、日本語のものを渡した。

長い親書であった。二人は時間をかけて、時折頷いたりしながら読んだ。

この親書の内容は公になっていない。その後の会談は、この親書に沿った形でおこなわれた。

二階の持論は、「隣国同士で喧嘩していてもいいことは一つもない。仲良くするほうが、何をするにもプラスだ。そのためには、トップ同士が行ったり来たりするようにならなければダメだ」というものであった。

これには、習近平も「そのとおりだ。青少年交流も民間交流も、どんどん活発にしなければダメだ」と同意していた。

このときの会談以降、外務省は「中国の対応が変わりました」と漏らしていた。

首脳会談でも、以前は、会談相手の日本の国旗も出さなかったが、それ以降は出すようになった。ベトナムでの首脳会談では、笑顔になった。

二階が平成二十七年五月に三千百十六人を引き連れて中国に行った。

五月二十三日夜、習近平国家主席は、人民大会堂で、二階と同行した訪中団に対して日本側の想定を超える形で歓待した。それが扉を開いた。

最近のＡＰＥＣ（アジア太平洋経済協力会議）で、安倍総理が習主席と四十五分間にわたり、同時通訳で首脳会談をおこなった。いつもの「発言」→「通訳」→「発言」→「通訳」という形式ではなく、同時通訳だから濃密だ。実質、一時間半の長時間会談をおこなったようなものだ。

「極めて中身のある会談ができた。これも、二階幹事長が『一帯一路』に行ったり党幹部が訪中して環境づくりしてくれたおかげだ」

安倍総理は帰国してから自民党役員会でそう言ったという。

二階は、そのように国家間の関係を左右するようなことを何気なくやってしまう。

二階は、総務会長当時、「世界津波の日」を制定した。その記念に高知で高校生サミットを開催した。各国から二百五十人の高校生が参加してくれた。

今年は沖縄で島嶼国を中心に二十カ国以上、百五十人の高校生を呼んだ。会議から何から全部英語だ。日本側の高校生は喜々として取り組んでいる。海外から来る高校生は、日本が大好きになる。

林は二階に言った。

「これは日本にとって、宝ものですよね」

忙しいのが好きなわけではなかろうが、二階幹事長はつい忙しくしてしまう。

林は思う。

〈根っからの仕事人間なのだろう〉

〝負けられない戦い〟新潟県知事選に花角英世を担ぎ出す

自民党の幹事長代理兼選対委員長代理を務める林幹雄にとっても、平成三十年六月十日におこなわれた新潟県知事選挙は負けられない戦いであった。

この選挙は、現職の新潟県知事の米山隆一《よねやまりゅういち》が『週刊文春』にスキャンダルを報道されたことを理由に、四月十八日に辞任を表明したことによっておこなわれることになった。

もともと、米山は、平成二十八年の新潟県知事選挙で、共産党や社民党、自由党などの支持を受けて当選していた。

自民党はこの選挙で長岡市長の森民夫を擁立したものの敗れていた。

そのため、林や二階ら自民党執行部にとってみると、なんとしても負けられない選挙であった。

林たち自民党執行部にとって重要なのは、まず誰を候補者に擁立するかだった。

急な選挙のため、すぐに白羽の矢を立てないといけない。

二階は、すぐに動いた。

〈この選挙に勝てるのは花角《はなずみ》しかいない〉

「花角君に連絡をとってくれ」

花角英世《ひでよ》は、昭和三十三年五月二十二日、新潟県佐渡郡金井町（現・佐渡市金井町）で生まれた。

十歳から新潟市で過ごし、新潟大学教育学部附属新潟中学校、新潟県立新潟高等学校へと進む。

高校卒業後は、昭和五十二年四月に東京大学法学部に進学する。

弁護士を目指し、旧司法試験を受験するが不合格となり、国家公務員一種試験に合格し、大学卒業後の昭和五十七年四月に運輸省（当時）に入省した。

その後は、平成九年に大臣官房文書課企画官（運輸政策局併任）に就任する。

平成十一年には、二階俊博運輸大臣の秘書官を務め、二階の退任後も、親交を結ぶようになる。

平成二十一年に自動車交通局総務課長、平成二十二年に大阪航空局次長、平成二十三年に大阪航空局局長に就任。大阪航空局局長時代には、関西国際空港と大阪国際空港の経営を一本化した新関西国際空港株式会社の設立に携わる。

平成二十四年には、国土交通省大臣官房審議官（海事局、港湾局併任）に就任し、その翌年の平成二十五年に、泉田裕彦《いずみだひろひこ》知事のもとで新潟県副知事に就任した。平成二十七年九月に副知事を退任すると、国土交通省海上保安庁次長に就任していた。

林と二階は、ちょうど二人で会食をしていた。林は、花角に連絡をとり、すぐに二階に代わった。

二階は、電話越しに花角を口説いた。

「もう君しかいない。そろそろ覚悟したらどうなんだ？」

実は花角は、過去にも新潟市長選挙に立候補するように地元の自民党から要請されたことがあった。が、花角は辞退していた。

花角は、泉田裕彦が新潟県知事の在職中に、副知事を二年半ほど務めていた。

そのときの評判が非常に良く、地元の県会議員や、様々な団体から「花角氏に立候補してほしい」という声が上がっていた。

県知事の泉田は、自民党新潟県連との関係はあまりしっくりいっていないようだったが、副知事の花角の評判は良かった。

最初、電話をしたときの反応は悪くはなかった。だが、まだ決断はつかないようであった。

「ちょっと考えさせてください。相談をする人もいるから、時間をください」

そんな返事だったと林は記憶している。

二階自身の様子からは大丈夫だろうという感触だった。

二階からの打診を受けた花角は、その週末、地元の新潟に帰った。

知事選に出馬するかどうか、地元の同級生たちの意見を聞くためだった。

そうこうしているうちに、自民党新潟県連からも、二階や林の元に「花角元副知事を擁立したい」という要望が届けられた。

自民党新潟県連は、これまで分裂することが多かった。だが、候補者が花角になったことにより、一致団結して戦おうという姿勢になった。

いつも分裂含みで選挙のたびにゴタゴタしていた新潟県連にしては珍しいことであった。

林自身も、花角の人柄を以前からよく知っていた。

花角が二階の運輸大臣時代の秘書官だったこともあり、宴席を共にすることも多かった。

そのため、花角と党本部、地元とのパイプ役は林が引き受けることとなった。

自民党新潟県連の幹事長で県会議員を務める唐沢とも、昨年の衆院選の際に、新潟県5区に泉田裕彦の擁立を巡って、様々なやりとりをしていたため、林にとってはやりやすかった。

林自身は、花角が出馬すれば勝てる、と思っていた。

恐れられていた田中派秘書軍団を彷彿《ほうふつ》させる勢い

当初は、公明党が推薦をするのか支持をするのかで揉めた。

実は、これは新潟自民党県連の幹事長と公明党の責任者の間に多少のいさかいがあったからだった。

公明党サイドには、前回の新潟県知事選で、自民党の推した候補を一生懸命に応援したのに、肝心の自民党県連が一枚岩でなかったことに不満があった。

出合い頭に公明党の責任者がそのときの不満を訴えたところ、自民党側が開き直ったのが原因だったという。

「いやあ、本当にご迷惑をかけました」

そう一言言えば丸くおさまる話だったが、「そんなこと今さら言われても」と開き直ったため、感情的なしこりが残ったようだった。

そのため、推薦か支持のどちらにするかで揉めていた。

これから知事選という際に、地元の自民党と公明党に行き違いが起きたことは、選挙にとってはあまり良いことではもちろんない。

林は、その関係を修復することに尽力したが、最終的には公明党は推薦ではなく、支持というかたちでまとまった。推薦は受けなかったが、公明党は実際にはかなり力を入れてくれて、推薦以上の支援をしてくれたという。

関係者によると、今回の知事選にかける二階の意気込みは強いものがあったという。

〈もともと、二階さんにしてみたら、花角さんは自分の優秀な部下で、家族のような存在。花角さんが出馬するからには、責任をもって当選させなくては、という意気込みを感じていました〉

傍から見ていて、かなり心を配った発言をしていることがわかった。

関係者は振り返って思う。

〈やはり、二階さんにとっては、絶対に負けられない選挙だったのだろう〉

また、新潟県知事選は、与党にとっても、絶対に負けられない選挙であった。

前回、自民党が敗北した選挙では、原発をめぐる是非がワン・イシューの争点となり、雪崩《なだれ》を打ったように敗れたというのが与党陣営のトラウマになっていた。

そのため、当初から、争点化したくないというのが地元の意向だった。

いざ、選挙が始まると、自民党本部も新潟県の様々な友好団体に支援を要請した。

二階俊博

また、新潟県と縁のある国会議員が頻繁に応援に行き、全党を挙げて総力戦をおこなった。

二階派では派独自の選対を作り、派として全面支援をすることにした。

自民党県連の事務所のなかに、選対を置き、派閥の職員が常駐し、派閥に所属する各議員もその秘書も、積極的に新潟入りをしていた。

当初は、政党色をあまり出さないようにと議員が表立って応援することを避けようというムードもあったが、最終的には、全面的に応援することになった。

地元の自民党新潟県連は、自民党の色が前面に出ると、原発の再稼動の是非が争点になりうることを危惧していたようだった。

しかし、そんなことを気にして遠慮していたら、選挙に負けてしまうかもしれない。

林には、そんな危機感もあった。

二階派の秘書も、二泊三日ほどのローテーションを組みながら、三人ずつ若手の秘書を東京から送るようにした。

東京にある志帥会の事務所も、選対本部をつくり、各議員に名簿を提出してもらい、電話かけを徹底的におこなった。

ひととおり電話作戦を終えると、その名簿を新潟の選対に送り、新潟でも、もう一度やってもらうようにした。

現地に行った秘書軍団は、ローラー戦術で個別訪問をし、街頭でも旗持ちや宣伝活動、なんでもやっていた。

林は振り返って思う。

〈昔、政界では田中派の秘書軍団が恐れられていたが、それを彷彿させるような勢いだったな〉

現地には、百四十人以上の国会議員が応援に入った。もはや政党色を薄めるどころの話ではなかった。

二階、林ほか志帥《しすい》会（二階派）幹部が新潟入りしての奮闘

自民党内にはかなりの危機感があった。

もし、この知事選で敗れれば「安倍では来年夏の参院選に勝てない」との見方が自民党内に広がり、総裁選で安倍の対抗馬と目されていた元幹事長の石破茂《いしばしげる》への支持が広がりかねなかった。

花角のことを「抜群の人材」と目をかけていた二階は、幹事長として、この選挙に全力を注いだ。自民党の国会議員百四十八名が応援に駆けつけるほどだった。

二階が会長を務める志帥会も動いた。派閥に選挙対策本部を設置し、本部長の河村建夫《かわむらたけお》衆院予算委員長が陣頭指揮を執った。

六月六日には、二階のほかに、林幹雄幹事長代理、江﨑鐵磨《えさきてつま》前沖縄及び北方対策担当大臣ら志帥会の幹部が新潟入りし、企業や団体回りに奔走した。志帥会に所属する国会議員の秘書も、十人以上が現地に張り付いて、選挙戦の最前線で奮戦した。

関係者によると、序盤、林は、自公の候補であることを前面に出して、徹底的に戦うことを考えていたようだった。

いっぽう、二階は、無頓着そうに見えた。そういうことはテクニックの範疇《はんちゅう》だから、地元のやりやすいように党本部が手伝ってやればいいというスタンスだった。

関係者は思った。

〈これは二階さんのある種の凄みだな。地方の選挙の戦い方を知っているからこそ、地元が最終的に納得するようにそれまで我慢できるわけだ〉

二階は、地元で選挙を戦う陣営を戦う気持ちにさせる作業を少し時間がかかってでも、丁寧にやっていた。

ある記者には、よく二階が口にする言葉が印象に残っている。

「選挙というのは、その地域の住民が戦う気持ちになり、候補者を押し上げる気にならないと選挙にならない」

この選挙では、花角が二階の秘蔵っ子だったために、メディアからは二階の同行がおおいに注目された。二階が行けば、それだけで大々的に報道される。

そのため、選挙戦の中盤に一日入ることになった。街頭には立たずに、マスコミの目を避けて、隠密行動で動いた。

まずは、県西部の糸魚川《いといがわ》市に入った。

一昨年の年末、糸魚川市が大火の被害に遭った際に、二階と林はすぐに動き、大晦日《おおみそか》に緊急視察した。

その時の縁もあり、糸魚川市長や関係者などに花角の支援を頼むことになった。

選挙結果をみると、糸魚川市は、花角がトップの票を獲得していた。

二階は、糸魚川市で旧知の市長らと会合したあとは、新潟県中部の中心都市である長岡市に入った。

もともとは、新潟市内で農協などをはじめ数カ所の会合をセットしていたが、そこは林が代わりに引き受けることになった。

林は、代わりの会合に参加すると、長岡に向かい、そこで二階と合流した。

二階は、全国土地改良事業団体連合会会長を務めている。

長岡市では、土地改良区の理事長たちとの懇談会や企業関係者に商工会議所に集まってもらい意見交換をおこなった。

米どころの新潟は、煎餅などの米菓メーカーも多い。米菓メーカーも含めて、様々な業者との会談を六〜七カ所こなし、いずれも花角の支援をお願いしてまわった。

モリ・カケ問題等の逆風を制しての勝利

情勢調査では、ほとんど差はなかった。そのため、林自身は、厳しい戦いになると認識していた。

やはり、原発の再稼動の是非と森友学園や加計学園の問題は、与党にはダメージとなっていた。

さらに、花角が国土交通省のキャリア出身ということについても、中央からの天下りとの批判も聞こえていた。

脱原発を訴える小泉純一郎元総理が野党側の候補者を激励したというニュースも飛び交っていた。

が、小泉元総理は、街頭で野党の立憲民主党や国民民主党、社民党、共産党、自由党らが推す池田《いけだ》千賀《ちか》子《こ》の支持を訴えたわけではない。

小泉元総理は、県知事選の告示日の前日の五月二十三日に、新潟県魚沼市で「原発ゼロ社会の実現」を訴える講演をおこなった。

その講演会場に、池田と彼女の選対本部長を務めている新潟四区選出の菊田真紀子《きくたまきこ》衆院議員が駆けつけたにすぎなかった。

そのため、あまり花角のほうに不利になるようなことではなかった。

今回の選挙では、自民党の切り札ともいえる小泉進次郎《こいずみしんじろう》の新潟入りはおこなわれなかった。

自民党新潟県連からの要請はあったものの、小泉進次郎のほうから「今回は勘弁してほしい」と言ってきた。

父親の小泉元総理の行動がニュースになっていたため、小泉親子の動きがメディアの格好のネタになることを避けたいようであった。

しかし、結果的に小泉進次郎の応援がなくても、接戦に勝ったことは自民党が地力を示した証左でもあった。

林や二階らは、投開票日は、永田町の自民党本部に集まった。萩生田光一《はぎうだこういち》幹事長代行や、金田勝年《かねだかつとし》幹事長代理、塩谷立《しおのやりゅう》選対委員長も集まり、幹事長室で開票結果を待ち続けた。

投票は午後八時に締め切られ、午後十時半になると、ＮＨＫが花角の当確を打った。林は思った。

〈十一時過ぎになるかと思ったが、意外と早かったな〉

事前の接戦予想以上に、花角が差を広げていたことが背景にはあった。

蓋を開けてみると、花角は、五十四万六千六百七十票を獲得。五十万九千五百六十八票を獲得した池田に対して、四万票近くの差をつけて勝利した。

選挙結果を見て、林は手応えを感じた。

〈勝因は県都新潟市で勝ったことだな〉

花角は、出身の佐渡市や、糸魚川市などでリードを奪い、無党派層の多い大票田の新潟市でも、池田を上回った。

林自身は、選挙戦の途中からは手応えを感じていた。

〈接戦になるが、なんとか勝てるだろう〉

実際の票差も事前の調査に近い数字であった。

花角の当選確実が出ると、すぐに幹事長室から花角に電話をかけた。

「おめでとう」

林は思った。

〈やはり選挙は何よりも候補者の人物だな〉

新潟は、自民党にとってはいわば鬼門の地で、沖縄と同じくらい野党側の勢力が強い地域であった。

沖縄と同じように、野党共闘に成功したモデル地域であり、平成二十八年の参院選と知事選で与党サイドは連敗していた。

さらに昨年の衆院選でも、県内の六選挙区のうち四選挙区で野党側が勝利をおさめ、勝ち越していた。関係者が振り返って思う。

〈今回の選挙は、自民党らしい地方選挙、つまり秘書軍団が活躍し、国会議員が関係する団体への浸透をはかり、組織を固めて、一票ずつ積み上げて、当初の予測を上回る差で勝った。自民党にとっても大きかっただろう〉

与党にとっては、非常に厳しい地域の首長選を勝ったことは、モリ・カケ問題で苦境に立っていた安倍政権を救う結果となった。

林は、振り返って思う。

〈もし負けていたら、政局になっている可能性もある選挙だったな…〉

実際、新潟県知事選挙で与党側が敗北していたら、九月の自民党総裁選で三選を目指していた安倍総理の戦略に影響を与えた可能性は高い。

まさに新潟県知事選はターニングポイントだったといえるだろう。

野党側が擁立した池田千賀子は、新潟県議だが、三年前の統一地方選で当選したばかりで県議としては一期三年のキャリアしかなかった。

もし、野党側が知名度の高い候補者を擁立していた場合、危なかったかもしれない。

林が新潟知事選を通じて感じたのは、有権者が原発再稼動について敏感になっている点であった。

経済産業大臣時代に、エネルギー問題に取り組んでいた林は思った。

〈やはり、今スパッと原発をやめてしまうと日本の経済には大きな影響を与える。新規の原発の建設はしないというなかで、安全を第一に再稼動できる原発は再稼動して、新エネルギーの利用拡大につないでいくことが良いのではないだろうか〉

選挙後、自民党の役員会が開かれた。

安倍総理も上機嫌で参加し、言っていた。

「新潟の知事選挙は良かった。ありがとう、勝つと負けるとでは、大違いだ」

がけっぷちだった政権を救った二階は、翌日の記者会見で、知事選の勝利と総裁選を絡めた記者からの質問が飛んだ際に語った。

「昨日の結果が総裁選にすぐに影響するとか、そんな飛躍的な考えは持っていませんが、選挙に勝ったことは総裁選挙にもプラスになっていくには違いありません」

二階と林のロシア、トルコ訪問での〝戦略〟の裏側

二階と林は、平成三十年四月二十六日から五月一日にかけて、ロシアとトルコを訪問した。

二階は、以前から交流のあった前ロシア大使のエフゲニー・アファナーシエフからよく言われていた。

「一度ロシアに来てくれないか」

今年一月二十九日に大使が交代し、新しい大使のミハイル・ガルージンになってからも、熱心に誘われており、ついに実現となったのが、今回のロシア訪問だった。

当初は、安倍総理自身のロシア訪問もテーマになっていたが、その前段階で、環境づくりの一つとして政党間交流をテーマに、二階や林らが訪問することとなった。

結局、難しいテーマは議題にせずに、文書で自民党とロシアの与党である「統一ロシア」の間で、政党間交流を進めることを約束して訪問することになった。

四月二十六日、林は、政界、官界、財界から参加した二百人を超える日ロ経済・観光交流ミッションの一員として、団長の二階とともにモスクワ入りした。

翌四月二十七日の午前には、『毎日新聞』とロシアの新聞社が主催した第四回「日本・ロシアフォーラム２０１８」で、二階が講演をした。

この日の午後、二階は、モスクワ郊外の首相公邸にてドミートリー・メドベージェフ首相兼「統一ロシア」党首と会談をおこなった。

メドベージェフ首相は、一九六五年（昭和四十年）九月十四日、レニングラード郊外（現・サンクトペテルブルク）の中流階級の家庭に生まれた。

一九八七年にレニングラード大学を卒業し、一九九〇年に同大学で法学博士号を取得したのち一九九九年まで母校で法律を教えた。

この年にウラジーミル・プーチンがロシア大統領代行に就任すると、側近に抜擢される。

翌二〇〇〇年の大統領選挙でプーチン陣営の選挙対策本部の責任者を務め、プーチンが当選を果たすと、大統領府第一副長官に任命され、さらに国営天然ガス企業ガスプロムの会長に就任した。

二〇〇三年には、大統領府長官となり、その二年後には、新設された第一副首相に就任する。

プーチン政権下では、改革路線を掲げる有能な政治家として台頭し、二〇〇七年十二月にプーチン大統領に後継者として指名された。

二〇〇八年三月の大統領選挙に出馬すると、圧勝し、大統領就任式当日にプーチンを首相に指名、議会の承認を得たのちにプーチンとの二頭体制が発足した。

林幹雄

二〇一二年三月の大統領選挙にプーチンが勝利すると、プーチンの指名によって入れ替わるかたちで首相に就任した。同年五月二十六日には、プーチン政権を支える与党「統一ロシア」の党首にも選出された。
メトベージェフ首相が日本の政治家と会談するのは二階が初めてであった。

このとき、自民党と「統一ロシア」との協力協定の署名式を二階とメドベージェフ首相とで交わすことが考えられていた。

政権与党のナンバー2である二階、プーチン大統領を支えるメドベージェフ。ともにナンバー2の実力者だ。

だが、ロシア側は、メドベージェフは、ナンバー2ではなく、与党の党首だという点を強く主張してきた。

「プーチン大統領が実質的なナンバー1なんだから、メドベージェフはナンバー2じゃないか」

そのようにロシア側に伝えても、認めなかった。

結局、折衷案として二階とメドベージェフではなく、幹事長代理の林と同ポジションにあたるトゥルチャク「統一ロシア」総評議会書記が調印を交わすことになった。

二階とメドベージェフ首相は、後見人として林たちの協力協定署名式に立ち会い、そのことを報道するというかたちで話はおさまった。

この署名式の前にメドベージェフと二階が会談をおこなった。

メドベージェフは、経済に明るく、非常に真面目な人柄で知られている。

会談でも、その生真面目さを発揮し、堅い話ばかりしたがった。

が、二階の機転で会談は、途中から二階ペースのざっくばらんなものに変わった。

二階が、切り出した。

「ところで、メドベージェフ首相は、お寿司は知っていますか?」

メドベージェフが言う。

「知っています」

二階が、さらに畳み掛ける。

「では、マグロは知っていますか？」

「知っています」

「マグロは好きですか？」

「ええ、大好きです」

実は、訪ロ団のメンバーには、「すしざんまい」などを展開する大手寿司チェーンの㈱（＝株式会社）喜代村の木村清社長も同行していた。

木村は、昭和二十七年千葉県野田市に生まれた。昭和四十三年から約六年間、航空自衛隊に入隊。昭和四十九年から現マルハニチロの子会社で、すしネタ・弁当・食品などの開発に携わり、昭和五十四年に二十七歳で、木村商店を創業する。

平成十三年に築地場外に日本初の年中無休・二十四時間営業の寿司店「すしざんまい本店」を開店し、現在に至る。

木村は、十人ほどの腕利きの職人たちと、二四〇キロのマグロも持ってきていた。

鮮度にこだわりを持つ木村は、「冷凍ではダメだ。マグロは生じゃないといけない」と訴えて、チャーター機で冷蔵マグロを輸送した。

ロシア大使にも、事前に、刺身包丁などマグロの解体に必要な調理器具を入国時に没収しないように要請していた。

また、普段は輸入が禁止されている日本産のコメをシャリ用に持ち込むことについても許可をとった。

二階は、さらに切り出した。

「今日の夕方のレセプションでは、日本から一緒に来た寿司職人たちが自慢の寿司を振る舞います。首相にも来ていただければ、一番いいけれど、難しいでしょうから、寿司を届けますので食べてください」

この日の夜には、日ロの関係者三百人以上が参加する観光交流会がおこなわれた。そこで木村社長による「マグロの解体ショー」が披露されたのであった。

盛り上がりがモスクワでも評判になった二階流マグロ外交

林は、平成三十年四月、二階とともにロシアを訪れ、メドベージェフ首相と会談した。

メドベージェフは、一度、大統領を経験しながら、現在は首相の立場にいて、その役割のなかで、北方領土にも行き、日本に対しては厳しい発言をしてきていた。これはメドベージェフの立場としての役割という面もあるが、日本に対しては厳しい発言を繰り返していた。

二階とメドベージェフの会談は、取材陣は会談の冒頭をモニター越しで見るだけであった。そこでのメドベージェフの表情は、やはり硬いものだった。

会談で、二階は、マグロのことをひきあいに出しながら、メドベージェフとの交流を深めた。

会談後、署名式に現れたメドベージェフは、会談の冒頭に比べて、すっかり柔らかい表情で、見ていて「何があったのか」と思わせるほどだったという。

署名式の間も、ニコニコしていて、記念写真におさまっていた。

二階が首相公邸から車で出るまで、ずっと寄り添って、「またお会いしましょう」というような雰囲気で見送っていた。

本当に心を許しているように見えたという。

同行記者団の一人は思った。

〈中国で習近平と会談した際も、相手がリラックスしていたように見えたが、そのときと同じ印象だな〉

日本のロシア大使が届けようとしても首相公邸の警護は厳重だ。そのため、首相の側近に会場まで取りに来てもらい、寿司の握りを十人分持っていってもらった。

おそらくメドベージェフ首相も食べたであろう。

観光交流会の会場は、大いに盛り上がり、ロシアの参加者も大喜びで本場の寿司を堪能していた。

この二階流のマグロ外交は、モスクワでも評判となった。地元のテレビ局や新聞社など多数のメディアが取材に押しかけていたこともあった。

二階は、この日午前中の講演会でも、マグロ外交の話を披露し、非常に聴衆からウケていた。

二階は語った。

「やはり、観光を通じた外交はノコギリだ。押して引くことが大事。日本とロシアの間でお互いに行ったり来たりすることがとても大事。長い目で見たら、やはり青少年の交流が一番良い。言葉が通じなくても、すぐ友達になれるし、両国の友好につながっていく。政治家どうしの交流も、経済界どうしの交流も大事だし、そうした交流を続けることが親善外交の基本になる」

実は、安倍総理がプーチン大統領とたびたび会談の機会を持つなど、首脳同士の交流や、外務大臣や経済産業大臣間での会談はこれまで頻繁にあった。

が、メドベージェフと首相や日本政府の要人が会談を持つ機会は、ほとんどなかった。

二階たちは、これを機会にメドベージェフとも交流を深めようとした。

「われわれが来たんだから、次は首相が日本に来てください。本物の寿司をごちそうしますから」

二階がそう提案すると、メドベージェフ首相も応じた。

「真剣に検討します」

二階や林たちは、メドベージェフ首相だけでなく、翌四月二十八日には、高速鉄道で約四時間をかけて、モスクワからサンクトペテルブルクへと移動し、タブリーダ宮殿で、ロシア政界のナンバー3の立場にあるロシア連邦議会のワレンチナ・マトヴィエンコ上院議長とも面会した。

マトヴィエンコは、ロシアでもっとも著名で人気のある女性政治家のひとりで、かつてはサンクトペテルブルク市長や、社会政策担当の副首相を務めている。

マトヴィエンコは、過去に来日したこともあり、日本に対して、良い感情を持っていた。訪日時に、築地を視察した際に、木村社長に案内をされたこともあったという。

マトヴィエンコとの会談の際にも、マグロを土産として持っていった。


その後、二階と林は、トルコも訪問した。

四月二十九日には、サンクトペテルブルクからトルコのイスタンブールに移動。

日本・トルコ友好議員連盟会長を務める二階幹事長に、同議連の逢沢一郎《あいさわいちろう》副会長、自民党の観光立国調査会長の林幹雄、小泉龍司党国際局長が同行した。

さらに、イスタンブールで、福井照《ふくいてる》国務大臣、吉川貴盛《よしかわたかもり》党経理局長、門博文《かどひろふみ》党観光立国調査会事務局次長がトルコ訪問団に参加した。

四月三十日には、ＡＦＡＤ（首相府災害緊急事態対策庁）イスタンブール本部を視察し桜を記念植樹した。

また一行は、「高校生津波サミットin高知」に参加した高校生らと歓談をし、その後海事博物館を訪れ、エルトゥールル号の子孫およびテヘラン救出航空機の客室乗務員らと懇談し、献花をした。

午後になると、二階と林は、トルコ訪問団と離れて、帰国の途に就き、ドイツのフランクフルト経由で翌五月一日の午後に日本に帰国した。

国会の関係で、トルコは一泊しかできなかったため、トルコ議連の副会長を務める逢沢一郎に後を託した。

逢沢は、ロシア議連の会長を務めていたため、同行してもらった。

今回の訪ロが今後、どのような影響をもたらすのか。

林は語る。

「すぐに成果が出てくることはないが、これがきっかけとなり、政党間交流を推進できればいい。日本としても、いつでもいらっしゃいというシグナルを送るだけでなく、機会があればこちらからも行くという環境を作りたい」

日ロ間に横たわる北方領土の問題はどうなのか。

「領土問題の解決は、並大抵なことではない。歴史を振り返ると、全部戦争で解決しているようなことが多いくらいで、平和的解決というのは、沖縄の返還くらいなわけだから」

今回の訪ロには、政治家や経済人を含めて、約二百人が参加している。

経団連のロシア経済委員長を務める丸紅の朝田照男会長も参加し、スピーチをしていた。

参加する議員も、国会のスケジュール上、あまり多くは連れて行けず、限定することになった。通常国会の審議が本格化していた時期だったこともあり、常任委員長や特別委員長、各委員会の理事の参加は不可能だった。

結局、議員は総勢で十人ほどが参加し、二階派以外の議員も参加してくれた。

安倍三選への二階幹事長・菅官房長官の連携強化

二階は、安倍三選実現のために、菅義偉官房長官とも総裁選に向けて連携を強めている。

平成三十年七月八日、和歌山市で開かれた自民党和歌山県連のセミナーでは、二階に謝意を示す菅のメッセージが読み上げられた。

「二階県連会長には幹事長として党を差配し、政府・与党が一体となって政治を前に進める態勢をつくっていただくなど、安倍政権の中枢を担っていただいています」

読み上げられた菅のメッセージには、二階への敬意がにじみ出ていた。

自民党和歌山県連の会長でもある二階は、会場で安倍総理の連続三選を支持する署名集めを進めた。じつは、当初、菅は、セミナーの特別ゲストとして約十五分ほど講演する予定であった。このアイデアは、二階側近の林幹雄幹事長代理が「政府の要（菅官房長官）と党の要（二階幹事長）がそろったらインパクトがある」と発案し、菅が快諾して実現する手はずが整えられていた。

幹事長のお膝元である和歌山で二人がそろい踏みして、安倍三選を既定路線のものと印象付ける狙いがあった。

が、菅は、西日本豪雨の対応があり、出席はかなわなかった。

安倍政権を政府と党で支えている二階と菅は、過去には、国会運営などを巡り、不仲がささやかれることもあった。だが、実際は頻繁に食事をしながら意見交換している。

二階の今年二月の誕生日には、菅が党本部の幹事長室を訪れた。

二階も周囲には、菅について語っていた。

「いろいろ相談を受けるが、それを実行に移そうと努力している」

二階と菅の二人は、現在の永田町では数少ない「たたき上げの地方議員出身者」だ。世襲議員にはない苦労を経験してきている。

この日の自民党和歌山県連のパーティーでは、二階の意向でテーブルに色紙が配られ、出席者が続々と署名した。

二日後の七月十日、和歌山県連幹部は、上京し、官邸で色紙約五十枚分の署名を安倍総理に手渡した。

安倍総理は喜んでいた。

「こんなことは初めてです。頑張ります」

七月二十四日、自民党の岸田文雄政調会長は、九月の自民党総裁選に立候補せず安倍晋三総理を支えると表明した。

西日本豪雨への対応や外交課題を勘案したという理由だが、実態は、国会議員票と地方の党員票の両方で支持の広がりが見込めないなかでの撤退であった。岸田の不出馬により、自民党総裁選は、安倍対石破の一騎打ちの様相が色濃くなってきていた……。

志帥会の韓国研修会の深慮遠謀

二階率いる志帥会（二階派）は、七月三十一日から三日間の日程で、韓国で研修会を開いた。

二階は、この研修会について、訪韓前から周囲に語っていた。

「韓国は近いのだから、われわれがもっと行き来したほうが国民は安心する。政治家の責務でもある」

この訪韓には、三つの目的があった。

一つ目は、南北軍事境界線がある板門店の視察や、韓国の李洛淵《イナギョン》首相らとの会談を実施し、韓国との太いパイプを示すこと。

二つ目は、経済界関係者らも含めた約三百人の態勢で訪韓し、志帥会の影響力を見せること。

そして、三つ目は、安倍総理の続投を海外に認知、支持させることだった。

志帥会では、夏季の派閥の研修会を韓国で実施した。海外でおこなうのは、初めての試みであった。

林によると、当初は、夏休み前の時期の開催を計画していたという。

だが、通常国会が一カ月延長したことにより、当初の計画を変更することになった。

最初は、五百人規模で韓国を視察する予定で、往復の飛行機や現地での宿泊先も押さえていた。

結局、夏休みに入り、七月末の日程に変更になったことによって、三百人規模に縮小することになった。

参加したのは、志帥会に所属する現職の国会議員四十四人のうち、四十人。

一泊だけの参加になった議員もいたが、それぞれが五人から十人ほどの支持者や地方議員を連れてくることになった。

林の地元からは二十人が参加し、県会議員も千葉県連の幹事長をはじめ五人が参加した。

韓国も百十年ぶりに最高気温を更新する猛暑だったが、視察は、非常に価値があった。

韓国では、到着後すぐに研修会になった。まず二階が基調演説をおこない、そのあと四人の講師で三十分ずつ。日本人講師が二人、韓国人講師が二人だった。

この日、二階は、志帥会の研修会で、派閥として安倍総理の三選支持を正式に表明した。

「国内外の情勢は、めまぐるしく変化し、わが国は正念場といえる時期を迎えている。今日、国民が真のリーダーシップを託せるリーダーは誰なのか。安倍総理をおいて他にいない」

安倍総理も、研修会にビデオメッセージを寄せて、呼びかけた。

「平成の最後の一年、その先の時代、明日の日本をつくるために一致団結して頑張りましょう」

翌日も朝七時半に朝食をとったあと、午前九時から三人の講師に話をしてもらった。

その後、午後から朝鮮半島中間部に位置する朝鮮戦争停戦のための軍事境界線上にある板門店に行き、視察をおこなった。

韓国の国会議員とも交流を持った。

初日の夜は、韓日議員団のメンバーと、焼肉屋で意見交換をし、二日目は、三百人全員で韓国の要人を招待し、交流をもった。

韓経連の首脳や、二階と以前から付き合いのある韓国財界の友人たちも参加した。

最終日は、献花をしたあと、一般の訪問団は自由時間となった。

いっぽう議員団は、韓国の李洛淵首相との会談があった。また、野党の有力政治家たちとも意見交換をした。

そのときには、ぜひ北朝鮮にも、日本から呼びかけをしてもらいたいという話も出た。

安倍総理の三選支持の署名は、二日目の研修後、板門店に行く前に政策提言の各項目を河村建夫が発表した。

政策提言は、幹部たちで集まって作ったものを二階が承認したものだった。

政策提言には「強くてしなやかな美しい国日本の創出を目指す」とし、重点施策として戦後レジーム脱却の完成や北朝鮮による日本人拉致問題の全面的解決などを盛り込んだ。

拍手で了承を得たのち、板門店の視察に向かい、その後、夕食前に各議員から一人ずつサインを集めた。

韓国に来られなかった四人にも電話で了解をとり、署名をしなかったのは、伊吹文明《いぶきぶんめい》元衆議院議長だけだった。

伊吹は、安倍を支持するが、元議長という立場もあり、署名はしないということであった。

八月七日午後、志帥会はさらに動いた。志帥会の会長代行の河村建夫元官房長官をはじめ、派閥の所属議員たちが、官邸に安倍総理を訪ね、三選支持の決議文と研修会でまとめた政策提言を手渡した。

安倍総理は、志帥会の議員たちを前に応じた。

「大変心強い。皆さんと一緒に日本のために頑張りたい」

二階は、この場には同席しなかったが、のちに記者会見で語っている。

「われわれのほうで安倍総理を推薦した。それを総理がいかに受け止めるかということだ」

林幹雄の見た自民党総裁選での「石破善戦」

志帥会は、安倍総理の三選に向けて、派をあげて動いていた。

派閥の選対を志帥会の事務所に一足早く設けることにした。

安倍総理を支持する細田派や麻生派、岸田派らとの合同選対の設置は、正式に安倍総理が出馬を宣言してからだということになっていたため、志帥会単独での選対を立ち上げていた。

本部長には、会長代行の河村建夫が就任し、代理を数人の議員が担った。

また、志帥会に所属する議員が自民党の地方組織の会長をしているところでは、集会を開くことも決めた。

吉川貴盛が会長を務める北海道連や、桜田義孝《さくらだよしたか》が会長を務める千葉県連、二階が会長を務める和歌山県連は、大規模な集会をおこなうことになった。

林の所属する千葉県連の集会には、所属する安倍支持の各議員がそれぞれ五十人前後の知人を呼び、六百人規模の集会を催すこととなった。しかし、西日本豪雨災害のため、中止になった。

総裁選は、圧倒的に安倍の優勢だった。

無派閥の議員も、菅官房長官と親しい議員が多く、議員票の八割以上が安倍総理支持とみられていた。

すでに永田町では、三選後の人事が話題となっていた。

焦点は、菅官房長官と二階幹事長が続投するかどうかだった。

林は、来年の参院選や統一地方選を考えた場合、二階以上の適任者はいないと実感していた。

平成三十年九月七日に告示された自民党総裁選は、九月二十日に投開票を迎えた。

現職の安倍総理と石破茂元幹事長の一騎打ちとなった選挙戦は、安倍総理が議員票三百二十九票、地方票二百二十四票で合計五百五十三票を獲得し、三選を果たした。

細田派、麻生派、二階派、岸田派、石原派などの支持を取りつけた安倍総理の勝利は既定路線といえた。むしろ、注目を集めていたのは、対抗馬の石破元幹事長がどのくらいの票を集めることができるかであった。その票によって、石破の今後の政治生命が左右されるからだ。

永田町では、議員票と党員票の合計が二百票以上を超えるかどうかが争点と思われていた。

が、石破は、議員票七十三票、党員票で百八十一票で合計二百五十四票を獲得し、議員票、党員票ともに選挙前の予想を上回る善戦を見せた。特に党員票では、全体の四五％を獲得し、四十七都道府県のうち、地元の鳥取県をはじめ、山形、群馬、茨城、富山、三重、島根、徳島、高知、宮崎各県の計十県で、安倍を上回る票を獲得した。

林の地元の千葉県では、安倍が九千百三十一票、石破が八千二百三十八票で、安倍が勝利した。

ちなみに、二階が県連会長を務める和歌山県では、安倍が八千六百九十八票を獲得し、二千三票の石破を圧倒。和歌山県での安倍の得票率は、八一・二％で、全国的に見ると、安倍の地元である山口県の八七・六％に次ぐ高い得票率を記録していた。

石破茂

林は、今回の総裁選について思った。

「表立って石破元幹事長を支援した議員が少ない千葉県でも、結果は千票差。やはり、判官びいきというか、地方の自民党員のバランス感覚がある程度反映されたのではないだろうか」

三選後の内閣改造で二階派から三人入閣

三選を果たした安倍晋三総理は、平成三十年十月二日、内閣改造をおこない、第四次安倍改造内閣を発足させた。

第四次安倍内閣の閣僚十九人のうち、留任したのは、麻生太郎《あそうたろう》副総理兼財務大臣、菅義偉官房長官、茂《もて》木《ぎ》敏充《としみつ》経済再生担当大臣、河野《こうの》太郎《たろう》外務大臣、世《せ》耕弘成《こうひろしげ》経済産業大臣、公明党の石井《いしい》啓一《けいいち》国土交通大臣の六人だった。そのいっぽう、初入閣は十二人だった。

林の所属する二階派からも、吉川貴盛衆院議員が農水大臣に、桜田義孝衆院議員が東京オリンピック・パラリンピック担当大臣に、片山さつき参院議員が内閣府特命担当大臣に就任し、いずれも初入閣であった。

二階派から三人も入閣するとは、林も予想していなかった。

また、同じ日、安倍総理は、党役員人事もおこなった。

党役員人事では、二階俊博幹事長と岸田文雄政務調査会長が引き続き留任し、前内閣で厚生労働大臣を務め、安倍総理とも近い関係にある加藤勝信《かとうかつのぶ》が総務会長に、総裁選で安倍陣営の選対責任者を務めた甘利《あまり》明《あきら》が選対委員長に就任することが発表された。

林自身は、引き続き自民党の幹事長代理兼選対委員長代理として党務に腕を振るうことになった。

今回の党役員人事では、サプライズもあった。

これまで筆頭副幹事長を務めていた柴山昌彦と小泉進次郎が退任し、その後任に稲田朋美が起用されたのだ。稲田は同時に総裁特別補佐にも起用された。

柴山は、文部科学大臣として初入閣を果たし、小泉は、党の厚生労働部会長に転出した。

これまでに党三役の一つの政調会長や防衛大臣、規制改革担当大臣などを歴任している稲田の起用は、予想外の人事として衝撃を与えた。筆頭副幹事長は閣僚経験のない議員が起用されることがほとんどだからだ。

林によると、稲田を起用するにあたって、安倍総理から二階に打診があったという。

「二階さん、稲田さんを筆頭副幹事長として幹事長室で使ってもらえませんか」

二階も、かつては総務会長時代に、政調会長だった稲田と党三役を務めていたこともあり、気心は知れていたため、了承した。

林は、念のため、稲田に確認した。

「これまでの役職に比べると、二階級、三階級降格になってしまうけれど、本当に筆頭副幹事長でいいのか？」

林の心配もどこ吹く風で、稲田本人は積極的な様子だった。

「二階先生のところで勉強をしたいので、よろしくお願いします。なんでもやりますから」

林は思った。

〈本人がそこまで覚悟してやる気なら大丈夫だろう〉

防衛大臣時代には、防衛省内で様々な問題が飛び出し、政治家としての手腕を疑問視されることもあった稲田だが、筆頭副幹事長起用後は、二階のもと、溌剌と仕事をしている。

十月二十九日には、稲田が衆院本会議で自民党を代表して、代表質問に臨んだ。

本来は、党首や幹事長が立つのが一般的で、二階も一月の通常国会では代表質問に立っていたが、稲田の起用は異例の抜擢として党内外に受けとめられた。

稲田は、代表質問で持論の憲法改正や、党政調会長時代から取り組むＬＧＢＴ（性的少数者）問題を取り上げるなど、独自色をアピールした。

この稲田の抜擢も、「女性活躍」をアピールするため、という二階のアイデアだったという。

いっぽう、筆頭副幹事長だった小泉進次郎は、今回の改造後に、自民党の厚生労働部会長に就任した。

この異動は、小泉本人の希望だったという。

林は、事前に小泉の希望を訊いていた。

「次の人事での希望は、なにかある？」

すると、小泉が言った。

「実は厚生労働部会長の希望を出しています。できれば、そちらをやりたいんです」

小泉の希望が叶うようにと、林たち幹事長室のメンバーも力を砕いたという。

ちなみに、今回の総裁選で、小泉進次郎は、直前まで旗色を明確にせず、九月二十日の投開票日当日に石破茂元幹事長への支持を表明している。

将来的には自民党の総裁候補として期待されている小泉進次郎だが、彼の今後をどう見ているか。

林が語る。

「やっぱり、これからでしょうね。マスコミが作った人気は、マスコミによって潰されることがある。そこは彼も注意しているでしょう。それと、政治は一人ではできないから、どれだけいっしょに戦ってくれる仲間を増やしていけるかが重要。今後、その部分をどう伸ばしていけるかが将来につながってくる」

第3章　安岡正篤と林大幹

父・林大幹《はやしたいかん》の安岡正篤《やすおかまさひろ》との出会いと傾倒

自民党の幹事長代理兼選挙対策委員長代理を務める林幹雄《もとお》は、昭和二十二年一月三日、千葉県香取郡東庄町《とうのしょうまち》に生まれた。父・大幹、母・ちよの長男であった。

東庄町は、千葉県の北東部、銚子市の西隣に位置し、利根川を境に茨城県と接している町だ。

のちに自民党の衆議院議員になる林大幹は、大正十一年二月二十三日に千葉県香取郡東庄町笹川に生まれた。父弥太郎、母かつの長男であった。農家の後継と考えていた大幹は、小見川《おみがわ》農学校（現・小見川高校）に進んだ。

小見川農学校の卒業を半年後に控えた昭和十三年の夏、十六歳になった大幹は、運命の出会いをする。陽明学者の安岡正篤の講演会が東庄町の隣の佐原市（現・香取市）にある香取神宮でおこなわれた。大幹は、親しい友人に誘われて、安岡の講演会に参加した。

安岡は語った。

「農業は、ものをつくるためのものではない。土を耕して、心をつくるものだ」

安岡の講演は、大幹に目が覚めるような衝撃を与えた。大幹は心を震わせた。

〈これだ！　安岡先生の教えを、一生懸命勉強しよう〉

大幹は、卒業後、地域の青年団長をやったり、農協の青年部の部長を務めたりし、のちのち関東甲信越地域の部長になる。

大幹は、安岡の講演を聞いて二年後、安岡の設立した金鶏《きんけい》学院に学んだ。全寮制であった。朱子学における「四書」のうち、儒者にとっての基本綱領が示されている『大学』や孔子と彼の師弟の言行を記録した『論語』を無心で勉強した。

大幹は、安岡に心服しきっていた。もし、安岡と天皇陛下から腹を切れ、と命令されたら、腹を切ったかもしれないほどであったという。

林幹雄は思う。

〈オヤジは、安岡先生に巡り会えなかったら、きっと政治家にはならなかっただろうな〉

安岡正篤は、明治三十一年二月十三日、現在の大阪市中央区旧順慶町に素封家の父・堀田喜一、母・悦子の四男として誕生。実兄に、のち高野山金剛峯寺第四百三世座主となる堀田真快がいる。明治三十七年、大阪市芝尋常小学校時代、四書の『大学』から素読を始める。

明治四十三年、大阪府立四條畷《しじょうなわて》中学校入学。大正五年、卒業までの五年間、歩きながら書を読んで電柱にぶつかったり、牛に突き当たったりしたという伝説が生まれる。

中学校では剣道部に所属。いっぽうで、近所の春日神社神官・浅見《あさみ》晏斎《あんさい》に見出され、漢詩に親しむ。さらに柳生《やぎゅう》藩大参事であった陽明学者・岡村達より感化を受ける。

卒業後、高知県貫属士族で東京在住の安岡盛治の養子となる。安岡は、戊《ぼ》辰《しん》戦争の際、近藤勇を捕縛し斬首した功名で知られる土佐藩士安岡良亮の孫にあたる。

安岡は、第一高等学校第一部丙類（独法科）に首席で入学。大正八年、東京帝国大学法学部政治学科に入学し、天皇主権説を主張する憲法学者の上杉慎吉に師事。大正十一年に東京帝国大学の卒業記念として執筆され出版された『王陽明研究』が反響を呼ぶ。

安岡正篤

大学卒業後に文部省に入省するも、半年で辞す。大正十二年、皇居内に設立されていた社会教育研究所に小尾晴敏の懇請により出講。関東大震災ののち同研究所の組織再編に際し、学監兼教授となり、教育部長を兼任する。その年「東洋思想研究所」を設立。

当時の大正デモクラシーに対して伝統的日本主義を主張した。拓殖大学東洋思想講座講師時代、『日本精神の研究』『天子論及官吏論』などの著作を発表。一部華族や軍人などに心酔者を出した。

昭和二年に酒井忠正《さかいただまさ》の援助により「金鶏学院」を設立。金鶏学院は、軍部や官界・財界に支持者を広げていく。昭和六年には、三井や住友などの財閥の出資により埼玉県に「日本農士学校」を創設し、教化運動に乗り出した。

昭和七年には「日本主義に基づいた国政改革を目指す」として、酒井や後藤文夫《ごとうふみお》、近衛文麿《このえふみまろ》らとともに「国維会」を設立。新官僚の本山となった。

国維会からは、斎藤実《さいとうまこと》内閣や岡田啓介《おかだけいすけ》内閣に、後藤や吉田茂（のちの首相とは別人で同姓同名の厚相・軍需相）、廣田弘毅《ひろたこうき》ら会員が入閣したことで、世間の注目も集まった。

が、いっぽうで政界の黒幕的な見方も強まったため、二年後には、国維会は解散に追い込まれる。

その間も、安岡の金鶏学院などを通じた教化活動は続けられた。

二・二六事件の黒幕として処刑された北一輝《きたいっき》や、大川周明《おおかわしゅうめい》の猶存《ゆうぞん》社のメンバーでもあった。「二・二六事件の首謀者西田税らに影響を与えた一人」とも言われる。年上である八代六郎（元海軍大将）、山本五十六、さらには中華民国総統の蒋介石《しょうかいせき》などとも親交があり、第二次世界大戦中には大東亜省顧問として外交政策などに関わった。

いっぽう、林大幹は、昭和十八年の一月、軍隊に入った。間もなく中国大陸に渡り、各地を転々とした。その間、師の安岡正篤の『日本精神の研究』『東洋倫理概論』『東洋政治哲學　王道の研究』『為政三部書』『童心残筆』などをはじめ十数冊の著書を入れ、行軍の途次の小休憩に読み、励まされていたという。

大幹は、そのときの回想をのち『逍遥録』に描いている。

《十八歳の折、縁尋微妙、始めて安岡正篤先生の門を叩くことを許されてから、年月を経るごとに、人生に別天地のあることを感悟することが出来るようになった。そうして東洋史上幾多の人物を識り、私淑することのできる幸運に恵まれたが、なかでも中国、宋の時代の文豪であり、哲人であり、詩人でもあった蘇東坡は忘れることのできない懐かしい人の一人である。

今から三十余年前、昭和十九年の五月、長江の畔、漢口に着いた私は、東坡を偲んで震えるような感激に身は包まれたのであった。私の属する師団が中国大陸における京漢線打通作戦に参加し、黄河を渡河して南下したのは四月の末のころであった。作戦を果した師団は更に漢口に前進、集結の後戦力の再編成をすませて次なる湘桂作戦に参加することになった。湘桂作戦は南満洲に移駐していた師団が、中国大陸の作戦に転用された作戦であったが、私はここに作戦のことを書くつもりはない。漢口に着いて長江を臨み、敬慕する蘇東坡が、王安石の率いる新法党一派の迫害にあい流されたのが、この漢口に近い同じ長江に臨む黄州である。故意か偶然か、従軍が図らずも私をして東坡流謫の地の近くに導いてくれたから触れざるを得なかったのである。私の行李には王安石と蘇東坡との全集が収蔵されていた。私は行軍の途次、漢口においても、貪るようにしてこれを読み耽った。私の心はシナ史上、元豊年間を逍遥していたのであった。》

「首相指南役」安岡と林大幹の戦後再出発の原点

林大幹は、終戦と師安岡正篤について『逍遥録』に記している。

《昭和二十年八月十七日、私の属する師団司令部は江西省南昌の西北方に位置する「西山万寿宮」周辺地区に到達した。この附近の村落は幾度か戦火の中にあったとみえて、ひと一人住まず、すっかり荒廃していた。灌木と育ちの悪い松林の混った低い丘が不規則に続き、僅かばかりの水田が丘の谷間に猫の額のように並んでいる。土煉瓦の壁と薄墨色の瓦の屋根の小さな農家が、数戸位ずつかたまって僅かな村落をつくっている。そういう中に部隊は露営した。不可侵条約を同盟していたソ連が、一方的に条約を蹂躪して参戦したことを知ったのは、八月九日新橋墟といふ寒駅においてであった。その時は大国の不信に切歯して憤激し、再び満洲へ反転かなどと気の早いことを言う者もおった。ところがその十七日の夕刻、終戦の大命を拝受したのである。しかしこの時点ではまだ、終戦の大命が降下されたことを知り得たものは、司令部内の極く一部でしかなかったのである。

翌十八日、師団長は隷下各部隊長に対し暗号を以て「大命」を伝達したのである。特に聯隊旗を奉持する部隊に対しては、師団司令部から〝暗号係将校翻訳〟という指定のついた重要極秘電を発信した。「停戦について大命が降下されたので、聯隊は軍旗を宮中に奉還する意をもって現地において奉焼すべし」という内容のものであった。

露営した部落の中央とおぼしき広場に集合した戎衣の人、すでにこの時は「終戦の大詔」が煥発されたことを知らない将兵はなかった。

師団長が滂沱たる涙と共に「詔書」を奉読するうちに、「万世の為に太平を開かんと欲す」と読まれた時、私は一瞬ハッとして自分の耳を疑った。しかし次の瞬間、この大詔の煥発に際しては、必ず安岡先生が起草に参与しておられるに違いないと信じたものである。

祖国に帰って来た私は、秋深い一夜を故郷の茅屋に安岡先生の御来駕を仰いだ。道縁の厚い数人の友人を交えて、わが家の座敷に落着かれた先生は、ひとしきり祖国の命運とこれに処して行くわれらの覚悟についてお諭しになり、そのあとで筆を執られて大書して下さったのが、詔に拝する「万世の為に太平を開かんと欲す」であった。

大詔の删修に当られた先生のことについては、私の弟（全国師友協会常務理事）が『自由民主』（自由民主党発行）の昭和五十一年八月号に、編集者の要望に応えて載せた一文があるのでここに転載することにした……。

　終戦の詔書のことになると、安岡正篤先生は堅く口を緘して語ろうとされない。詔書は一たびこれが宣布されれば、陛下のお言葉であって、たとえ起草の当事者といえども、とやかく言うべき筋合ではないと信じているからである。戦後いくたびもマス・コミ関係から依頼されても、公に発表されたことはなかった。然しながら、天皇道の本義からこの詔書を思うとき、安岡先生の心の奥深くに、去来する淋しさを窺うことができるのである。いつであったか、『文藝春秋』の記者の依頼を断った後のその夜、「君達だけには話して置く」としみじみ語られたことがあった。

　詔書案の刪修に当って先生は、我が国は何が故に戦を収めようとしているのか、その真義を明確にしなければならないと、「義命の存する所」と「万世の為に太平を開かむと欲す」の二つを挿入された。「義命の存する所」とは詔書中のあのくだりで、陛下が「堪え難きを堪え」よとおおせられておられるが、それにはそれなりの、天子としての重いお言葉がなくてはならない。そこで中国の古典『春秋左氏伝』成公八年の条に「信以て義を行い、義以て命を成す」から選ばれたのである。時運は如何あれ、天皇道の本義から、勝敗を超越して、斯くするという道義の至上命令である。

「万世の為に太平を開かむと欲す」も「永遠の平和を確保せむことを期す」より強く重々しいが、これは中国宋初の碩学・張横渠（名は載）の格言「天地の為に心を立て、生民の為に命を立て、往聖の為に絶学を継ぎ、万世の為に太平を開く」からとったのである。

　先生はどんな理由にしろ、この二つの眼目は絶対に入れるようにと念をおされたのであったが、閣議で国民には分りにくいと難色が出た。このとき迫水さん（当時の内閣書記官長）のたっての意見で、「万世の為に太平を開く」だけを取り入れ、「義命の存する所」は「時運の趨く所」と代えられてしまった。「時運の趨く所」とは、成りゆきまかせ、風の吹きまわしということで低俗不見識、詔勅にあってはならない言葉である。これは永久にとりかえしのつかない、時の内閣の重大責任というべきであろう。

こうして作られた、詔書の成りたちを知らない後世の学者の中には、「時運の趨く所」などと何と低級な考えであったかと慨嘆して、これを删修した者の学問見識を問うであろう。現に安岡先生自身が「悔を後世に残す」と言っておられるのである。私が先に先生の心の奥深く去来する淋しさといったのは、国家にとっても、安岡先生にとっても、とりかえしのつかない恨事であったと思うからである。

戦後、終戦時の閣僚の会合に安岡先生も招かれたことがあった。先生はこの席なればと、初めてこの点を痛論した。終って松阪広政さん（当時の司法大臣）が「我々無学の致すところでして」と深々と頭を垂れられたそうである。自民党こそは、我が国唯一の責任政党である。願くば「義命の存する所」の本義で、国政の大任を果してもらいたいものである。》

終戦後の昭和二十一年に、かつて安岡が創設した「金鶏学院」や「日本農士学校」等の各団体や学校は、連合国軍最高司令官総司令部（ＧＨＱ）により解散を命じられた。

安岡自身も大東亜省奉職を理由に公職追放される。

昭和二十四年に「師友会」（のちの全国師友協会）を結成、機関紙『師友』（のちの『師と友』）の発行による次代の指導者の育成や、全国各地を巡っての講演、さらにはラジオによる講話などを通じた東洋古典思想の普及活動をおこなった。

昭和二十五年十月、公職追放令第一次解除に該当する。

昭和二十六年、吉田茂総理と対談。政財界とのパイプは保ち続け、自民党政治家のアドバイザーとして主に東洋宰相学、帝王学を説き、彼らの「精神的指導者」「陰の御意見番」「首相指南役」の位置にあった。

昭和二十九年六月一日を期して師友会を「全国師友協会」と改め、ここでの活動を中心に陽明学を基礎とした東洋思想の普及に努める。

林大幹の政治への傾斜と長男・幹雄の誕生

いっぽう、林家は、代々地主であったが、敗戦後の農地改革で、土地を開放したため、一農家となった。

林幹雄の祖父の弥太郎は、敗戦前は、東庄町の助役を務めていたが、敗戦後、公職追放になってしまった。

大幹は、戦争中は中国大陸に駆り出されたものの、やがて復員、鍬《くわ》を振るい、農業青年として地域活動をおこなっていた。

大幹は、昭和二十二年一月三日、毎年正月三日の恒例どおりに、米を持って、年始の挨拶に安岡の元を訪れていた。

そこに、電報が入った。

「チョウナンタンジョウ」

その場で名前をつけることになった。

安岡は、大幹の名前を「ひろもと」と読み、そこからとって「もとお」と名付けた。

大幹は、父親の名代として、知事や副知事に陳情を繰り返すうち、政治への傾斜を深める。

大幹は、昭和二十六年、周囲から推されて、二十六歳で、笹川町（のち合併し、東庄町に）の町会議員選挙に出馬した。

大幹が立候補したのには理由があった。笹川町には、黒部川という川が流れている。この川が大雨が降ったりすると、そのたびに決壊する。住民たちは、その都度被害を被っていた。

大幹は思った。

〈これは、堤防を造らなきゃダメだ〉

大幹は、そう決めると積極的に堤防建設に向けて動いた。千葉県庁にまで直訴に行くほどであった。だが、それでも、堤防建設の話は遅々として進まなかった。

大幹は決断した。

〈よし、こうなったら、おれが町会議員になって堤防建設を推進しよう〉

大幹は笹川町の町会議員選挙に当選を果たした。

大幹は、活動的で、家にじっくり腰を落ち着けているタイプではなかった。いつも家にいないのが当たり前で、幹雄は、夜、父親と一緒に食事をした記憶もまったくといっていいほどない。

幹雄は、乳幼児期は、病気らしい病気もせず、スクスクと成長。二人の妹たちと近くの利根川の河原で遊んだり、野原を駆け回った。近所の子らとチャンバラごっこをするなど一農家の〝せがれ〟として元気に遊びまわった。

幹雄は、子供の頃から、ヤンチャな性格であった。小学一年生の時に、身体検査があった。

幹雄は、ある先輩に言われた。

「お前、今日の身体検査で、おちんちんをちょんぎられるからな。覚悟して行ったほうがいいよ」

先輩は、普段からヤンチャな幹雄に罰を与える意味でからかってやろうと思ったのだろう。が、幹雄は、この話を信じてしまった。

〈ヤバい……、切られてしまう……〉

幹雄は、その場から裸足のままでランドセルも靴も置いて、すぐに家に舞い戻ってしまった。

その後、母親が学校まで幹雄のランドセルと靴を取りに行った。

大幹は、自分自身を厳しく律する人であった。だが、子供たちには実に優しかった。手をあげるようなことは一度もなかった。

幹雄に対してても優しかったし、二人の妹に対しては、幹雄以上に可愛がり、溺愛《できあい》して育てていた。

子育てに関しては、完全な放任主義者であった。幹雄は、大幹から「ああしろこうしろ」という指示は、一度も受けたことがなかった。

幹雄や二人の妹の面倒は、自然と祖父の弥太郎と祖母のかつが見てくれていた。

弥太郎は、孫の幹雄たちに対して、とても教育熱心だった。幹雄が小学校の時には、弥太郎は、その小学校のＰＴＡの会長をしていた。

当時は、小学校には集団で登校していた。みんなで集まり連れだって登校するのだが、弥太郎は、頼まれもしないのに、その様子をチェックして、出欠を確認するほどであった。

幹雄たちが帰り道に畑を横切ろうとしていると、国民学校の教官みたいな格好をした弥太郎が長い竿を持って追いかけてくることもあった。

弥太郎は、子供たちを叱りつけた。

「何をやっているか！」

弥太郎は、自分の孫の幹雄であろうが、他の家の子供たちであろうが、区別なく、悪いことをすれば悪い、と叱りつけていた。

弥太郎は、昔から厳格な人格で知られていたらしく、大幹の同年輩の大人たちからも恐れられているようであった。

時間にも厳格な弥太郎は、東庄町の有名人であった。

大幹は、孫たちを厳しくしつけている弥太郎の様子を見て、よく強がって言っていた。

「子供の教育はできないけれども、おれも、孫の教育はきちんとやるぞ」

だが、実際には違った。のちに、幹雄やその妹たちに子供が生まれると、大幹は、孫たちに対してもデレデレして甘やかすタイプのおじいちゃんであったという。

「梅檀《せんだん》は双葉《ふたば》より芳《かんば》し」を地でいく林幹雄の幼少期

幹雄の母親のちよは、若い頃に働き過ぎたからなのか、リウマチを患い、亡くなるまで治ることはなく、苦労をしていた。幹雄の祖父母だけでなく、曾祖母も同居をしていたし、祖父は脳軟化症を患い、その面倒もみていた。そのため、大変な苦労であった。自分の体も不自由ななかで、農業もやっていた。

幹雄は、病気持ちの母親が苦労しながら祖父母や曾祖母の面倒を必死でみている様子を見て育った。そのため、ヤンチャなほうではあったが、不良になるようなことはなかった。

むしろ、若い頃から、冠婚葬祭をはじめとする近所づきあいの場には、林家を代表して出席する機会も多かった。そのため、近所からは、孝行息子との評判を受けたという。

林家は、分家が十軒ほどあるうちの本家だった。したがって、大幹が不在であることが多く、母親も病気がちだったために、幹雄が家を代表して動くことも多かった。幹雄自身は、あまりそういうことを面倒くさくは思わなかった。そういうものだと自然と思っていた。

ただし幹雄は、人前で話すのは、大の苦手であった。幹雄は、小学六年生のときに、児童会長に選出されそうになったことがあった。成績はクラスでも二番目くらいではあったが、成績よりも人望を買われての推薦であった。だが、もし児童会長をやることになると毎週月曜日の朝礼で全校生徒の前で挨拶をしなければいけない。

林は思った。

〈俺には、耐えられない。絶対に無理だ〉

そう思った林は、同学年で一番勉強ができる同級生に頼みこんだ。

「お前、児童会長やってくれ。おれは副会長でもなんでもやって支えるからさ。なあ、頼むよ」

林は九拝するほどにひたすらお願いした。

結局、林が副会長になり、その同級生が児童会長になることになった。ただし、副会長として会長を徹底して支えた。

林は、のちに幹事長代理として二階俊博幹事長を徹底的に支えているが、そういう資質は、小学校時代からすでに秘められていたといえよう。


林幹雄は、中学校は、学区外の中学校に通った。近隣の銚子市にある銚子市立第四中学校だ。当時は、名門の進学校として有名であった。越境入学がある程度認められていた。

小学校六年生時の担任の先生は、銚子市立第四中学校から赴任してきていた。その先生のアドバイスであった。

幹雄の祖父の弥太郎は、ＰＴＡの会長をやっていたため、その先生とも接点があった。

どうやら、弥太郎は越境中学を勧められたようであった。

「四中にやりなさい。四中のほうが視野が広くなる。高校に進むときのことを考えるといいですよ」

林は、昭和三十四年四月に銚子市立第四中学校に入学した。

林の自宅から国鉄の笹川駅までは徒歩十分ほど。そこから五駅先の銚子駅まで三十分ほど列車に乗り、下車をして、中学校まで十分歩く。自宅から一時間近くかけて通学するようになった。

ただし、林は、銚子四中に学び、ショックを受けた。笹川の小学校時代は、いつも成績はクラスで二番目くらいであった。が、四中に行くと、クラスで下から数番目くらいの成績となった。進学校であることは聞いていたのである程度は予想できたが、予想以上にショックであった。

また、銚子のほうが林の育った東庄町よりかなり都会であった。同級生から見れば、林は、近隣の田舎から越境通学してきた田舎者として見られた。

当時の銚子市は都会で、人口九万五千人ほどであった。漁業もしょうゆ産業もさかんで、活気に溢れていた。

銚子市は、千葉市に次いで、二番目に市になっただけあり、歴史もあり、活気もあった。

林は、四中に通い始めてから、初めてラーメンの存在を知った。こんなに上手いものがあるのか、と感激したほどであった。

林は、電車通学のために、時間の制限があり、クラブ活動はしなかった。

中学一年生の林は、悩んでいた。

〈なんで、わざわざ四中に来なきゃならなかったのか。同級生たちは、みんな笹川の中学校に進んだのに〉

当時は、将来の夢もなかった。

いたずら小僧で先生に殴られたり、廊下に立たされたりすることもあった。

が、三年生に進んだ頃には、友達も増え、四中の環境に慣れてきた。

林は、成績のほうは鳴かず飛ばずであったが、人気者であり、まわりにいつも人が集まってくるようになった。人を束ねる萌芽があったといえよう。

この頃から徐々に〝ひょうきんもの〟の姿が頭をもたげ始める。駄洒落《ダジャレ》や冗談でクラス中を笑いの渦に巻き込むこともしばしばであった。

林は、高校進学に悩んだ。銚子四中からは、千葉県立匝瑳《そうさ》高校や銚子市立銚子高校、千葉県立銚子商業高校などへの進学を目指す学生が多かった。

林は、千葉県立佐原《さわら》高校を目指すことにした。

〈銚子に三年通ったんだから、佐原に行ってみよう〉

中学進学時に別れた地元の同級生も、何人かは佐原高校に進学した。この高校も、地域では名門高として有名であった。林は、佐原まで電車で二十五分かけて通った。

林大幹の自民党中央政治大学院入りと政界進出の足掛かり

岸信介《きしのぶすけ》総理大臣の時代の昭和三十二年、自民党は自由民主党中央政治大学院という政治家の養成学校のような私塾をつくった。そこには、自民党の各都道府県連から自民党の将来を担う有望な人材が一人ずつ推薦されて、入学することになっていた。

林大幹は、師と仰ぐ安岡正篤から言われた。

「中央政治は、保守も革新も合同は成ったが、やがて混乱する。その時に備え勉強せよ」

林大幹は、四十倍の難関を突破し、千葉県から一期生として選出された。

自民党中央政治大学院でも、大幹は優秀だった。成績が主席だったために、終了後は、自民党本部に残ることになった。党職員としてスカウトされたのである。

林大幹は、『逍遥録』に自由民主党中央政治大学院時代について記している。

《戦後十年経ったころ、終戦から起ち上った日本は、復興にすべてかけて、漸く前途に光明を見出だしはじめていた。しかし、真の復興はこれからという時で、思想も困乱し、風俗も棄れていた。あたかも政界は二大政党の時代を迎えた。当時、私は胸裡に深く感ずるところあり、意を決して、自由民主党に入党した。昭和三十二年のことである。

その年の九月三十日、この日は自由民主党中央政治大学院の第一回卒業式の日であった。私は卒業生を代表して、岸（信介）総長に答辞を述べた。その中で、第二次大戦後、共産主義の挑戦から人間の自由を守るために、世界の不安と緊張が続いている歴史的事実を指摘し、歴史の教訓を待つまでもなく、自由の精神が尊重され、人間の英智が遺憾なく発揮されて、輝かしい伝統の中に新らしく創造がつぎつぎと行われてゆき、同胞の幸福を祈る濃やかな愛情の政策が、国のすみずみにまで行き届いて、平和と繁栄が招来される政治こそわれわれの本願であり、したがって私は不敏ながら、そのために勇気と誠実を以て献身したい――と誓ったのである。

爾来、星霜移り、世界は依然として激動を続け、国際間における日本の前途はいよいよ責任と多難とを加えている。

大学院を卒業した私は、そのまま自由民主党本部に入り、組織総局から翌年三月には、治安対策特別委員会の事務を主宰し、国内及び国際情勢の調査研究、これに基づく政策の立案等に専念した。

この間、一方において、我が国恒久の安全と、民族発展のための内政・外交の基本政策を推進する念願から、千葉三郎先生等を中心に、国会議員約百名をもって素心会が結成されるに当り、創立の準備を担当し、同志とともに趣旨・規約・綱領等の原案の作製に参画し、同会創立後はその専門委員・調査役として運営の一翼を担ってきたのであった。》

いっぽう、安岡正篤は、昭和三十三年には岸信介、安倍源基、木村篤太郎らとともに「新日本協議会」を結成、安保改定運動や改憲運動などに関わった。

東洋古典の研究と人材育成に尽力するいっぽうで、「体制派右翼」の長老としても政財官界に影響力を持ち続けた。

昭和三十五年に宮城県知事や労働大臣を務めた衆議院議員の千葉《ちば》三郎《さぶろう》が素心会という勉強会を作った。結成された素心会は、青木一男や木村篤太郎らの右派系議員が所属し、特に教育の正常化を熱心に主張していた。
千葉三郎が千葉県選出で、安岡と親しかったこともあり、大幹は、素心会の事務局長を務めることにな
る。事務局長をやると、様々な国会議員との交流が深まっていった。のちに政界進出の足掛かりとなった。

ヤンチャとユーモアの林幹雄の佐原高校時代

林幹雄の佐原高校時代、生徒の指導教官を担当している飯田四郎三郎先生がいた。

林は、比較的ヤンチャだったので、よく職員室に呼ばれて、飯田先生に怒られていた。

あるとき、悪友たちとともに職員室で罰として立たされている林に、飯田先生が訊いた。

「お前は、どこの出身なんだ？」

林は答えた。

「笹川の林です」

林家は、東庄町の笹川地区にあった。

林の答えを聞き、飯田先生は、顔色を変えた。

「なに？　笹川の林だって。じゃあ、お前、林大幹って知ってるか？」

「知ってます」

知ってるもなにも、林の父親である。

飯田先生は、質問を続けた。

「お前の親戚か？」

「そうです」

林はとっさのことで、自分の父親だとは口にしなかった。

飯田先生が続けた。

「お前、林大幹の親戚だったら、少しは大幹の爪の垢《あか》でも煎じて飲め。大幹は、俺の小見川農学校の先輩だ。三年間の試験の平均点が九十点以上で、いまだに学校の記録なんだぞ」

どうやら、林の父の大幹は、かなり優秀な成績で小見川農学校を卒業したようであった。

林は、この翌日も飯田先生に呼びつけられた。

「おい、調べたら、林大幹って、お前の親父じゃないか。なんで、それを早く言わないんだ！」

林は、飯田先生に二日連続で怒られる羽目になってしまった。

林は、またあるとき、飯田先生に言われた。

「お前、少しはオヤジさんに勉強を教えてもらえ。オヤジさんの得意だった漢文が、いいぞ」

大幹は、特に漢文が得意であった。安岡正篤の影響であろう。

林は、帰宅すると、父大幹に頼んだ。

「オヤジ、飯田先生に、オヤジから漢文を教えてもらうように言われた。教えてもらえませんか」

すると、大幹は言った。

「ちょっと待ってろ」

財布から二千円ほど取り出して、林に渡した。

「これで虎の巻（参考書）を買って、勉強しろ」

林は驚いて訊いた。

「なんで!?……」

「おれの漢文の教え方は、今の学校の教え方とは違う。これで虎の巻でも買え」

が、そのお金は、虎の巻を買わずに、飲み食いや遊びに使ってしまった。

佐原高校はバンカラな校風であったが、林は、それにあまり染まらなかった。

高校一年のときには、体育祭でフォークダンスのコーナーがあった。佐原高校には、女子生徒が三分の一くらいしかいない。そのため、いつも三年生の男子生徒と一年から三年までの女子生徒でフォークダンスをやることになっていた。

一年生と二年生の男子は、照れながらフォークダンスを踊る三年生男子と女子の姿を見ているだけであった。しかし、林は、物怖《ものお》じもせずに、後輩ながら、堂々とフォークダンスのなかに飛び込んでいった。

林のその姿は、三年生の男子たちから、もちろん目をつけられた。

後日、林は、三年生の男子たちから、こっぴどく怒られた。

林が一年生の三月、卒業する先輩たちを送別するために予餞会がおこなわれた。

林は、出し物として自ら芝居を企画し、主演した。題目は、貫一お宮の話で有名な明治時代の代表的小説である尾崎紅葉の『金色夜叉《こんじきやしゃ》』であった。

高等中学校の学生の貫一の許婚《いいなずけ》であるお宮は、結婚を目前にして、なんと富豪の富山唯継のところへ嫁ぐ。それに激怒した貫一は、熱海海岸でお宮を問い詰める。が、お宮は本心を明かさない。貫一はお宮を蹴り飛ばし、復讐のために、高利貸しになる。いっぽう、お宮も幸せに暮らせずにいた。

ひょうきんなところのある林は、『金色夜叉』をベースにしたオリジナル喜劇の脚本を書いた。ギャグもたっぷり入れた。林は、現在も会話の間にギャグを入れ、座をユーモラスに明るくすることで評判だが、このころからユーモアのセンスは優れていた。パロディータッチの芝居ができあがった。

林は貫一も演じた。お宮は、のちに『産経新聞』の記者になった宮田修が演じた。

林は、学生帽をかぶり、マントをひるがえし、高下駄を履いた高等中学校の生徒姿で、お宮に怒りの言葉を投げつける。

「お宮、こうして二人が一緒にいるのも、今夜限りだ。いいかお宮、一月の十七日だ。来年の今月今夜になったらば、僕の涙で必ず月は曇らしてみせるから」

林は、そこでお宮を蹴りつけるが、高下駄を履いているのでバランスを崩し、ずっこける。

宮田との息もピッタリで、芝居はおおいにウケ、笑いに包まれた。

父への反発から日本大学芸術学部（日芸）へ

林は、高校時代も、週末は、家の名代として様々な地域の行事などに顔を出していた。

佐原高校は、林の入学する数年前には、野球でのちに巨人で活躍する城之内邦雄が活躍していたが、結局、甲子園には行けなかった。

関東大会に出場するのは、いつもハンドボール部だけであった。が、これは千葉県内にハンドボール部がある高校が少ないせいであった。一校しかないから、すぐに関東大会に出場できたのである。

しかし、肝心の部員がいなかった。そのため、林は、頼まれてマネージャー兼務で所属することになった。

林は、ハンドボールはできないが、旅費の精算などを受け持ってやっていた。そういう面倒見の良さはこのころからあった。

林が高校三年生の時、父親の大幹は、自民党本部に勤務していた。そのため、平日は東京のアパート住まいで、金曜日の夜に郷里に帰り、月曜日の朝イチで出勤する政治家のような生活を送っていた。

当時は、音楽バンドであり、コントグループでもあるザ・ドリフターズの全盛期であった。ベースのいかりや長介、ドラムスの加藤茶、リードギター・キーボードの高木ブー、リズムギター・ボーカルの仲本工事、ギターの志村けんをメンバーとしていた。

ザ・ドリフターズ出演のＴＢＳ系列で毎週土曜日に放送されていた『８時だョ！全員集合』は、最高平均視聴率五〇・五％も記録したお化け番組となっていた。

加藤茶が「タブー」の曲に合わせてストリップショーのように踊り、「ちょっとだけヨー。あんたも好きねー」と言うギャグはウケにウケた。

中学時代、『金色夜叉』のパロディの芝居を書いたように、コントやギャグの好きな林もザ・ドリフターズの大ファンで、銀座までショーを観《み》に行くこともあった。

観たあとは、もちろん東庄町までの電車はない。林は、大幹の住む新大久保のアパートに泊まった。翌日の朝に千葉まで帰るわけだが、大幹は怒りもしなかった。たまにお小遣いをくれることもあった。

佐原高校は、県下でも有数の進学校であった。三年生になると、学生たちは、国立大学志望の理科系、文科系、私立大学志望の理科系、文科系と進学希望に合わせて各クラスに分かれる。林は、私立大学志望の文科系であった。

佐原高校からは東京大学に行く秀才もいたが、林は、私立の慶應か早稲田に行きたかった。

昭和四十年、慶應義塾大学の経済学部などを受験した。が、かなわなかった。

一年間浪人することになった。

林は、渋谷区代々木にある予備校に通い、懸命に勉強した。

両親は、林にあくまで経済学部や法学部などの学部への入学を望んでいた。

が、林の浪人時代の茨城出身のガールフレンドが、日本大学芸術学部（日芸）の文芸学科に通っていた。ガールフレンドから耳にする日芸の印象は、実にオープンで自由闊達《じゆうかったつ》のようであった。学生生活を満喫できそうな気がした。

しかも、文芸学科には、宣伝広告コースがあるという。林は、高校時代から、宣伝や広告に興味を持っていた。今でもコマーシャルが大好きである。

林は、心をはずませた。

〈これはいい。おれに向いている。よし、日芸に行こう！〉

と同時に、父・大幹への反発もあった。

〈おれは、政治家にはならないぞ〉

昭和三十九年十一月十六日、自民党の寺島隆太郎《てらしまりゅうたろう》と山村新治郎《やまむらしんじろう》（十代目）の死亡による衆議院千葉二区の補欠選挙がおこなわれた。

父・大幹は、千葉三郎からこの補欠選挙に「ぜひ立て」と強く勧められた。

が、周囲の反対が強く、ついに断念した。

次の衆院選に向けて、運動を始めていた。

当時の林は、国政に挑戦している父・大幹を見て、自分もやってみようか、などと思うことはなかった。

むしろ、林の気持ちは逆であった。

林は、高校時代から父親に対する反抗心を強く抱いていた。大幹に用事のある来客が来て、「先生、いますか？」と聞かれても、いつも答えていた。

「うちには、先生はいません」

母親は、日芸を受けることにあまり好意的ではなかった。

「なんで、そんな芸術学部なんかに行かなきゃならないの。冗談じゃないよ」

林は思った。

〈どうせ、説得してもわからないだろうな〉

林は、昭和四十一年、日芸を受験し、合格した。

大幹は、林が日芸に合格すると、反対はしなかった。「わかった」と二つ返事であった。

ひと味違った日芸での日々

林は日本大学に入学してみると、学内にはなんと映画スターや人気歌手がゴロゴロいた。

よく見かけたのは、日活ですでに『伊豆の踊子』などの作品に主演していた高橋英樹や、同じく日活で『泥だらけの純情』などの作品に出演し、青春映画のスターであった浜田光夫がいた。それに『バラが咲いた』などの曲でヒットを飛ばしていたマイク真木、やはり『世界は二人のために』をヒットさせていた佐良直美ら歌手もいた。

林のところには、自然に人が集まってきた。林は、自分の下宿に友人を呼んでよく派手に騒いだものだった。

ただし、友人は酒を呑んだが、林は呑まなかった。別に意志強く節制したわけではない。じつは、大学時代には、一滴も呑めなかったのである。

林が中学時代、家を新築したことがあった。その祝いの席で、林も、しこたま酒を呑まされ、ひどく酔った。翌日、二日酔いでたくさん吐いてしまった。そんなこともあり、それからというもの酒は一滴も呑まなかった。酒を呑むようになったのは、のち林大幹の秘書になってからである。

林は酒こそ呑まないが、コーラを呑み、甘いものを食べながら語り合った。

林は、小説はよく読んだ。山岡荘八の『徳川家康』、司馬遼太郎の『竜馬がゆく』、林房雄の『西郷隆盛』などの歴史小説を好んでいた。政治家を目指して運動を続けている父親への反感がありながらも、やはり社会を動かした江戸時代や明治時代の英雄たちへの強い興味は抱いていた。

林は、自分の下宿にみんなを集めて騒ぐためには、お金も必要であった。そのためには、自分がよく飲むコーラの空き瓶を集めて、換金することにも熱心であった。

友人たちと遊ぶ金を切らさないため、親からの仕送りの日を友人たちとずらすように工夫していた。

林は、それでもみんなが呑んだりする金が不足したときには、自分の腕時計を質に入れた。


林は、大学一年時に、キリンビールのキャッチコピーに応募したことがあった。

林は考えに考え、応募した。

「キリンの鳴き方教えます、ビール、ビールと泣くんです。外国では、ビヤー、ビヤーと泣きます」

林自身は手応えを感じていた。が、結果は不採用だった。

そのため、今でも冗談で周囲に言っている。

「おれのコピーを採用していれば、キリンビールもアサヒビールに抜かれなくて済んだのに」

林は、このころから将来の進路について思い始めていた。

〈広告のコピーの作れる広告関係の会社に進もう〉

林がいまも印象に残っている授業に映画鑑賞論があった。自分で映画を観て、月に一回ほどレポートを提出する。

当時は、東映の鶴田浩二の『博徒シリーズ』や、高倉健の『網走番外地シリーズ』『日本侠客伝シリーズ』『昭和残侠伝シリーズ』や、日活の渡哲也の『無頼シリーズ』などの仁侠映画が全盛期であった。

『昭和残侠伝　死んで貰います』では、高倉健演じる渡世人の花田秀次郎は、新興博徒の駒井の執拗な挑発に耐えに耐える。が、かけがえのない恩人が殺される。花田秀次郎は、ついに怒りを爆発させ、駒井のもとに向かう。その途中、橋のたもとで待つ池部良演じる板前の風間重吉と共に駒井邸に殴り込む。花田秀次郎は、「死んで貰います」のひとことで、長ドスで駒井を叩っ斬る。

林は、いつも仁侠映画を観ては、その映画についてのレポートばかり提出していた。

あるとき、映画鑑賞論を担当する講師に言われた。

「君は、なんだ？　任侠映画しか観ないのか？」

他の学生が、イタリアの巨匠フェリーニの『道』や『甘い生活』、フランスのヌーベルバーグの旗手のゴダール監督の『勝手にしやがれ』、『気狂いピエロ』のような垢抜けて洒落た文芸映画を観るなかで、毎回、仁侠映画の感想ばかり書いて提出する林は異色の学生に映ったのかもしれない。

林は答えた。

「任侠映画が、やっぱり胸が熱くなって好きなんです。日本男児として、ギリギリの忍耐と、許せぬ怒りの爆発、感じるものがあるんです」

結局、映画鑑賞論も、可であった。


林の三年次の昭和四十三年五月から、日本大学芸術学部にも、学園紛争の嵐が吹き荒れた。バリケードが築かれ、学内に入れなくなってしまったのだ。

学園紛争を皮切りに、同級生の多くは、独立してプロダクションを立ち上げていった。中退して自ら起業していった学生たちのほうが社会ではむしろ伸びていった。プロダクションの「フルハウス」をのち、昭和四十八年五月に起業する関口晃弘とは、今でも付き合いがある。

林は実家に帰ったり、東京の下宿にいたりと、ブラブラして過ごした。

いつバリケードが解除になり、大学生活に復帰できるのかもわからない。宙ぶらりんの状態であり、何かに取り組むこともできなかった。いわゆるノンポリ学生であった。

林大幹の国政挑戦は初回次々点、二回目次点で落選

いっぽう、父親の林大幹の国政挑戦は続いていた。

大幹は、林が大学一年生の昭和四十二年一月二十九日におこなわれた衆議院選挙に初挑戦することになった。

出馬したのは、保守系無所属として挑戦した林大幹のほかは、自民党公認の現職の山村新治郎（十一代目）と伊能繁次郎《いのうしげじろう》、補選に出馬し落選した水野清《みずのきよし》、社会党からは現職の桜井茂尚と小川国彦の二人、民主社会党の岡田敏男、共産党の佐藤二郎らであった。

結局、この選挙で、林大幹は、新人ながら二万九千四十三票を獲得したが、次々点で六位に終わり落選した。

が、落選したものの、最下位当選した伊能とは約二千七百票差で、次回の選挙を期待させる票数であった。

昭和四十四年十二月二十七日に衆議院議員選挙がおこなわれた。

大幹は、このときも自民党の公認はもらえず、保守系無所属としての出馬だった。

この選挙では、自民党公認の伊能、水野、山村が当選し、公明党新人の鶴岡洋も初当選を飾った。

大幹は、鶴岡に次ぐ次点の五位。前回よりも多い三万千五百四十三票を獲得し、鶴岡とはわずか三百五十六票の差であった。

大幹は、『逍遥録』にこの選挙戦について記している。

《「人生の本舞台は常に将来に在り」。

“On life’s stage always be prepared for the futures.”

昨日までの仕事はすべて今日以後の準備行為である。人間はそう考えて努力すべきだ。

尾崎行雄の筆になる、逗子・披露山公園にある碑文だそうである。

昨日までの仕事はすべて今日以後の準備行為か。そうするとまた国会が解散して総選挙になれば、総選挙という今日以後を乗り切るためには、昨日までの準備行為に意義あらしめなければならない。――そんなことを考えている間に、本当に衆議院は解散、総選挙の時を迎えてしまったのである。私としてはこれに挑戦しないわけにはゆかない。弟なども反対の意向であったらしく、ひそかに安岡先生にお伺いを立てたらしいが、「一たび志を立てた以上、これくらいで挫折するようでは」の一言で、協力しないではいられなくなったと友人に述懐したとか。

選挙戦の時の支持者の皆さんの協力振りには涙なきを得ない。だが結果は、三百票余の少差で再び敗れてしまった。残念と思わない筈はない。しかし残念とも無念とも思う気持は、私以上に私を支持してくれた人々に、その色は濃かった。

教えと云うものは偉いもので、このような逆境に処して私のような徳の足りない者でも「失意泰然」の態度を持し、「曇り後晴れ」を心に刻んで、接する人々には泰然として終始笑いを失わないでいることが出来た。少くとも周囲の人は私が支持者を失望させまいとして、虚勢を張って力めて平然としているかくらいに考えていた者もあったと思うが、その頃選挙区のある長老に、私のことをしみじみ語った人がいた。「とにかく林という男は普通の人とは違うよ、たったあれだけの少差で敗れているのに、別にどうというふうに見えない。だから、本人が余りに平然としているので、癪にさわるくらいだが、考えてみるとよくよく偉いよ、あれは。俺は林とは親子ほども年が違うが遠く及ばない。彼はまさしく将たるの器だ、俺は今後も彼のために犬馬の労をいとわない覚悟だ。どうだ、俺と一緒に最後まで頑張ろうじゃないか」と。

私が心ひそかに秘めて事上練磨を積んできた古人心腹のことが、こうして地元の人々に影響しているとは全く思いもかけないことであった。一日の投票が終って開票の夜、時間はすでに午前一時になろうとしている。開票の結果が歴然として来た。まわりは居ても立ってもいられない悲憤の空気につつまれていた。どの顔もどの顔も蒼白にひきつるようであった。親友の一人が私の手をとって、「貴男はよく平気でいられるな」と、非難するような目なざしで私を見た。私はハッとした。たしかに私は、私が周章狼狽して、取り乱したり、悲嘆にくれて前後を失ったりしてはならない。私が悲しめば、私を支持してくれた人々は、それ以上つとにつらくなるであろうから。私は力めて明るく振舞わなくてはならない。……しかし意外なほど私は私なりに落ついていたし、終始笑を失わない態度をとることに終始することができた。これは顧みて我ながら莞爾とするところであるが、これも恩師日頃の教えの賜ものであると、今更ながら感謝の念に堪えない。私のような魯鈍な者でも門下の末席に三十余年も経てば、それなりの落ち着きはあるものとみえる。

「英傑大事に当っては、もとより禍福生死を忘る。而して事たまたま成れば、則ち亦或は禍福生死に惑ふ。学問精熟の君子に至っては則ち一なり」

という陽明学者・大塩中齋の言葉が激しくわが胸奥を乱打したり、「脚下照顧」という誰れ知らぬ者ない禅語や、「大道は脚下に在り」という、幕末の頃、徳川家の御典医で豪傑の風があった松本良順が、門弟子達を叱った言葉が改めて強く意識されたりするのであった。》

日大学園紛争がもたらした〝卒業〟運

日大のバリケード封鎖は、昭和四十四年春、紛争の終結により、一年間で解除になった。残った大学生活の一年間は、前期が三年次、後期が四年次の授業をすることになった。それなら、留年することもない。

林幹雄は、いくつか落としていた単位もあったが、むしろその変則年次のおかげで卒業できることになった。運が良かったのである。

林の卒業論文は、作家の今東光《こんとうこう》の『悪童』がテーマであった。

今東光は明治三十一年三月二十六日、横浜に生まれる。大正時代後期から、新感覚派の作家として活躍した。昭和五年に出家し、その後は、長く文壇を離れていた。

が、戦後に作家として復帰。それ以降は、住職として住んだ河内や平泉、父祖の地の津軽など奥州を題材にした作品で知られる。

じつは、今東光と林家との付き合いは深い。大幹は、今東光の昭和四十三年七月七日の参議院選挙の初出馬のときは、必死になって応援していた。大幹の昭和四十七年十二月十日におこなわれた選挙のときには、今東光が応援に駆けつけていた。

大幹は、自民党公認の候補者ではないから、本来なら表だって応援することは難しい。しかし、今東光は、気にしなかった。

「病気療養」と偽って、選挙期間中、泊まり込みで無所属の林大幹の応援に来てくれた。

当時の総理総裁は田中角栄、幹事長は橋本登美三郎だった。党本部には、今東光の行動に対する苦情がばんばん入っているようであった。

そういう縁もあり、林は、今東光の作品を選んだのであった。

『悪童』は、今東光の自伝的長編小説といえる。『悪童』の主人公の東吾は、今東光の学生時代を彷彿とさせるキャラクターである。兵庫県の県立二中の入学試験に二年続けて落ちた主人公は、私立の関西学院中学部に無試験で入学する。入学してからの数年の学生生活を港町神戸での少しハイカラな生活を背景に、いきいきと描いている。

文学少年であった今東光は、牧師の娘と交際したことで退学させられるが、その娘「絹子」との激しい愛を描いている。

主人公は語る。

「人間は失望した時が自己放棄であり、失格者だ。失望しない限り、望みはあるんだぞ」

今東光自身、語っている。

「わたしの好きな作品は『悪童』。一番いい時代でした」

林があえて、『悪童』を選んだのは、主人公の天衣無縫な青春に強い共感を覚えたからであった。

林は、今東光の秘書から今東光の若い時代のエピソードも直接聞き、論文のなかに書き込んだ。

嫁取りの縁結びとなった社会人一年目企業

林幹雄は、昭和四十五年三月、大学を四年で卒業した。

広告関係の職場を望んでいた林は、友達のツテで、東宝系のとある小さいプロダクションに内定していた。

が、あるとき、林は、大幹に言われた。

「若い社長で、面白いのがいる。お前、会ってみないか」

黒澤という社長が、東京にある小松川工機を経営しているという。日商岩井の関係会社であった。主に鉄の軽量型工のメーカーであった。

林は黒澤社長に会いに行ってみた。四十歳くらいであった。

林が生意気そうに見られたからか、黒澤社長は、林に会うなり言った。

「お前かあ、大幹さんのせがれっていうのは。おい、何もできないくせに、へらず口ばかり叩くんじゃないよ」

黒澤社長は、裏で大幹に林を預かるように言われていたようであった。

黒澤社長は、レーシングカーに関する子会社も持っていた。富士スピードウェイでレースを企画するなど、羽振りが良かった。

ところが、林は、生意気だったため、本社で黒澤社長と喧嘩になり、千葉県の鎌ケ谷市の工場に配属されたのだった。

黒澤社長は、林にけしかけた。

「口ばっかりの青臭い若造のくせして、お前、やる気があるんなら、千葉県にうちの工場があるから、そこへ行って、デカいことやってみろ」

売り言葉に買い言葉ではないが、林はタンカを切った。

「やってみせましょう！」

千葉の工場には、寮があり、林はそこに住み込みで働くことになった。

林は、そこで鉄工の作業員として、一カ月半ほど働いた。働きながら思っていた。

〈こんなことをやっていたんじゃ、埒《らち》があかないな。でも、自分から威勢よくタンカを切った手前、何が何でも三カ月半くらいはやらなきゃ〉

林は、大幹がまさかその会社の顧問をやっていることは知らなかった。

一カ月半ほどが経過すると、本社から呼び出しがあった。

「本社に戻れ」

林は、本社で営業に配属されることになった。

林は、このとき、妻となる博子と出会った。博子は、レーシングカーなども扱う商事会社に勤めていた。

林は、仕事でその商事会社と頻繁に行き来があった。

彼女との最初のデートは、千葉県の銚子市であった。会社にあったホンダの乗用車を借りて、林と彼女は、銚子に向かった。

銚子に行ってみたものの、昼食を食べたら、やることはない。林は、親戚の家を連れて歩くことにした。いくつかの親戚のところを歩いて、最後に笹川の実家へ寄った。

すると、そこに親戚の家から電話が入っていた。

「今度、嫁さんになる人を連れてきたけど、本当か！」

林は、あつかましくも、彼女のことを「今度、嫁さんになる人です」と言って連れて歩いていたのだった。

彼女は、少し困っていた様子であったが、強く反発することはなかった。

今東光夫妻を仲人にした幹雄の結婚式は大幹の選挙戦旗揚げ

林大幹は、前回の昭和四十四年十二月二十七日の衆議院選挙での大接戦での落選に、ひどく落ち込み、次の選挙に出馬するかどうかかなり悩んでいた。

林は、悩める大幹に対して言った。

「この際なんだから、やってみたほうがいいんじゃないですか。あとで悔やんだって仕方ないじゃないですか。勝負したらいいよ」

大幹は、出馬を決意した。

この選挙に背水の陣でのぞんだ大幹の決意はすさまじかった。家族を集め、打ち明けた。

「もし敗れれば、家屋敷、土地、財産を町に寄付して、この地を去る」

まさに不退転の決意でのぞんだ選挙であった。

その決意の固さに、地元の運動員が燃えに燃えた。ジバン（地盤）、カバン（鞄＝金）、カンバン（看板＝知名度）、のいわゆる三バンを持たない大幹に、地元の人々は、運動の先頭に立って頑張った。師の安岡正篤も、今東光も応援に駆けつけてくれた。

林も、父親に出馬を勧めた手前、会社を辞めて、大幹の秘書になり、選挙に全力投球することにした。

林が前述の彼女とのことで、一番困ったのは、いざ結婚することになってからだった。林の親戚から、猛反発を受けたのだ。

実は、博子は、九州の宮崎県の出身だった。親戚たちは言った。

「宮崎出身の嫁さんをもらったって、大幹さんの選挙地盤に親戚もなければ友達もいない、大幹さんの選挙で一票にもならないところからもらって、どうするんだ」

親戚たちは、大幹の選挙のことを心配していた。前回の総選挙でわずか三百五十六票差で負けたという苦い経験があったからだった。

彼らはあくまで大幹の親戚のことを第一に考え、林に勧めた。

「選挙区出身の女性と結婚したほうが、いいぞ。それはお前が一番よく知っているんじゃないか。九州くんだりから嫁さんをもらって、何のつもりだ」

親戚たちは、博子の目の前でも同じようなことを口にしていた。林は、いたたまれない気持ちになった。が、林は、親戚たちの反発も振り切って、昭和四十七年三月、千葉県香取市香取にある香取神宮で博子と結婚式を挙げた。この結婚式も、いわば林大幹の選挙の旗揚げの意味もあった。

仲人は、今東光夫妻であった。

今東光は、冗談まじりに言っていた。

「坊主のおれを呼んで、神社で式をやるとはなんだ」

式は、香取神宮だけでなく、銚子市でもおこなった。完全に大幹の選挙戦の旗揚げのような形であった。結婚式には、地元の大幹の後援会の幹部がほとんど参加してくれて、いわば決起大会の様相であった。

林は、父親をなんとしても当選させるために夢中であった。妻の博子にも言っていた。

「オヤジに、一回は、議員バッジをつけさせてあげたい。もし当選させることができたら、オレは秘書を辞めてまたサラリーマンに戻るから」

林の選挙の担当地域は、地元の銚子市だった。選挙区のなかでも人口が多く、重要な地域であった。銚子市で得票できないと落選するし、銚子市で得票できると当選するという地域であった。

小泉ら「YKK」と同期当選となった三度目の挑戦

昭和四十七年十一月二十日、いよいよ第三十三回衆議院議員選挙の火蓋が切られた。

多くの保守系候補が乱立することもあり、千葉県第二区は、全国でも有数の激戦区であった。この衆議院選挙には、自民党の公認候補は、山村新治郎（十一代目）、水野清、伊能繁次郎の三人で、大幹は、そのため、それまでと同じく自民党公認をもらうことができなかった。

林大幹は、この戦いへの意気込みを『逍遥録』に記している。

《総選挙の戦に駒を進めた私は、選挙区の有権者の方々に一つの誓いを宣言した。

「私のポスターのバックは、炎々と燃える火の色であります。この火は、一つには、自分を虚しうして祖国日本のため、世のため、人のために尽くすべき林大幹が、かりそめにもそれに背いて、心の中に邪心が生じた時は、その邪心を焼き払うための火であり、もう一つは、日本の政治が、国民から負托された本来の使命を忘れて、国民の期待に背く場合には、その邪悪を焼き払って政治を正すための火であります」と。

この宣言を選挙区の人々に約束しながら戦いを進めたのである。これは有権者に対する約束であると共に、私自身に対する宣言でもあった。私はいつもこの決意を固く胸に誓って精進の道を歩み続ける覚悟である。

「我が国即今の内憂外患は最も国士の払底にその深き禍根を有する。国士の払底は、要するに明治以来世を挙って、教育が単なる知識と技術との習得に偏し、世渡りの方便と堕してしまった悪果である。その為に世の良心の権化として、己れを忘れ己れを虚しうして、民衆の為に謀り、国家の為に策すべき国士がなくなって、官吏も議員も畢竟一身の計に汲々たる求田問舎の客と化し、治法はあっても、治人は無く、民衆をこの擾乱に陥れたといふの他はない。之を救ふ捷径は何よりも為政者の覚醒、真の国士の出現にある」――これは昭和七年、安岡正篤先生が時世を深憂して、金鶏学院・日本農士学校に集う学徒のために、王道の原理を示された著書『東洋政治哲学』の序文の一節である。教を請うて先生の門を叩いた私は、当時十八歳、爾来今日までこの一節は、私の脳裡に深く印して忘れることが出来ないのである。すでに壮年に達した今でも、この言葉を思う時、私の血は青春のように燃えて行く。私はこの教を行じて、己れを虚しうして、世の良心の権化となり、国家有用の政治家たらねばならないと、覚悟を新にしておる次第である。》

十二月十日、投開票がおこなわれた。

大幹は、四万千四百八十八票を獲得し、山村、水野、伊能に次ぐ四位の最下位ながら初当選を飾ることができた。

今東光は、大幹が当選するや、橋本登美三郎《はしもととみさぶろう》幹事長にただちに電話を入れた。

「今度、林大幹が当選したんで、さかのぼって自民党に入れてくれ」

大幹は、自民党公認となった。その後、今東光は、最初から公認を与えなかったことについて皮肉を言っていた。

「ハナから公認してくれりゃいいのに」

大幹と当選同期には、のちに「ＹＫＫ」と呼ばれる小泉純一郎《こいずみじゅんいちろう》、加藤紘一《かとうこういち》、山崎拓《やまさきたく》の三人がいた。

安岡正篤の前でヤンチャを出した林幹雄

大幹は初当選を飾るや、当時、文京区白山に住んでいた安岡正篤の元に、挨拶に行った。大幹の実弟の繁之《しげゆき》も、林幹雄も同行した。

繁之は、大幹を通じて、安岡と知り合い、安岡のもとで働くようになった。終生、安岡と一緒に行動するようになっていた。

全国師友協会が発足すると、繁之は、そこの事務局長を務め、のちには常務理事となり、安岡の秘書室長のようなかたちで働くようになる。繁之は、安岡に関する本も書いている。

大幹と繁之の二人は、安岡に対しては、いつも直立不動を欠かさない態度で接し、常に敬意を払っていた。

実は、その選挙では、林大幹陣営は、一部の有権者に石鹼《せっけん》を配り、選挙違反と報道されていた。安岡も、事前にそのことを知っていたようであった。

安岡が、緊張する大幹と繁之に言った。

「大幹君は、シャボンを配ったのか」

二人とも下を向いたままであった。

林幹雄は、つい冗談のつもりで口を滑らせた。

「先生、たいしたことありませんよ。世間で言われているほど配った訳ではありません。先生は法務大臣か警察庁の偉い人を知っているでしょうから、ちょっと声を掛けてくださいよ」

おどける幹雄の態度に、すぐに繁之が顔色を変えた。

「おい、お前、こっちに来い」

幹雄は繁之に安岡家の玄関まで連れていかれた。

「すまん、帰ってくれ。お前にいられると、先生に何を言われるかわからない。頼むから、帰ってくれ」

幹雄がこれ以上失礼なことを言わないようにと気をまわしたのであろう。

安岡は全国各地に講演で飛び回っていた。繁之も常に付き添っていたが、その後も、幹雄が用事があって師友協会本部に行ったときなどは、いつも言っていた。

「そろそろ先生が来るから、お前は帰ってくれ」

大幹は、当選後、安岡正篤の関係で、福田赳夫《ふくだたけお》派に入会することになった。

林大幹は、初当選を飾ってからの心境について『逍遥録』に記している。

《国会議事堂の本会議場に入って傍聴席を見上げると、議場を囲むようにして数多くの彫刻が並んでおる。いずれも士農工商を象徴したものである。これは、国会が、少数権力者の私利私慾を追求する場となってはならない。つねに士農工商――国民全般に幸福をもたらし、国家の繁栄と平和のために議を尽す場でなければならない、ということを示したものと思うのである。

その意味で代議士たるものはつねに「士に徹し」なければならない。「士」とは云うまでもなく、十と一とを組み合せた会意文字である。十は多数を表わし、一はこれを統率する――又は代表することを意味する。つまり士とは、平たくいえば指導者、リーダーのことである。指導者、代表者である以上、その地位を私利私慾に悪用するなど以てのほかのことである。リーダーが地位や職権を悪用して私利を追求すれば、政治が腐敗し、民衆の不信と憎悪が増大するのは当然である。「民・信無くんば立たず」と孔子も断言している。士はつねに己れを慎しみ、民衆の幸福を以て己れの幸福とする誠の人でなければならない。「己れを虚しうして、民衆のために謀り、国家のために策す」とはこのことである。》

林大幹の「青嵐会」活動と「三木おろし」

大幹は、昭和四十八年に中川一郎《なかがわいちろう》とともに「青嵐会」を結成し、その一員として活動していた。青嵐会の青嵐は寒冷前線の意味で、会名は「渾沌《こんとん》停滞した政界に爽やかな風を送り込もう」という意味を込めて作家でもある石原慎太郎《いしはらしんたろう》衆院議員が命名した。設立趣意書には「いたずらに議論に堕することなく、一命を賭して、右、実践する」とあり、結成時に石原の提案で会員名簿に血判を捺《お》したことで知られる。

中華民国支持の立場をとり、田中角栄《たなかかくえい》首相による日中国交正常化に伴う中華民国との断交に絶対反対の姿勢を貫き、自民党外交部会などで強硬に主張した。

昭和四十八年の「日中国交正常化一周年記念」に対抗して「中華民国断絶一周年訪問団」を結成し、台北市を訪問した。

自民党議員による北朝鮮訪問を実力で阻止したこともある。

結成当初より、集会では会場となった日本武道館を満員にするほどの人気を得ていたが、マスコミからは「自民党の右翼集団」「極右集団」などと批判された。また、思想面で近いことから「福田赳夫親衛隊」などと言われることもあった。中川、石原、玉置和郎《たまきかずお》ら、福田・岸系列に近い人間が多かったため、それらの指摘が当たっている側面も存在する。

大幹は、昭和五十一年十二月五日の第三十四回の総選挙で再選を果たす。

大幹は、師・安岡正篤とこの選挙がおこなわれる前に自民党内で当時の三木武夫首相に対して起きた倒閣運動、いわゆる「三木おろし」に動いたことを『逍遥録』に記している。

《安岡先生は、「老婆心は悲母の心だ」といわれて、「才智・技能に勝れるということはよいことで、望ましいことではあるが、それだけでは人間として失格である。人間として至るためには、人に真心を尽す世間から言うならば、うるさがれるほど思いやることが大事である」と、老婆心を説かれている。

その安岡先生から電話を戴き、急ぎ先生の許に参じた。昭和五十一年七月のことである。内閣は三木内閣であった。福田赳夫先生は、副総理・経済企画庁長官の要職にあられた。保利茂先生は田中内閣の閣僚を辞められたあとは、静かに野にあった。昭和四十八年秋に襲って来た石油ショックによって警鐘を乱打された我が国経済は低迷を続けており、国民の不安と焦躁は覆いきれないものになっていた。国民がかつて田中内閣に望を託し、その後三木内閣にかけた期待も漸く色あせようとしていた。

佐藤内閣の後を受けて、田中角栄先生の率いる新内閣が登場した時に、国民が新内閣に寄せた期待は大きかった。その期待がまだ胸中に残されていたときに、時運は非にして、石油ショックは田中内閣の命運を縮めたようである。翌四十九年夏の参議院選挙に、田中総裁の率いる自民党は善戦したにもかかわらず、秋風と共に田中総理は退陣を決意せざるを得なくなったのであった。

（中略）田中総裁辞任を受けた自民党は、後継総裁を選ぶために、椎名悦三郎副総裁によって総裁候補とおぼしき四者が招かれ、五者会談が進められた。が、結局椎名副総裁のいわゆる椎名裁定によって、三木武夫先生が推薦され、やがて両院議員総会の議を経て、党大会での追認を残して、党総裁が決定し、田中総理の退陣後、三木内閣の誕生となったのであった。

林大幹

その三木内閣も、一年有半を過ぎた後、漸く党の内外に政権交代の潮騒が生じたのである。三木内閣の継続を是とする者、非とする者、それぞれの意志の表明は日を追うて深刻になって行っても、これを如何に帰納させるか、局面の収拾をどうするか、前回の椎名裁定のようには行かない。そのうちに党内の有志による、局面の打開と挙党による政治の刷新が叫ばれるようになった。

私はそんな或る日、福田副総理を経済企画庁の長官室に訪ねて、「いかに党内民主々義だといっても、これ以上百家争鳴を放任すべきではないと思う。よろしく党の最高首脳は、見識を示して指導性を発揮すべきだ」と、申し述べたことがある。副総理も深く同感の意を表された。

安岡先生からの電話を戴いたのは丁度そのような時であった。先生の許に参じた私に対し、先生は国政の前途を案じられて種々質問された。私は数日前、福田副総理と会い私の申し上げた意見を先生に報告すると、先生も同感の意を示されたので、私は更に、「この際、野に下って静観しておられる保利茂先生と福田先生は胸襟を開いて、共にこの難局打開のために手を握るべきである」と、「政は正なり」を信ずる私の胸中を申し上げた。先生は「それが出来れば善いが」とおっしゃる。私は、「これが出来るのは、先生が保利先生とお会いする以外に無いと思います」と、私も一所懸命であった。

先生は暫く無言であられたが、私は心中深く期した。（安岡と保利）両先生の思惑はどうあれ、国家の為だと信じた。またお叱りは覚悟の上とも思った。》

三木を田中の後継総裁に指名した「椎名裁定」を陰で演出する役割を演じた保利であったが、昭和五十一年三月のロッキード事件の発覚から「三木おろし」が起きた際には反主流派連合の党挙党体制協議会（挙党協）の取りまとめ役となっていた。

《結局数日後に、両先生の会談は実現した。夏八月の暑い夕方であった。政局混迷のとき、一点の私心とて無い両先生は、その憂国慨世の念いは胸中に秘めて、語る話は寧ろ次元を越えた別のことであった。安岡先生は、極めて自然な調子で道元禅師の「老婆心」について語られた。この話を手帳に書きとめながら、襟を正すような敬虔な面持で聞いていた保利先生は、深く首肯されて、感動の色が見えた。深く悟った方々の間はこれで済むものなのであろう。このとき保利先生の胸中に何が決意されたか、やがて政局の方向に見ることができたのであった。》

保利の動きもあり、三木首相は、大幹が再選した十二月五日の総選挙での自民党の大敗を理由に、十二月十七日に退陣表明をした。

大幹は、次の昭和五十四年十月七日の第三十五回の総選挙では落選してしまう。が、その八カ月後の昭和五十五年六月二十二日の第三十六回の総選挙で国政復帰を果たす。

当時の千葉県第二区には、大幹のほかにも、福田派の議員がいた。大幹の落選した第三十五回総選挙で当選した宇野亨と、その選挙で大幹とともに落選していた井上裕である。中選挙区内で、同じ派閥同士で争うのは難しい。そんな事情もあり、大幹は福田派を出ることになる。

直接のきっかけは、昭和五十七年十一月二十四日の自民党総裁選であった。

このとき、福田派のプリンスである安倍晋太郎《あべしんたろう》が総裁選への出馬に意欲を示していた。さらに、大幹と親しい中川一郎も、出馬を目指していた。

福田派の一員である大幹は、二人とも出馬すると板挟みになるため、中川に対して出馬を見送るように求めていた。

が、中川は出馬に踏み切った。結局、大幹もその動きに同調して、福田派を出ることになった。

この自民党総裁選は、中川一郎と安倍晋太郎のほかに、中曽根康弘《なかそねやすひろ》、河本敏夫《こうもととしお》が立候補し、四人で争われた。選挙結果は、全党員の六割近い支持票をまとめた中曽根が圧勝し、中川は最下位であった。

第4章　政界再編の奔流

大幹後援会の反対やアクシデント下での林幹雄の県議挑戦

林幹雄《はやしもとお》は、父・大幹《たいかん》の秘書を続けるうち、先輩の秘書からアドバイスされた。

「おまえ、いつまで秘書をやっているんだよ。秘書を長くやっていると、一生秘書になってしまうぞ。良い役はオヤジさんがやる。秘書は、泥かぶり役なんだから。早いうちに、県会議員であれ、首長であれ、なんでもいいから、挑戦しろよ。それか、政治とは別の世界に移ったほうがいいぞ」

林は、先輩秘書のアドバイスもあり、思い始めていた。

〈いつかおれも、挑戦しよう〉

林は、大幹の東京の秘書を五年、地元の秘書を五年と十年もの秘書経験を積んだ。

昭和五十七年の年末、林の地元の千葉県香取郡選出の県議会議長経験者でもあるベテラン県議が亡くなった。が、定数三の選挙区であったため、補欠選挙はおこなわれなかった。

翌昭和五十八年四月、統一地方選挙がおこなわれることになった。

林は燃えていた。

〈よし、県会議員選挙に挑戦しよう！〉

林は、父の大幹と親しい中川一郎《なかがわいちろう》を訪ねた。

林は、中川一郎に打ち明けた。

「来年の四月におこなわれる県会議員の選挙に、出たいんです」

「オヤジの選挙区か？」

「そうです」

「お前、オヤジの票を超せるか？」

林は、大胆にも断言してみせた。

「超せます」

中川は、笑顔でうなずいた。

「そうか。それならやれ。わしも、応援に行くから」

林は、広報用の自作のリーフレットのために、中川一郎とともに写真を撮った。

中川は、意気揚々と写真を撮る林に訊いた。

「ところで、オヤジは、おまえが選挙に出ることを、なんて言ってるんだ？」

林は答えた。

「先生の了承をいただいたので、これから、オヤジのところに行きます」

中川は驚いた。

「なんだ、そうだったのか。まあ、いいだろう」

林は、中川のもとを引き揚げるや、その足で大幹に会い、決意を語った。

大幹は言った。

「お前が決めることだ」

そう言って反対はしなかった。むしろ、口にこそ出さないが歓迎しているような感じであった。

ただ、林大幹後援会は、林の県議選出馬に大反対であった。林の実家の目と鼻の先にある児童擁護施設の香取学園の園長が大幹と同年代で、出馬への意欲を示していたのだ。亡くなった議長の後継候補のうえ、知名度もあった。そのために、後援会の大勢は、その園長を応援する流れがあった。

そのため、大幹に対して迫った。

「息子さんを、降ろしてください」

林も迫られた。

「やめろ。あんたはまだ若いんだ。先があるんだ。園長を先に当選させてほしい」

だが、林は決断を変えなかった。

林は、ただちに県会議員選挙の準備に入った。新人候補はとにかく知名度をあげなければいけない。中川一郎とのツーショットのリーフレットを作り、やはり中川一郎とのツーショットの載った新聞も作った。年末年始は、その準備に追われていた。

そんなさなか、まさかのニュースが飛びこんできた。年が明けた昭和五十八年一月九日、中川一郎が札幌パークホテルで死去したのだ。当初は、急性心筋梗塞と死因が伝えられたが、翌日には自殺だということがわかった。

急遽、林と中川のツーショットを掲載していたリーフレットや新聞は、すべて回収することになった。

林大幹後援会のなかから、出馬を取りやめるべきだという声が出てきた。

「これは、今回の出馬をやめろっていう前兆だ」

後援会からは、「やめろ、降りろ」の大合唱であった。

林が出馬を予定している香取郡選挙区の定数は三人。林を含めて、四人が立候補に向けて活動していた。林が降りれば、無投票で終わる。いっぽう、林が出馬すると、四人で三人を争う大激戦になることが予想された。

「トップか次点、間はありません」という手応えある選挙戦

林大幹後援会の面々からは反対されたものの、林幹雄の決意は固かった。

〈何がなんでも、やるぞ〉

林大幹後援会の猛反対を押し切っての出馬だ。もし落選した場合は、おめおめと林大幹の秘書には戻れない。

林は、選挙地盤である小学校の同級生たちに相談した。

同級生たちは、林を励ました。

「本当にやるんだったら、われわれは徹底して応援するよ」

林は、地道に選挙活動をやっていた。一日百件以上の訪問をして、百人以上と会って握手をすることを自らのノルマに課した。三カ月続ければ、約一万人と握手することができる。地味だが、もっとも効果のある活動だ。

林は、くる日もくる日も訪問を続けて、握手をした。

夜も、なんらかの会合があれば、マメに参加をして、握手をし、じょじょに知名度を上げていった。

林は、途中から手応えを感じ始めていた。そのため、負けるという意識は途中からまったくなくなった。

小学校の同級生たちの応援もあり、林は積極的に選挙区内を動き回った。すると、少しずつ情勢が変わってきたではないか。

林の出馬に対する批判の声も、じょじょに静まってきた。

林の応援団は、林の小学校の同級生たちが中心となっていた。みな、林の出馬に否定的な親の子どもたちにあたる。息子たちが林を懸命に応援している様子を見て、批判的だった人たちも、じょじょに変わってきたのだ。

林大幹の後援会の「大幹会」も、香取学園の園長が出馬する出身地の東庄町以外では協力的になった。

林にとっては、大変な武器である。名簿を頼りに訪問すると、ほとんどの家が、二つ返事で支援を約束してくれた。

ただし、大物県議の地元の町には入るな、と釘を刺された。系列があり、片方は山村新治郎《やまむらしんじろう》（十一代目）、片方は水野清《みずのきよし》の系列の県議であった。

あるとき、当時の千葉県知事の沼田武《ぬまたたけし》から林に電話があった。

「情勢は、どうですか？」

どうやら林の劣勢の報を聞いて、心配してかけてきたようであった。

が、林は、そのときすでに手応えを感じていた。

「トップか次点、間はありません」

林は、きっぱりと断言した。

知事は困惑していたようであったが、林は、そのくらい自分の勢いを感じていた。

その状況で、いざ出陣式となった。

昭和五十八年三月二十九日の林陣営の出陣式には、約三百人ほどが集まった。

いっぽう、香取学園の園長の出陣式には、二千人もが詰め掛けた。しかも、ゲストとして『大利根無情』『チャンチキおけさ』などのヒット曲で有名な国民歌手ともいえる三波春夫まで来たという。

他の二人は、自民党県連の幹事長と、自民党県連の議員会長であった。どちらもベテラン議員で、当選は磐石に思われた。

情勢としては、香取学園の園長と新人の林のどちらかが落選すると思われていた。

しかも、出陣式に集まった人数は、三百人対二千人。誰もが林の劣勢を予想していた。

四月十日、投開票がおこなわれた。いざ蓋を開けてみると、驚きの結果であった。なんと、林がトップ当選を飾ったのである。

結局、林と香取学園の園長は当選し、現職の自民党県連の幹事長が落選したのである。林にとっても、予想外の結果であった。

林は実感した。

〈選挙は安心したら負け、とは本当によく言ったもんだな〉

林は、若さと一軒一軒地道に訪問したことが勝因だったのでは、と分析した。

林大幹の中曽根派入りと安岡の死

林大幹は、中曽根《なかそね》康弘《やすひろ》が総理大臣時代に訪米した際にも、藤波孝生《ふじなみたかお》官房長官の依頼で安岡正篤《やすおかまさひろ》との橋渡しのために動いたことがあった。

林大幹は、安岡、藤波との縁もあり、中曽根康弘と会う機会をつくった。その席で、話がはずみ、安岡が林大幹に言った。

「大幹君は、中曽根総理とまったく同じ意見じゃないか。これからは、中曽根総理を支えたほうがいいんじゃないか」

安岡は、林大幹に中曽根派に移るべきだとアドバイスをしてくれた。

このこともあって、藤波から中曽根派に入るようにとのアプローチが積極的にきた。

結局、林大幹は、中曽根派に行くことになった。

中曽根康弘

昭和五十八年一月九日に、中川一郎が死去して以来、旧中川グループの議員の動向が注視されていた。

グループの議員たちは、中曽根派に行こうということで申し合わせをしていた雰囲気があり、最初に誰が中曽根派に入るのかが注目されていた。林大幹が第一号で行くことになったわけである。

その後は、二番手までは続いたが、三番手からは元に戻り、福田派に行ってしまった。

林大幹は、昭和五十五年六月二十二日の衆院選で国政に復帰して以降、平成五年に林幹雄に地盤を譲るまで落選することはなかった。

また、千葉県第二区は、宇野亨《うのとおる》が大規模な選挙違反で摘発されたこともあり、金権選挙区のレッテルも貼られていた。

だが、大幹は、カネはあまり使わなかった。当選してから一度落選した際には、カネは使わず落ちたらそれでよい、と覚悟を決めて、挑戦していた。それ以降は、なんと言われようと極力カネは使わない選挙を心がけるようになったのであった。

そのため、選挙での得票は、低空飛行でギリギリ滑り込むことも多かった。

林大幹は、合計で六期当選し、のちの平成四年十二月十二日に発足する宮澤喜一改造内閣では環境庁長官を務めるまでになった。

いっぽう、安岡正篤は、政界・財界・皇室からも頼りにされていたことから「昭和最大の黒幕」と評された。が、昭和五十八年十二月十三日、数々の伝説を残して、八十五歳で亡くなった。

後援会向け機関紙で父子対談

昭和六十年七月二十日号の林幹雄後援会向けの機関紙『若い樹』で、林幹雄は、父大幹と「地域を語る」のテーマで父子対談をおこなった。

《大幹代議士　「暑い盛りだけど、調子はどうかね？」

幹雄県議　「若さが一つの代名詞だから、バテはしないけれど、何しろ、県議一期生だからいろいろな人と会い、忙しくやっている。」

大幹代議士　「人間は十人十色というから、いろいろな人達と会い、話を聞き、お互いに理解しあうことは大切なことだからね。

私も今、代議士として、党総務、国会対策（副委員長）等をはじめ、多くの役職についているが、いろいろな意見の中で筋を通すということ、調整、調和することの難しさをしみじみ味わっているよ。

しかし、私の人生哲学である、「往くに径よらず」で、これは自己中心の目先の小さな議論にこだわらず、つねに国家社会のために大義、大道を往くということだが、それといま一つは「功を推して人に下る」――これは自分の手柄を吹聴しないで、相手に花をもたせるということです。このような人生哲学はいまのように自己主張をしなければ世間から落伍するといわれる時代には不要であるという考へもあろうが、それを知っても我が道を往くというのが、私の人間性だから仕方がないのだが、しかし二つとも私の人生にとっては快して悔いのない書葉で、私はこれを政治の世界でも実践して来ている。」

幹雄県議　「私も、親父の秘書をやっていて、政治の世界を少しは知ったつもりだけれど、自分自身、県議会議員になって、自分の意見とか己の主張を理解して貫うことと同じく、いやそれ以上に他人の意見、要望をよく聞く耳を持つことが大事であるとつくづく思う。」

大幹代議士　「そういう意味からして、私の政治姿勢も「信頼とまごころ」をモットーにしているところなんだ。

今度私が四冊目として出版した『東洋政治家像』は私が心から私淑している支那史上の有名な総理大臣を十名程挙げたものだが、それらの人に一貫していることは至誠をつくし、私心を去って国家や民衆のために一身を尽くしているということで、古今東西を問はず、指導者の典型であると信じ、政治家の心構えはかくあるべしとの信念から書いたものであるが、つきつめて言へばそれは「信頼とまごころ」にほかならないと思う。」

幹雄県議　「自分の初選挙の時も、ふれあいの政治を求めてと訴えたところだし、陳情にしろ何にしろ、対話と理解がうまくいかないと歯車が狂ってしまう。」

大幹代議士　「お互いに政治に身命をかける人間だから、ふれあいをひろめ、信頼される政治家になるよう精進しなければならないね。」

地域の発展は郷土を愛する心に始まる

幹雄県議　「それと、この頃思うのに、郷土を愛する心、つまり、郷土愛の大切さを感じる。ふれあいの心で他人を理解する訳だけれど、郷土を愛する心があってはじめてふるさとを理解でき、ふるさとをよくしようとする意欲がわいてくると思う。郷土愛なんていうと古くさいと若い人は言うけれど、みんなが、そういう心情を持たないと地域の発展はないんじゃないかと思う。」

大幹代議士　「確かにそうだ。かつて、私が、農村運動に情熱を燃やしてた時、ふるさとを愛するが故、みんな熱くなっていろんな事業に取り組んだ。

自分の地域を愛さずには、千葉県を愛せず、ひいては国を愛する心は生まれてこない。それがまた、政治に反映する。」

幹雄県議　「政治へのしらけ世代とか、投票所へ行かないとかの因は、そこにある。ふるさとにみんなが惚れこむ、そういうムードづくりも我々議員の役目だと思う。」

大幹代議士　「そうだね。会社を愛する人、家族を愛する人は、たくさんいるけれど、地域を愛する人は、少ないね。愛情の矛先を少しでもふるさとに向けて欲しいと思う。

大きな国の中国、あの広大な国土と10億にせまるという人口が、飢えずに衣食住が足りているのも、思想の影響よりもやはり、地域や地区の人々のよりよい前進、よりよい生活をと願う地域ぐるみの熱情の結果ではないかと思う。」
　幹雄県議「かといって、そういった郷土への愛着心を育てることを、政府や県がやると、官製版の運動だとそっぽを向かれるし。難しいところだ。」
　大幹代議士「地域振興の言葉が多く聞かれる時代だけれど、そういう地域住民の熱気がないと、行政ペースの振興に終ってしまいやすい。」

地域振興のキーを探る

幹雄県議「地域振興といえば、我が北総・東総も起爆剤となるプロジェクトをすすめたいものだ。」

大幹代議士「千葉県全体でみると、本当に、活気のある、大いに発展する力のある県だね。東京の友人達も、千葉県は21世紀が楽しみなところだと評している。

　東総・北総もそういう意味で、発展の下地があるし、活力みなぎる豊かな地域となるようにお互い頑張らなければ。」

　幹雄県議「わが郷土は、農業、水産業等がベースの産業構造になっているけれど、それだけにとどまらない産業導入を考えなければと思う。」

　大幹代議士「農業とか水産業がしっかりしてて、それを下地に二次、三次の産業が発展することが大事だ。それが本当の地域発展だと思う。」

　幹雄県議「この前の県議会本会議の質問の時に述べたけれど、成田空港のパークランドとしての北総・東総は、幹線道路網の〝地域動脈〟がうまく整備されたら、広さと環境を考えれば、21世紀に向けて素晴らしい地域になれる。

　農業一つとってみても、生産力を高めるだけでなく、バイオテクノロジーへの挑戦がある。農業の最先端技術である。
ハイテクに対してグリーンテクである。」
大幹代議士　「農業の先進地だから、そのバイオテクノロジーの研究成果が産業として成り立ち易いしね。
水産物、農産物の加工産業だって地の利を考えれば、もっと活発化してもいい。」
幹雄県議　「その前提として、東総道路や東関東道の延伸等、車交通時代にみあった道路の整備に拍車をかけねばと思う。」
大幹代議士　「そうだね。東京から空港までの交通だけでなく、空港から北総を通って鹿島や筑波研究学園都市に向かう交通整備は是非必要だ。」
幹雄県議　「そうすれば、おのずと民間活力も動き出すし、それをうまく地域産業と結びつけて豊かな地域発展にもっていきたいものだ。」
大幹代議士　「板東太郎の利根を挟んで、茨城の筑波に研究都市、千葉の成田に国際空港。その間に立地する北総・東総は〝技術化と国際化〟の世界的潮流の最先端の顔の真ん中にあるようなものだ。発展の可能性は十二分にある訳だから、国政レベルは私、県政はお前がと相協力してふるさとの発展に尽さなくてはならないね。」
幹雄県議　「本当にそう思う。考えてみると、我が北総・東総は、交通の要で、水運の時代は、生産から物資の集散等、一次産業から三次産業まで華やかなりし時代だった。関東というか東日本屈指の産業拠点の時があった。
21世紀に向けて、往年の中心地となるように、地域の振興をみんなで考えて、子供達が大人になる頃にはもっともっと素晴らしいふるさとになっているように郷土づくりをしたいものだ。」

大幹代議士「ふるさとあっての私達だから、お互いに郷土のために大いに頑張らねばならないね。」
幹雄県議「政治家一年生だけど、親父に負けずに大いに研鑽努力します。」》

林大幹の議員引退と幹雄への円満な受け継ぎ

平成五年六月十八日、小沢一郎や羽田孜らが造反したことにより、宮澤内閣に対する不信任案が可決された。宮澤総理は、衆議院を解散した。

環境庁長官として現職閣僚であった林大幹は、この日の夜、自身の引退を表明した。

大幹は、自分が引退することを誰にも相談していないようであった。息子の幹雄本人にはもちろん、地元の後援会長や、中曽根康弘や渡辺美智雄《わたなべみちお》などにも相談していなかった。みんなには、解散当日になって伝えたのであった。林大幹は、このように、いつも人に相談せずに決めるときはスパッと自分の意志で決めていた。

理由は、七十歳を超したのでこの機会に引退したいというものであった。

当時、林幹雄は、千葉県会議員を三期十年務めていた。その翌日になって、後援会長が地元から飛んできた。後援会長は、大幹に言った。

「冗談じゃない。もう一回勝たせますから、やってくれ」

大幹は固辞した。

「もう決めたから、明日にでも、緊急幹部会を開いて決めてくれ」

結局、成田市に幹部を二百人ほど集めて、緊急幹部会が開催された。

林は、当事者ということもあり、同席させられなかった。

その緊急幹部会で、林の後継が決まった。

大幹は、すぐに秘書たちを集めて伝えた。

「幹雄が、後継者に決まった。もし、せがれでは不安だというものがいたら、この場で辞めてくれてけっこうだ」

だが、辞める秘書は一人もいなかった。

そのまま総選挙に突入することになった。

千葉県第二区の定数は、四名、十人の候補者が立候補し、選挙戦は混戦模様であった。

林は、以前から父大幹の選挙を実質的には参謀として取り仕切っていた。そのため、地元の支援者との関係はできていた。大幹の幹部たちも、いつか林が後継者になることを予測していたようであった。だから、抵抗もなかった。

だが、当時は新党ブームでもあった。細川護熙率いる日本新党や、羽田孜と小沢一郎が自民党を飛び出して作った新生党などが人気であった。自民党への風は吹いていなかった。この国政選挙は、これまで父大幹を当選させるために戦った選挙とはあきらかに違った。

六月二十一日、林幹雄は、千葉県庁で記者会見し、七月四日に公示される総選挙に出馬することを表明した。

「チャンスがあれば、国政の場に出たいと思っていた。突然の解散だったが、住みやすいふるさとづくりを目指すためにも、総力をあげて頑張りたい」

七月十八日、投開票がおこなわれた。

林の立候補した定員四人の千葉県第二区は、トップは、八万四千七百三十四票を獲得した自民党の水野清、二番手は、八万五百五十四票を獲得した新生党の実川幸夫《じつかわゆきお》、三番手が林幹雄で六万七百十六票、四番手が日本新党で出馬した須藤浩《すどうひろし》で四万四千五百二十六票であった。社会党の小川国彦《おがわくにひこ》は次点で落選し、のちに成田市の市長に転身した。

当時は、政界再編のまっただなかであった。林は、自民党公認で初当選をしたものの、自民党は野党に転落してしまった。

林も、父大幹と同じように、中曽根派を継ぐ渡辺（美智雄）派に所属した。

林の渡辺派の同期は、八人。そのうち二世が四人であった。稲葉《いなば》大和《やまと》、浜田《はまだ》靖一《やすかず》、小此木《おこのぎ》八郎《はちろう》、そして林の四人。

当選祝いは、渡辺美智雄がよく使う赤坂のトンカツ屋であった。

林は、偶然にも「ミッチー」の愛称で呼ばれていた渡辺美智雄の対面の席であった。

怖いもの知らずの林は、渡辺に聞いてみた。

「会長、とんかつ屋ですか。料亭じゃないんですか」

渡辺が答えた。

「バカ野郎！　とんかつが、一番栄養があっていいんだぞ」

渡辺が訊いた。

「ところで、林、お前は、大幹の女婿か？」

「いやいや、実子ですよ」

渡辺美智雄

「小此木も、稲葉も、浜田も、みんなそれなりにオヤジの面影があるけど、お前は、まったく大幹の面影がないな。第一、オヤジの十年分以上の量しゃべってるぞ、今日は」

大幹は、寡黙だった。

林には、そのときの渡辺とのやりとりが今でも印象に強く残っている。

林大幹は、議員引退後は、講演活動を頻繁にやっていた。自民党本部を借りて、陽明学を軸に、安岡正篤の教えを伝えていた。

「今年の運勢の在り方」や「易経」などは、大変評判がよく、神職であり、衆議院議長を務めた綿貫民輔から毎年催促されるほどであった。

安岡正篤に終生師事した大幹は、昭和六十三年には、回想記『四十にして志を立つ　安岡正篤先生に学ぶ』を出版している。

さらに『逍遥録』『続逍遥録』『孔子とその学問』『東洋政治家像』『防衛清話』などの著作もある。

渡辺派、ＹＫＫ、中国のブラックリスト……一期生・林幹雄の混沌《こんとん》

林幹雄の属する渡辺派は、山崎拓や野田毅《のだたけし》が幹部であった。渡辺派の前身の中曽根派では、渡辺美智雄のほかに、リクルート事件で失脚するまでは、藤波孝生も有力な議員であった。山崎は渡辺系、野田は藤波孝生系であった。

渡辺派になったときには、山崎のほうが主力になっていた。そのため、林たち若手も、どちらかというと山崎を慕うようになっていった。その流れがのちの山崎派結成につながっていく。

山崎拓は、昭和十一年十二月十一日、旧関東州大連市で生まれた。早稲田大学第一商学部卒業後、大手タイヤメーカーのブリヂストンで、五年間サラリーマン生活を送る。

昭和四十二年、福岡県議会議員に当選。昭和四十七年の衆議院選挙で初当選。林大幹と同期であった。その後、防衛族として頭角を現した。中曽根内閣で官房副長官を務め、その後、宇野内閣で防衛庁長官、宮澤内閣で建設大臣を歴任する。

平成二年ごろから、旧経世会主導の自民党の政治運営を批判。当選同期の小泉純一郎、加藤紘一ととも

に、「YKK」を結成して活動していた。

林に、訪中する機会がめぐってきた。当時は、細川護煕連立政権のために、自民党は野党だった。派閥の先輩でもある山崎拓に連れられて、平成五年十月、中国共産党の招待で林たちは北京を訪れた。林のほかには、一期生では稲葉大和などがいた。

相手方には、当時外交部副部長の唐家璇《とうかせん》がいた。

山崎が日本側の参加議員を丁寧に紹介していく。林の番がきた。

山崎が言う。

「彼は、林大幹元環境庁長官のご子息で……」

通訳がそれを訳していく。

すると、唐家璇が顔色を変えてつぶやいた。

「リン・ターカン!?」

唐家璇は、「青嵐会」のメンバーとして日中平和友好条約に反対した林大幹のことを忘れてはいないようであった。

かつて、日本と中国が国交回復し、日中平和友好条約を批准する国会が開かれていたとき、浜田幸一《はまだこういち》と中山正暉《なかやままさあき》が熱心に反対していた。また、中川一郎が率いるグループの議員たちも、十数人欠席者を出した。

山崎拓

林大幹は、その日、自身の秘書の子供の結婚式に仲人として参加する予定であった。だが、国会があるため、その結婚式には林幹雄が代理で出席することになった。

大幹本人は、国会に行き、決議の際に、浜田幸一と中山正暉とともに反対に票を投じたのだ。このときも、誰にも相談せずの行動であった。当初から造反が予想されていた浜田幸一と中山正暉の二人以外にも同調者がいたことは話題となり、「誰だ、林大幹か？」という雰囲気になったという。

中国側からは、林大幹は、要注意人物としてブラックリスト扱いされるようになってしまったのだ。

二期生での国会対策副委員長から裏方の重要性を知る

平成六年四月、細川護熙総理が辞任を表明した。その直後、渡辺は、新生党代表幹事の小沢一郎の画策により、自民党を離党して首班指名に臨もうとするいわゆる「ミッチー騒動」を引き起こした。

その際には、渡辺派の議員が一人一人、渡辺と面接をすることになった。

林は、渡辺に聞かれた。

「おれが自民党を抜けて向こうに行ったら、ついてくるか」

林は、きっぱりと言った。

「自民党ひと筋ですので、自民党を出ることはできません」

林は、さらに提案した。

「会長、むしろ土井（たか子）議長みたいに会長だけが離党して、それで党に残ったわれわれが応援するっていうのがいいんじゃないですか」

渡辺は、その提案をすぐに却下した。

結局、渡辺本人も離党には踏み出せず、渡辺首班構想は幻に終わった。

総理には、新生党の羽《は》田孜《つとむ》党首が就任した。

当時の自民党は野党。あまり活気はなく、ちょうど県会議員を十年やり、脂の乗ってきたころだった林にとっては、野党での活動はあまり面白みのあるものではなかった。

まだ一期生では力もない。林は、国会議員としての未熟さを感じ、県会議員にまた戻れないかな、と思うほど悩んでいた。

林は、平成八年九月の総選挙でも連続当選を飾った。二期生のときに、国会対策副委員長に就任した。現在でもそうだが、地味な国会対策の仕事をやりたがる議員はあまりいない。拘束時間も長くて大変だからだ。だが、自民党は、幹事長室や国対で汗をかくと党内で評価される風潮はあった。

林自身にとっても、良い勉強になった。国対をやってから、裏方の重要性をより強く感じるようになったという。

山崎派の旗揚げと小渕恵三内閣での運輸政務次官就任

羽田政権は平成六年四月二十八日からその年六月三十日のわずか二カ月の短期政権に終わった。

次に自民党が日本社会党の村山富市《むらやまとみいち》を担ぐ自社さ連立の村山政権が誕生した。

その後、村山の辞任により、平成八年一月には自民党の橋本龍太郎《はしもとりゅうたろう》政権が誕生し、平成十年七月には、小渕恵三《おぶちけいぞう》政権が発足した。

七月三十日、自民党本部四階の幹事長室で、小渕内閣の政務次官人事をめぐって激しい鍔迫《つばぜ》り合いが演じられた。

大臣を補佐する政務次官は、通常、衆議院で当選二、三回、参議院だと一回の議員から起用される。若手議員にとって政務次官は、選挙区向けには「副大臣」で売りこめるし、国政の勉強や役所との人脈づくりに利用できるので希望者が多い。それだけに派閥バランス、論功行賞など党内政治的な配慮が反映された。

その交渉役を任されるのが、各派からまんべんなく起用される副幹事長である。旧渡辺派の副幹事長は、山崎拓が率いる政策グループ「近未来研究会」の武部勤《たけべつとむ》であった。旧渡辺派は、山崎グループの独立問題で、ベテラン議員と山崎グループが激しく対立していた。

このとき、旧渡辺派には、六人の政務次官候補がいた。そのうち、森田健作《もりたけんさく》、林幹雄、佐藤剛男《さとうたつお》、田野瀬良太郎《たのせりょうたろう》、稲葉大和の五人は、山崎グループのメンバーであった。

しかし、政務次官ポストは、参議院を含めて二十四しかない。旧渡辺派から六人を押し込むのは、ひどく大変なことであった。

林は、衆議院第一議員議員会館六階の自室で待機していた。いわゆる運輸族の林は、期待に胸をふくらませた。

〈できれば、運輸政務次官になりたい〉

林の地元には新東京国際空港があり、運輸政務次官になりたかった。

この夜、武部から連絡を受け、政務次官に内定した山崎グループの四人は、赤坂の料亭に集まり、祝宴会を開いていた。が、林のもとには、待てど暮らせど武部からいっこうに連絡が来なかった。

林は、さすがに不安になった。

〈おれは、政務次官から外されたのだろうか……〉

それならそれで、ひと言報告があってもいいはずだ。

痺《しび》れを切らした林は、午後八時頃、思い切って党本部の幹事長室に押しかけ、武部に直接会った。

「わたし（の処遇）は、どうなったのでしょうか？」

武部は、逆に不思議そうに答えた。

「きみは、もう決まっているじゃないか。なにを言ってるんだ」

「いや、まだ連絡をもらっていません」

武部は、ようやく理解した。

「そうか、それは悪かったな。きみは、協議を始めて一番初めに、最初の五分で決まったんだ。希望どおり運輸政務次官だよ。いままでかかっているのは、六人中一人だけ引っかかったのがいたからだ。でも、それも、やっといま押し込んだよ」

林は、半ば怒り気味に言った。

「一番初めに決まっていたのなら、早く伝えてくださいよ」

林は、仲間が祝宴会を開いている料亭に急いで向かった。

政府は、日付が変わった三十一日未明の初閣議で、政務次官人事を決めた。

ちょうど山崎派が旗揚げされた頃であった。林たち若手の多くは、山崎についていくことになった。

ちなみに、残った旧中曽根派は、のちに清和会を出た亀井静香《かめいしずか》グループと一緒になり、志帥《しすい》会を結成した。

山崎派には、最初は、山中貞則《やまなかさだのり》もご意見番として在籍していたが、結局、中曽根派に戻っていった。

林による山崎拓の印象は、とても頼れる人でぶれない人であった。しかも、勉強家であった。特に国防に関する造詣は深かった。

山崎は、よく言っていた。

「人間、悩むものだが、スパッと決めて決断するのが政治家だ。政治家は決断力がなければダメだ」

林幹雄は、長い議員生活のなかで、多くの政治家の謦咳《けいがい》に接してきた。そのことは振り返ってみて、林の人生にとっての財産となっている。

林が多くの政治行動をともにした山崎拓は、よく言っていた。
「経験なき知識は、知識なき経験に劣る」
政策通として有名な山崎だが、口を開けば経験することの重要さを訴えていたのが印象に残っている。林は、今も山崎の言葉を節目節目で思い返している。

武部勤

林幹雄の銚子若手後援会立ち上げのゲスト・武部勤との親交

平成十二年三月、林は、地元銚子市で若手後援会を立ち上げた。発会式のゲストに、武部勤を呼んだ。

武部勤は、昭和十六年五月一日、北海道斜里郡斜里町生まれ。早稲田大学第二法学部に進学。昭和三十九年に早稲田大学第一法学部を卒業。昭和四十六年に北海道議会議員選挙に初出馬し、初当選。昭和六十一年に北海道五区から自民党公認で出馬し、渡辺美智雄の後ろ盾もあり、初当選を果たし、渡辺派に入会した。

平成十三年四月の第一次小泉内閣で農林水産大臣に就任。平成十六年九月、小泉政権において自民党幹事長に就任。「偉大なるイエスマン」を自認し、平成十七年夏の郵政解散で自民党を勝利に導いている。

挨拶に立った武部は、最後に言った。

「夏の北海道は、いいですよ。このなかで二人だけ、夏の北海道に招待します。希望者は、いまからわたしとジャンケンをしましょう。わたしにジャンケンで勝った二人を招待しますから」

会場は、ジャンケン大会で大いに盛り上がった。最後に残った二人に、武部は言った。

「じゃ、きみたちを招待するから」

会場には、そうはいっても、場を盛り上げるための余興であり、口先だけだろうという空気が流れた。

が、武部は、本当に二人を北海道に招待し、自ら接待した。

林は感心した。

〈やさしいひとなんだな〉

いっぽう、武部は、林に言った。

「おれも、地元で若手を集めた会をやっているんだ。会費は、二千円で、ビールは飲み放題。参加者は、千人くらいかな。必要経費以外のあまったお金は、後援会費として有効に使っているんだ。今度、きみも、北海道に見にきたらいい。参考になるかもしれないよ」

林は、平成十二年九月、武部の地元北見市で開かれたビアパーティーに参加した。食べ物は、枝豆やチーズで、特別おいしいとは思わなかったが、ビール飲み放題ということで多くの若者が集まっていた。

林は、この会を参考にして地元旭市で若手の会を開いた。武部のアドバイスどおり、あまったお金は後援会費に回した。

「加藤の乱」への山崎拓の同調での混乱譚《たん》

平成十二年十一月九日、加藤派の加藤紘一会長は、読売新聞社社長の渡邉恒雄が主催し、政治評論家と政治家が懇談する「山里会」にゲストとして招かれた。その席で、加藤は、野党が十一月二十日に提出を予定している森内閣不信任決議案の対応について、こう答えた。

「態度は、まだ決まっていない」

この、同調もありうるとする発言は、すぐさま永田町を駆けめぐった。自民党内は、まるで蜂の巣をつついたように大騒ぎとなった。いわゆる「加藤の乱」である。

加藤紘一

加藤の盟友である山崎拓は、加藤と心中する覚悟を決め、山崎派の会合で伝えた。

メンバーは、侃々諤々《かんかんがくがく》、話し合った。

山崎派は、結論が出れば一枚岩になって行動するが、その過程では、みんなが遠慮なしに意見を戦わせるグループである。武部は、いつも言いたいことを主張する急先鋒であった。

武部は、山崎に訊いた。

「なぜ、加藤さんを助けるのか」

山崎は、言葉少なく答えた。

「加藤は、おれの盟友だから……」

山崎は、派閥の議員たちに言った。

「みんな、一国一城の主なんだ。無理に付き合わなくていい。自分で決めてくれ」

武部とすれば、複雑な心境であり、いろいろな思いがあっただろう。が、親分の山崎と行動を共にする決意を固め、山崎に迫った。

「そうではなく、『おれについて来い』と言えば、いいじゃないですか」

林は、このときにも、山崎と行動を共にした。

林は、選挙区で支援者を前に言った。

「われわれ、自民党再生のためにやっているのに、『野党の出す不信任案に乗るなんて、離党をしてから出せ』なんて執行部から言われてますが、突き進みます」

結局、加藤、山崎派は、執行部に取り崩され、不信任案に同調することはなく、「加藤の乱」は終わってしまった。

林は、当時国会対策副委員長であった。翌朝、空気が固まっている国会対策正副委員長会議に出席した。

林は、林らしい独特の言い回しで古賀誠国対委員長に言った。

「昨夜は、〝政局性流行感冒〟につき欠席しました」

お咎《とが》めなく、その日の夜、造反グループの山崎派の林と、加藤派の逢沢一郎、根本匠の三人は、町村信《まちむらのぶ》孝《たか》筆頭国対副委員長に呼ばれて、慰労をされた。林にはこの夜のことが忘れられない。

BSE問題に取り組んだ武部農水大臣の覚悟

平成十三年九月十日、日本で初めてBSE（牛海綿状脳症）の疑いのある乳牛が千葉県白井市の酪農場で確認された。農水省は、年間三百頭のBSE農場サーベイランス（検査）に取り組んでいた。が、検体がなく、厚生労働省所管のと畜場から提供してもらっていた。BSEが発見されたのは、そのうちの一頭であった。

武部農水大臣は、十月一日午前、記者会見し、国産肉骨粉を四日から当分の間、全面的に使用禁止することを正式に表明した。

肉骨粉はBSEの感染源とされているが、農水省は年産四〇万トンに上る国産肉骨粉の全面使用禁止に慎重な姿勢を示していた。が、平成八年の牛への使用「禁止」後も、二千頭以上に使用されていたことから、消費者の不安を和らげるためにも一転して全面使用禁止に踏み切ったのである。

国対副委員長の林は、やはり国対副委員長の北村直人《きたむらなおと》と話し合った。林は、感染牛が出た千葉県出身、北村は、その牛の故郷である北海道出身であった。

「このままでは、牛肉の消費は落ち込むいっぽうだ。牛肉は、安全だということをPRするためにも、大臣クラスに食べてもらおう」

林らは、武部農水大臣に提案した。

「消費者の不安を取り除くため、大臣自らが牛肉を食べてＰＲしてください。牛肉は、われわれが用意しますから」

こうして、「牛肉を大いに食べる会」は、自民党の大島理森国対委員長が主催し、十月二日の夕方に、千代田区永田町一丁目の憲政記念館で開かれることが決まった。

ところが、当初、参加する予定であった小泉首相と女性閣僚の四人、すなわち扇千景《おうぎちかげ》国土交通大臣、田《た》中眞紀子《なかまきこ》外務大臣、川口順子《かわぐちよりこ》環境大臣、遠山敦子《とおやまあつこ》文部科学大臣は、急遽出席を見合わせた。

大臣のなかで参加したのは、武部農水大臣と坂口力《さかぐちちから》厚生労働大臣の二人だけであった。

武部が箸と皿を持つと、カメラマンが注文をつけてきた。

「大臣、大きく口を開けて食べてください」

武部は、わざと口を大きく開き、ステーキやすき焼きを食べた。

林は、記者やカメラマンに勧めた。

「いい肉なので、よろしかったらどうぞ」

記者らは、うまそうにぱくついた。

「この肉、おいしいですね」

ところが、マスコミは、連日、テレビのワイドショーなどで武部農水大臣らが牛肉を食べるシーンを報じた。そうしたところ、武部は「パクツキ大臣」という、ありがたくないニックネームをつけられてしまった。

武部は、苦笑しながら林に言った。

「マスコミっていうのはひどいよなぁ」

林も、同調した。

「記者も、カメラマンも、みんなうまそうに食べていたんですよ」

ＢＳＥ感染牛は、その後も発見された。食肉偽装表示問題なども明るみに出て、食に対する消費者の不安が急速に高まった。

武部は、失言大臣としてマスコミから叩かれまくった。

「武部大臣は、辞めるべきだ」

林は、思い切った行動に出ることにした。

〈武部さんは、もう辞めたほうがいいのではないか〉

誰かに命じられたわけではない。自ら進んで引導を渡しに、農水大臣室に武部を訪ねた。

林は、真剣な表情で切り出した。

「今日は、重要な話があってきました。残念ではありますが、この騒ぎをおさめるには、大臣を引かれたほうがいいのではないですか」

武部は、穏やかな表情で答えた。

「そうか、きみは、そのうちここに来ると思っていたよ。で、山崎さんから、そう言えといわれてきたのか」

林は、きっぱりと否定した。

「いえ、けしてそういうことではありません。わたし自らの判断で、ここに来ました」

武部はうなずいた。

「そうか。だけど、おれは辞めない。おれが辞めて、だれができるんだ。辞めるということはありえない。問題を解決することが大切だ。問題解決に全力を注ぐ。もし、途中で辞めろというのだったら、わたしは農水大臣を辞めるだけではない。議員辞職をする。その覚悟で取り組んでいるんだよ」

林は感銘した。

〈武部さんは、そこまでの覚悟で問題解決に取り組んでいるのか〉

林は、武部に告げた。

「わかりました。わたしは、山崎先生に言われてここにきたわけではありませんが、大臣のその覚悟、山崎先生にだけは伝えておきます」

こうしたなかに、林大幹は、平成十六年七月十一日、腎不全のために、千葉県旭市の病院で死去、享年八十三であった。

"郵政民営化"説明のための「海老鯛紙芝居」

平成十六年九月二十七日、武部は、幹事長に就任した。林は、副幹事長として武部幹事長を支えることになった。

武部は、就任早々、小泉首相が改革の本丸と位置づける郵政民営化をわかりやすく国民に説明するため、紙芝居の作成に着手した。

副幹事長は十八人いるが、林をふくめてみんな紙芝居には冷ややかであった。

「いまさら、紙芝居だなんて……」

十二月二十四日、東京・有楽町の街頭で紙芝居がお披露目された。民営化に賛同する有志が「実行隊」(隊長・宮路和明副幹事長)をつくり、約百人の買い物客らを前に紙芝居を披露した。

この紙芝居は、党内で集中砲火を浴びた。

「大事な政策を紙芝居で説明するのは、国民を馬鹿にしている」

「お蔵入りだ」

しかし、大騒ぎになったことで、かえって郵政民営化と紙芝居がつながり、かなりの広告効果になった。

経団連の奥田碩会長は、武部に言ったという。

「これは、広告費に換算したら百億円以上になるね」

林ら副幹事長も、みんなおどろいていた。

「こんな少ない制作資金で、よくあんな宣伝効果があるものが出せた」

「まるで、海老で鯛を釣ったようなものだ」

「いわば、『海老鯛紙芝居』だな」

副幹事長は、この紙芝居をみんなに配ろうとした。

そうしたところ、二階俊博総務局長が待ったをかけた。

「たんに配っただけでは、駄目だ。売ろう」

ある副幹事長がびっくりし、反対した。

「予算は取れるのですから、売らなくてもいいのではないですか」

二階は、野太い声で言った。

「いや、駄目だ。売ったほうがみんなが真剣に見るし、そのほうがいいんだ」

紙芝居セットは、一部十枚で持ち運びができるようアタッシェケースのような箱に入れた。二部一組一万円で、当初の百部は完売した。公明党の太田《おおた》昭宏《あきひろ》幹事長代行、東順治《ひがしじゅんじ》国対委員長、また、一般のひとからさまざまな団体まで全国から申し込みが多く、増刷した。

この紙芝居の担当は、宮路《みやじ》和明《かずあき》副幹事長である。

武部幹事長は、担当を曖昧《あいまい》にせずに、かならず決める。

「おい、この××の担当は、××君だ」

担当者は、責任を持って行動する。

武部執行部は、党内から「動く幹事長室」「素早い幹事長室」ということで評判だった。

山崎派の先輩であった武部勤が小泉政権で、幹事長時代によく口にしていた言葉も印象深い。

「一つしかない命。二度とない人生」

武部は、演説などする際に、力強く訴えていた。

林幹雄が引き付けられていく武部――二階ラインの凄み

武部幹事長は、二階総務局長の力を買っている。党役員連絡会で選挙について報告があるとき、武部は、かならず二階に水を向ける。

「二階総務局長は、どう思いますか」

二階は、しゃしゃり出るようなタイプのひとではない。武部に話を振られたときだけ、発言する。

「それでは、報告させてもらいます」

武部の気遣いにより、いつのまにか二階の存在感は大きくなり、いまや周囲に党三役と変わらぬ力を感じさせる。

二階は、平成十七年四月二十四日におこなわれた衆議院福岡二区と宮城二区の補欠選挙で、その力をぞんぶんに発揮した。

福岡二区補選では、二階は、福岡に地盤があるわけでもないのに、千五百人を集めた。山崎拓とかならずしも仲が良いとはいえない古賀誠《こがまこと》元幹事長も、二階との関係で懸命に応援してくれた。

二階は、肝心要のところに秘書をすぐに送って、もう一回集まったひとたちの呼びかけをしてもらうように、念を押して確認を取っていたという。

宮城二区補選も、同様にものすごく人を集めた。

二階が着実に仕事をするのをみて、武部は林に満足そうにいった。

「な、二階さんは凄いだろう」

のちに林と縁を深める二階俊博は、昭和十四年二月十七日、和歌山県御坊市新町に生まれた。

中央大学法学部政治学科に進学。卒業後、静岡県選出の衆議院議員で建設大臣を務めた遠藤三郎の秘書となる。

和歌山県議会議員を経て、昭和五十八年の衆院選に和歌山県第二区で、田中派の候補者として自民党公認で出馬し、当選する。

その後、自民党を離党し、新生党、新進党、自由党、保守党、保守新党を経て、自民党に再び復帰。復帰後は、党総務局長として、郵政選挙大勝にひと役買った。

〝初入閣〟福田康夫内閣で防災担当大臣に

平成十九年八月、安倍晋三政権において、麻生太郎が幹事長に就任したときには、林は、筆頭副幹事長に就任した。

林のボスである山崎と麻生は、同じ福岡県を地元にすることもあり、仲があまり良くなかった。だが、林本人は麻生とは昔から仲が良かった。

当選したてのころは、麻生によくご馳走になった。のちに沼津市長を務めた栗原裕康《くりはらひろやす》が麻生と親しく、林と同期だったため、その縁で神楽坂でお座敷の天ぷらをご馳走になったこともあった。寿司をご馳走になったときには、麻生邸に寿司屋が出張して握ったこともあった。

そのため、山崎派内では林以外の人物を推薦していたが、麻生のたっての要望で、林の起用が決まったほどであった。

だが、平成十九年九月十二日、安倍晋三総理の突然の辞任もあり、麻生の幹事長在任期間は短かった。

その後は、平成十九年九月二十六日、福田康夫《ふくだやすお》が総理に就任し、幹事長には、伊吹文明《いぶきぶんめい》が就任した。

福田は、一年後、内閣改造をおこなった。その当時は、細田博之《ほそだひろゆき》が幹事長代理で、林幹雄が筆頭副幹事長であった。その数人で、副大臣候補や政務官候補を決めるために各派閥に通知を出していた。

林は筆頭副幹事長の職で、幹事長の伊吹文明に仕えていた。

平成二十年八月一日、福田総理が内閣改造をおこなうというので、急遽、副幹事長会議を招集し、党内人事の進め方について協議していた。副幹事長は各派閥からも選出されているため、党内の意見調整の場であった。

そのとき、会議室にいた林の携帯電話が鳴った。携帯の液晶画面には福田の文字があった。

林はすぐに電話に出て、声を少し抑えた。

「あっ、総理、少しお待ちください」

林はそう言って会議室から出ていった。

その様子に他の副幹事長たちもピンときたようであった。

会議室を出て廊下で話を続けると、福田総理が言った。

「林さんに入閣をお願いしたい。国家公安委員長と沖縄・北方、防災担当大臣に就任してほしい」

「わかりました」

林はすぐに応じて、会議室に戻った。

部屋に戻ると他の議員たちが祝福してくれた。

「おめでとう」

「で、ポストは？」

お祝いの言葉と拍手で部屋はあふれた。

驚いた林が動転していると、細田博之幹事長代理が気を利かせてくれた。

「ここはいいから、早く戻ってモーニングの用意でもしなさい」

細田はそう言って林を送り出してくれた。

入閣間もない八月二十九日の真夜中の一時から二時にかけ、愛知県岡崎市でなんと一時間の雨量が八月の観測史上一位を更新する一四六ミリに達するという集中豪雨が襲った。

当初、災害出動にはあたらなかったが、福田総理は、災害出動を望んでいるようであった。林は、当時の政務秘書官の福田達夫に相談した。

「総理の指示を、仰ぎたい」

指示を仰ぐと、やはり、災害出動をしてほしいという話になった。林の岡崎市入りが決まった。

だが、あいにく天気が悪く、新幹線が止まっている。バスで行くことになった。農水省や警察庁などから総勢で約三十人近くが視察に行った。

いわゆる「平成二十年八月末豪雨」は、岡崎市内では、伊賀川など九つの河川が氾濫し、竜泉寺川にかかる三河橋が崩落した。この雨による住宅被害は、全壊四棟、半壊一棟、また床上浸水八百九十棟、床下千六百十棟で、全体で二千五百棟に達した。二名の死者も出した。

福田康夫

それから一カ月後の九月一日の防災の日、林は福田総理とともに、大阪でおこなわれた大規模な防災訓練に出席していた。

視察や激励などの日程が終わり、福田総理と別れて防災服のままで、その夜、東京の宿舎に戻った。

すると、大勢の記者たちに囲まれた。

そのなかの一人が興奮した口調で言ってきた。

「先ほど、総理が辞意を表明しましたが、何か予兆はありましたか？」

林自身、なにも知らず「これは、防災訓練の続きか」と思うほどの驚きだった。

麻生太郎内閣では幹事長代理に就任

ただちに総裁選がおこなわれた。

麻生太郎、小池百合子《こいけゆりこ》、石原伸晃《いしはらのぶてる》、石破茂《いしばしげる》、与謝野馨《よさのかおる》の五人が立候補した。

林は、大本命の麻生太郎を応援した。

総裁選は、麻生が勝利した。

新たに麻生太郎内閣が誕生した。

林は、以前から麻生とは親しい関係であった。そのため、密かに思っていた。

〈在任期間も短かったから留任かな？〉

少しだけ留任を期待していた。

組閣の日、林の携帯電話が鳴った。

目をやると液晶画面には〝麻生太郎〟との表示がある。

林はつい期待に胸を躍らせた。

〈やはり！〉

電話に出ると、麻生が切り出した。

「実は人事だけれど……」

〈ついに来た！〉

林はゴクリと生唾を呑み、返事をした。

「はい」

「林には幹事長代理をやってもらいたいんだが……」

予想外のポストの打診だった。

麻生がさらに続ける。

「選挙に勝たなくてはならない。そのためには地方が大事だから、林には地方担当として取り組んでもらいたい。頼むぞ」

「幹事長代理って、石原さんに決まったと聞いてますよ」

麻生とともに総裁選を戦った石原伸晃が幹事長代理に起用されるという報道がすでに出ていた。

麻生は言った。

「ああ、石原も決まってる。二人でやってもらうよ」

「二人って、党則では一人になってますよ」

「党則は、来年の党大会で変えるから、とりあえず二人で担当してくれ。林には、地方を担当してもらう。自民党は地方で勝てないと勝てないんだから、頼むよ」

「いつからですか？」

麻生太郎

「今からだ」

〈これも運命、いや天命か……〉

林は覚悟を決めて、承諾した。

「わかりました」

当時の自民党は、政権転落の危機にあった。林は覚悟を決めた。

〈一意専心の気持ちで、与えられたポストで精一杯頑張ろう〉

林は、すぐに幹事長代理の職務に就いた。

すでに選挙モードであった。林は思った。

「すぐに解散か。選挙準備に忙しくなるな」

だが、結局、平成二十年九月十五日にアメリカ合衆国の投資銀行によるリーマン・ブラザーズが破綻したことに端を発するいわゆるリーマンショックがあり、解散は遠のいた。

結局、林は、地方選挙担当の幹事長代理を一年近く務めることになる。

突然の二度目の入閣と念願の「ひな壇」に座る

幹事長代理に就任してから十カ月後の平成二十一年七月二日、林は、幹事長代理として、静岡県知事選挙の応援に浜松市に入っていた。

夕方、全日程を終えて浜松駅に向かうと、麻生からの電話があった。

林は思った。

〈総理もこの厳しい選挙を心配しているのだな……〉

林は電話に出ると、すぐに選挙情勢を伝えた。

「総理、かなり好転しています。このままいけば面白くなりますよ」

「おお、それは良かった。ご苦労さん」

麻生は労《ねぎら》いの言葉を言った。

林はさらに詳しく選挙情勢を伝えようとした。

「この調子でいけば……」

麻生がさえぎる。

「まあ、待ってくれ。ところで、お前はいつ東京に帰る？」

林はなんのことかわからなかった。

「え、今日これから戻りますが…」

「じゃあ、間に合った。実は、急遽、閣僚の補充人事をやることにした。林は前回の在任期間が短かったから、再び国家公安委員長と防災担当大臣をやってもらいたいのだが……」

林にとって二度目の入閣も、突然のことであった。

こうして、林は、ふたたび国家公安委員長兼防災担当大臣として入閣した。

麻生内閣での在任期間中にも、三回の政府出動があった。山口県と福岡県と兵庫県であった。どこも十人以上の死傷者が出ていて、大きな災害であった。

衆議院の任期満了が近づき閣僚としての役目も終わろうとしていた平成二十一年の夏、林には心残りが一つあった。

それは、国会の本会議場で閣僚が座る前方の席、いわゆる「ひな壇」に一度も座っていなかった。いずれの在任期間も、国会閉会中のために本会議が開かれなかったのだ。

これは本当に珍しいことだった。

結局、皮肉なことだが、麻生総理が衆議院を解散した本会議が林にとって最初のひな壇着座となった。

林は麻生総理に冗談めかして言った。

「総理、念願の『ひな壇』に座ることができました」

第5章　野党生活

林幹雄《はやしもとお》を誘い、野党ながら津波対策に取り組む二階俊博《にかいとしひろ》の思い

平成二十一年八月三十日、自民党は衆院選で大敗し、下野することになり、民主党の鳩山由紀夫《はとやまゆきお》政権が誕生した。

林は不安であった。

〈こんな負け方をして、はたしていつの日か与党に戻れるのか……〉

平成二十二年春、野党生活を送る林に声をかけてきたのが、二階俊博だった。

「野党だけれど、津波問題に取り組まないか」

二階は、党総務局長として郵政選挙を大勝に導いた後、経済産業大臣、国会対策委員長、党総務会長を歴任していた。

平成二十二年二月二十七日、日本時間の午後三時三十四分、南米のチリでマグニチュード八・八の大地震が発生した。この地震は、チリでは、昭和三十五年五月のチリ地震に次ぐ規模のものであった。世界でも発生当時で、観測史上において、五番目の大きさであった。

この大地震の影響により発生した津波は、翌日の二月二十八日、日本にも到達することが予想された。政府の関係機関や各自治体は、緊急に対策に追われた。

二月二十八日は、日曜日だった。この日は、自民党の各議員が全国でいっせいに街頭演説をおこなう予定の日だった。

さかのぼること安政元年（一八五四年）十一月五日、安政の大地震が起こった。紀伊半島一帯を大津波も襲った。住民は、暗闇の中を逃げまどった。今の和歌山県広川町で庄屋の濱口梧陵《はまぐちごりょう》は、取り入れるばかりになっていた高台の稲の束である稲むらすべてに次々と火を放った。この火を目印に、村人を安全な場

所に避難させた。

さらに濱口は次にくる津波に備え、高さ二間半（約四・五メートル）、根幅十一間（約二〇メートル）、上幅四間（約七・二メートル）、長さ五百間（約九〇〇メートル）にわたる防波堤をなんと自費で築いた。

なお、この濱口梧陵は、ヤマサ醤油七代目で、本店は千葉の銚子にあり、それは林の選挙区にあった。

このいわゆる「稲むらの火」の舞台である有田郡広川町を含む和歌山県第三区の選出である二階も、津波警戒の街頭演説の責任者だった。

津波の到達予測時間が、和歌山県沿岸部では午後二時三十分以降だった。二階は、新宮市から、有田川町、田辺市などを急いで回った。

二階は、宣伝カーで各地を回りながら、到達予測時間の前に避難することを呼びかけた。

昼すぎには、和歌山県中南部の中心都市である田辺市のスーパーマーケットの駐車場で、演説をおこなった。駐車場には、買い物を終えた客たちが二階の演説を聞こうと集まっていた。

二階は、聴衆を前に語った。

「今から、少しだけ演説をします。でも、みなさんも知っていると思いますが、昨日、チリで大地震があり、このあと、津波が日本にも押し寄せてくることが予測されています。だから、今日のこの演説は、みなさんが家に帰って、自宅から避難するだけの時間を残して終わろうと思います。みなさんも、しっかり避難してください」

二階は、演説を終えたのちに、聴衆が避難してくれることを切に願っていた。

が、演説が終わったあと、聴衆はすぐに帰宅しようとはしていなかった。ほとんどの人が津波に対して危機感を持って行動していなかったのである。

二階は、このとき思った。

〈これでは、もし本当に大きな津波がきたときは、大変なことになる。法律を作って、本格的に国民に避難と、その訓練を呼びかけなければいけない〉

津波対策を推進する法律の必要性から図る議員立法

実際に、このチリ地震の影響により押し寄せた津波の規模は予測よりも小さかった。被害も、少なかった。だが、日本全土で津波を警戒し、避難した人が少なかったことは、問題になった。

全国では、太平洋沿岸地域の百六十八万人に対して、避難指示や避難勧告が出された。が、実際に避難した人は、わずか三・八％の約六万四千人にすぎなかった。

二階の地元の和歌山県では、十五市町で県人口の約一割にあたる十万人に対して、避難指示や避難勧告が出されたが、避難者数は四百四十三人と対象の〇・四％強と全国平均を大きく下回る数字だった。

また、避難指示と避難勧告のどちらも発令しなかった沿岸部の自治体もあった。

二階は、このとき以降、津波対策を推進する法律の必要性を強く実感し、法制化のために積極的に動いていく。

林は、国会議員になって以来、強く思っていた。

〈やっぱり、国会議員になって、立法府に入ったんだから、議員立法の一本くらいはやらなきゃしょうがない〉

が、林は、主に法案を作る側ではなく、法案を成立させるのが仕事の国対畑が長かった。通算で国対副委員長を五期も務めている。

二階の提案を受けて、林も、やる気を出した。

〈よし、議員立法に取り組む機会だ。せっかくだから、やってみよう〉

だが、当時の自民党は、衆院選に敗北したばかりで、圧倒的に不利な少数野党であった。

衆議院では、与党の民主党の議席が三百十一、いっぽう自民党はわずか百十九議席にすぎない。

林は、当初思っていた。

〈この議席差じゃ、自民党の考える法律を成立させるのは難しいだろうな〉

しかし、二階は、まったく気弱な様子はなかった。むしろ、やる気満々であった。

「提案するなら誰でもできる。提案するからには、成立させなきゃ意味がない。だから、成立させるんだ」

二階は、林たち周りの議員に対して、真顔で言っていた。

二階は、持ち前の行動力を発揮し、与野党の垣根を越えて、協力を求めていった。

二階は、よく言っていた。

「良い法律なんだから、反対することはおかしい。だから協力してほしい。協力が難しいなら、理解してほしい」

そして、菅直人政権になって間もない平成二十二年六月十一日、国会に「津波対策の推進に関する法律案」が議員立法として提出された。

提案者は、自民党の二階俊博、林幹雄、石田《いしだ》真敏《まさとし》、小《お》野《の》寺《でら》五典《いつのり》、谷公一《たにこういち》、長島忠美《ながしまただよし》、それに公明党の石《いし》田《だ》祝稔《のりとし》の七名だった。また、この法律案には、自民党や公明党に所属する五十九名の衆議院議員が賛同者として名を連ねた。

法案の第一案には、この法律の目的を明記した。

《この法律は、津波による被害から国民の生命、身体及び財産を保護するにあたっての基本認識を明らかにするとともに、津波の観測態勢の強化及び調査研究の推進、津波に関する防災上必要な教育及び訓練の実施、津波対策のために必要な施設の整備その他の津波対策を統合的かつ効果的に推進し、もって社会の維持と公共の福祉の礎にして資することを目的とする。》

だが、この法案は、当時発足したばかりの菅直人内閣には相手にされなかった。一度も審議されることはなかった。

秋の臨時国会でも、審議には応じてもらえなかった。

林は思った。

〈やっぱり、われわれが与党のときも議員立法は後回しということでやってたから、しょうがないか……〉

だが、二階は、まだ諦めていなかった。

年を越えて、平成二十三年の通常国会が始まった。この国会でも、津波対策の推進に関する法案を提出するものの、やはり予算審議が優先され、審議は後回しになってしまっていた。

だが、二階は言っていた。

「これはいい法案なんだから、一発勝負で決めるまでだ。なにも予算が上がるまで待つことはないんだ」

そういって各方面への働きかけを強めていった。

3・11東日本大震災で痛感した津波の真の恐ろしさ

そんななかであった。平成二十三年三月十一日の午後二時四十六分――東北地方太平洋沖地震が発生した。この地震は、日本の観測史上において、過去最大のマグニチュード九・〇を記録する未曾有《みぞう》の大地震であった。震源域は、岩手県沖から茨城県沖までの南北約五〇〇キロメートルに及び、東西約二〇〇キロメートルの広範囲に及ぶものであった。

地震により発生した大津波によって、東北地方の太平洋沿岸部は、壊滅的な被害を受けた。また、地震の揺れや液状化現象、地盤沈下、ダムの決壊などが起こり、北海道・東北・関東の広大な範囲で被害が発生し、電気、水道、ガスなどの各種のライフラインも寸断された。

地震と津波による被害によって、東京電力の福島第一原子力発電所では、全電源を喪失した。原子炉を冷却できなくなり、大量の放射性物質の放出を伴う深刻な原子力事故が発生した。この事故によって、周辺一帯の住民は、今も長期の避難を強いられている。

この地震では、津波による被害が甚大なものだった。一万六千人近くの人が、この大地震によって命を失った。死因の九割以上が、水死であった。

二階は、悲惨な被災地の状況に胸を痛めた。また、それと同時に痛感した。

〈自分たちが提案した津波対策法案が成立していれば、もっと多くの人が避難することができたかもしれなかった。残念でならない……〉

もし、すぐに国会で審議し、与野党で合意でき成立していれば、大震災が起こる前に全国的な避難訓練を実施することができたのである。

大津波から身を守るためには、現在は、高台避難以外に確実な方法はない。あらかじめ訓練していれば、より多くの人が迅速に避難し、多くの人命が救われたかもしれなかったのである。

悔いや無力感に襲われるも大震災を契機に津波基本法作りが進展

二階は、この法律を成立させることができなかったことを悔やんだ。と同時に、なんとしてもこの法律を成立させなければいけないという強い使命を感じた。

法案成立に向けてそれまで積極的に動いた林も、無力感に襲われた。

〈せっかく津波法案を成立させようとしてきたのに、間に合わなかったか……〉

津波対策法案の成立に向けてつくられた議員連盟は、当初は、参議院議員の泉信也が会長を務め、二階が顧問であった。が、平成二十二年の参院選を期に泉が引退したため、二階が会長を務めることになった。林は議連の幹事長であった。

林は、二階に言った。

「法案の成立、また、難しくなりましたね」

だが、二階の姿勢はまたも違った。意気消沈する林に発破《はっぱ》をかけた。

「首都直下地震や南海トラフ地震なんかの危険性は、まだあるじゃないか。それに対しての対策をきちんとしなきゃいけない。今回の東日本大震災の教訓を踏まえた法律が必要になるはずだから、法案の必要性をさらに訴えよう」

林は、二階の気概に驚いた。

〈全然、諦めてないな。すさまじい執念だ〉

東日本大震災が起きたこともあり、与党の民主党も、ようやく重い腰を上げ始めた。

津波対策法案をずっとたな晒《ざら》しにしていたことに対する世論からの批判の声を気にし始めていたようであった。

林たちも、プレッシャーを掛け続けた。

「それでも民主党がやらないというなら、民主党が津波対策の阻止をしてるということになりますよ。それでなくても、われわれが最初に法案の提案をしていたときにやっていたら、被害の拡大を少しでも防げたかもしれない」

震災後、二階をはじめとする法案に関わった主要メンバーは、民主党の幹部を訪ね、法案の審議入りを強く要請し続けた。

「津波対策には、与野党関係ありません。民主党からも修正案があれば、どんどん提案していただきたい。超党派で、取り組みましょう」

二階たちの必死の熱意に動かされ、与党の民主党も、少しずつ重い腰を上げて動き始めた。

四月二十一日、二階たちは、中根康浩衆議院議員が座長を務める民主党の「つなみ対策ワーキングチーム」が国会内で開いた初会合に呼ばれた。津波対策推進法案について協力を要請した。

四月二十二日、二階たちは、国会内で民主党の安住淳《あずみじゅん》国対委員長と会談した。

二階たちは、安住に対して、津波対策推進法案の早期成立に向けて、協力を求めた。

今回の大震災で選挙区の宮城県石巻市や女川《おながわ》町が壊滅的な被害を受けた安住は、法案の修正協議などに前向きに応じる考えを示してくれた。

「津波に対する基本法を作るのは、方法としてあっていい」

法案成立に向けては、法案のなかの津波防災の日の日付についての問題が残されていた。

林たちは、安政南海地震と稲むらの火の故事にちなんだ十一月五日を提案していた。

いっぽうの民主党案は、東日本大震災の派生した三月十一日を記念日とするものだった。

が、民主党の三月十一日案に対しては、学識経験者たちをはじめ、各方面から批判の声が多かった。

「少なくとも、二千人以上もの人が行方不明の現在、それを記念日にするなんておかしいだろう」

結局、批判が高まり、十一月五日の案に落ち着くことになった。

すると、民主党は、今度は法案を委員長提案にしたいと主張してきた。災害特別委員会の委員長は与党の民主党だ。

民主党側の理事は、提案してきた。

「法案の中身は全部このままでいいから、委員長提案で全会一致でやらせてくれないか」

林たちは、提案を受けて、二階のもとに集まり協議した。

「どうしましょうか」

最終的に決断を下したのは、二階だった。

「よし、名を捨てて、実をとろう。法案を成立させることが、何よりも最優先だから」

二階は、さらに言った。

「しかし、自民党が最初にこの法案を提案した事実は事実なので、議事録にはそれを残そう。そのためには、各党による討論時間をたくさんとろう」

こうして、二階や林たちの働きかけもあり、衆院災害対策特別委員会で修正協議を進め、法案の成立が本格化していった。

津波対策推進法案の審議で語った二階の総括討論と法律公布・施行

平成二十三年六月九日、二階俊博は、津波対策推進法案を審議する衆議院災害特別委員会の総括討論で語った。

「残念なことに、法案は、提案後、一年も審議されることなく、日時は無為に過ぎ去りました。その間に、三月十一日に、東日本大震災が発生し、津波にともない多くの人命、財産を奪い、被災地は壊滅的な惨状と化しました。われわれの提案した法案が成立しておれば、多くの人命を救い、被害を未然に軽減できたのではないかと思うと、まさに法案成立の遅れは痛恨の極みであり、まことに残念でなりません。今思うことは、賛成したくなければ、せめて国会の委員会審議だけでもやってくれておれば、津波対策の必要性を一人でも多くの国民のみなさんに伝えることができたはずです」

平成二十三年六月十日、津波から国民の生命や財産を守り、被害を防止、軽減するため観測体制の強化などを盛り込んだ津波対策推進法案が衆院本会議で全会一致で可決された。

法案では、東日本大震災の被害を踏まえて「これまでの津波対策が必ずしも十分でなかったことを国として反省し、対策に万全を期する必要がある」と指摘し、津波対策はソフト、ハード両面から総合的に進めなければならないとしている。

ソフト面では、国が観測体制の強化や津波の記録収集など調査研究を推進。自治体は避難計画の策定・公表や被害予測などに努める。国と自治体は津波の警報や避難指示が的確に伝えられ、住民が迅速に避難できる体制を整備する。

ハード面では、国と自治体は最新の知見に基づく津波対策の施設整備、石油コンビナートなど危険物を扱う施設の安全確保に取り組む。自治体は土地の利用制限などにより津波に考慮した街づくりを進める。

こうして、平成二十三年六月十七日に法案は成立した。二十日の参議院東日本大震災復興特別委員会では、菅直人総理が政府の責任を認める答弁をおこない、六月二十四日に法律は、公布・施行された。

林は思った。

〈二階さんの執念は凄い。しかも、野党の立場ながら、議員立法を成立させることができるなんて、自分自身にとっても凄い経験だったな〉

千葉県旭市の３・11被災に始まる林幹雄と小泉進次郎《こいずみしんじろう》との縁

林幹雄と小泉進次郎との縁は、平成二十三年三月末、林のもとに、小泉進次郎から連絡が入ったことに始まった。

「先生の地元も被災して、多くの方々が避難生活を送っていらっしゃると聞いています。ぜひ視察かたがた激励に伺いたいので、先生、案内していただけませんか」

九十九里浜北端の千葉県旭市飯岡海岸も、東日本大震災の地震と津波で大きな被害に遭っていた。特に飯岡海岸に沿う九十九里ビーチライン（県道三十号線）と市街地内を走る道路沿いの民家や商店を中心に四百戸以上の家屋が流され、死者十三人、行方不明二人が出ていた。

林は快諾し、明智《あけち》忠直《ただなお》市長に依頼して一緒に現場視察と被災者の激励に行くことになった。

小泉進次郎は、昭和五十六年四月十四日、神奈川県横須賀市に小泉純一郎《じゅんいちろう》の次男として生まれた。平成十六年三月、関東学院大学経済学部経済学科を卒業。その後、コロンビア大学大学院に留学し、ジェラルド・カーティスに師事。平成十八年に政治学の修士号を取得。その後、アメリカ合衆国の戦略国際問題研究所非常勤研究員を経て、平成十九年に帰国し、父・純一郎の私設秘書を務める。

平成二十年に父・純一郎が政界引退を表明。平成二十一年八月の衆院選に神奈川十一区から出馬し、初当選。平成二十二年十月には、自民党学生部長、新聞出版局次長に就任していた。

小泉進次郎は、平成二十三年四月二日、被災した千葉県旭市に入った。

進次郎は、旭市で改めて津波の威力を思い知る光景に出くわした。自転車用のコンクリートの橋がそっくりそのまま流されて、一般道路の上にあった。いっそこのままにしておいて、後世に津波の恐ろしさを伝えていくのがいいのではと思えるほど象徴的な光景だった。

東北地方の被害があまりにも大きいため、千葉県の被害は軽く見られがちな状況だった。が、岩手、宮城と同様、千葉の避難所でも家や家族、大切なものを失い、涙を流しながら進次郎の手を握りしめる被災者たちの姿があった。

進次郎は、被災者たちの話に熱心に耳を傾け、激励を繰り返した。ここでも進次郎は人気があり、被災者たちもずいぶん慰められたようだった。

いっぽう、ＪＡ（農業協同組合）の倉庫に行くと、農産物が積み上げられていた。ＪＡの職員は顔をしかめた。

「風評被害でまったく売れないんです。われわれ、困ってます」

進次郎は、被災者だけでない被害の現実を見せつけられた。

進次郎は、父親の小泉純一郎元首相のようにワンフレーズ、もしくは短い言葉でピシッと台詞を決め、人々の心をとらえるのが実にうまかった。

林は、進次郎の話を聞いて改めて思った。

〈やはり、これは生まれ持った才能なのだな〉

進次郎の話し方はすでに訓練して上達するという域を超えていた。話し上手なだけでなく、聞き上手でもある。進次郎がきちんと被災者の話を聞いていることは、傍《はた》から見ていてもよくわかる。

進次郎は引き揚げる際、林と明智市長に頭を下げた。

「本日はお忙しいところ、ご接待ありがとうございました」

林は感心した。

〈見た目も爽やかだし、話し上手、聞き上手。しかも誰に対しても礼儀正しい。まったく、たいしたものだ〉

二階と林をより強固に結び付けたフラワーキャンペーン

平成二十三年五月、二階が企画したプロジェクトの一つとして、フラワーキャンペーンがある。

最初は、ひまわりの種を配ることになった。自民党の「全国ひまわりキャンペーン」は、平成二十三年の五月三十一日に、役員会で決定された。これは、ヒマワリを東日本大震災の復興のシンボルとして全国に咲かせ、日本国全体を明るくすることをねらいとして発案された。

いっぽうで、ヒマワリは放射性物質を吸収するとされ、汚染された土壌の改良が期待されている。

自民党は、ヒマワリのタネ十万袋を、都道府県支部連合会、衆・参選挙区支部長、友好団体に郵送し、各種会合などを通じて参加者に配布した。

このキャンペーンの趣旨に賛同し、タネを提供してくれたのが、アタリヤ農園だった。

この企画を思いついたとき、手始めに、種を十袋ほど買いに行かせてみると、袋の後ろには、アタリヤ農園の文字があった。アタリヤ農園は、林の選挙区である千葉県香取市の企業で、林の後援会の一員でもあった。

林がアタリヤ農園の経営者に交渉してみた。

「今、百万円分買ったら、どのくらいまけてくれますか？」

そうすると、経営者が言った。

「わかりました。わたしが十万袋を寄付します」

その話を二階に言ったら、二階も驚いた。

「おい、ちょっとまて。聞き違いじゃないか。十万袋といったら、かなりの金額になるぜ。もう一回確認したほうがいいよ」

こうして始まったフラワーキャンペーンだった。

このキャンペーンはその後も続き、菜の花、朝顔、なでしこ、大輪朝顔、パンジー、コスモス、アスター、百日草、わすれな草とこれまでに計十二回おこなわれている。

津波対策法案の成立から国土強靭化が推進されていく

津波対策法案成立の動きに注目していたのが、自民党本部だった。林や二階たちの津波対策議連の動きを見て、国土《こくど》強靭化《きょうじんか》をテーマにし、推進していくことを思いついたようだった。

党本部の意向は、国土強靭化を迫る総選挙のテーマに掲げて、政権奪回の一つの柱にしようとしているようであった。その国土強靭化を議論する特別調査会の会長に就任するように要請を受けたのが二階であった。

当時、自民党副総裁であった大島理森《おおしまただもり》からの要請であった。

「初代の国土強靭化の会長をやってくれないか」

二階と大島は、昭和五十八年の衆院選で初当選を果たした同期ということもあり、仲が良かった。

自民党の野党転落以降、幹事長、副総裁と要職を歴任しながら、党勢回復に向けた戦いの矢面に立っていた大島の頼みに、二階は、すぐに応じた。

「やってもいいけれど、ちょっと、この国土強靭化という言葉は難しいし、なじみもないから、ちょっと考えさせてくれないか」

国土強靭化という言葉には、耳慣れない印象があった。もっと有権者に聞こえが良いフレーズを考えてもよかっただろう。

が、二日ほどが経ち、結局、国土強靭化というフレーズでいくことになった。

林は思った。

〈聞いたことがない言葉だけど、このほうが面白いかもしれないな。字もわからないけれど、案外関心を引くかもしれない〉

国土強靭化総合調査会は、平成二十三年十月、こうして発足した。会長には二階俊博、副会長には、大島理森、古賀《こが》誠《まこと》、野田《のだ》毅《たけし》、町村信孝《まちむらのぶたか》、山東昭子《さんとうあきこ》、会長代理には武部勤《たけべつとむ》、林は、筆頭副会長に就任した。

二階は、国土強靭化総合調査会を新設したねらいについてインタビューで語った。

「今年は、大災害に打ちひしがれ、国全体が地べたに叩きつけられたようでした。われわれ人間が、完全に自然災害を予知し、防ぐには、限界があります。だからといって、自然のなすがままにしていれば、国民生活は成り立ちません。人と自然の共生を前提に、創意工夫し、積極的に防災・減災に取り組み、国民の生命・財産を守っていかなければなりません。それが政治の責務です。『コンクリートから人へ』という寝言を言っているわけにはいきません。

わたしの地元の和歌山県はじめ紀伊半島は、台風12号による豪雨災害で、東京ドーム約八十倍相当の土砂が流されるなど甚大な被害を受けました。しかし、那智勝浦町では、砂防ダムが大量の土砂の流出を防ぎました。もし、砂防ダムがなければ、さらに多くの住宅や田畑が土砂で押し流され、被害が拡大していたはずです。

また、民主党は一昨年の総選挙で、県南部の高速道路を『無駄な公共事業』と宣伝カーまで出して、盛んに批判しましたが、今回の豪雨災害では、この道路のおかげで、自衛隊、消防、救急車などが迅速に展開でき、多くの命を救うことができました。コンクリートが人命を守ったのです。

『強靭』という言葉には、単に強いというだけではなく、『しなやか』との意味も含まれています。強さと同時に、試練や変化に柔軟に対応できるしなやかさを持った国土。それが本調査会の目指す『強靭な国土』です」

どのような考えで「強靭な国土」を実現していく方針かについても語った。

「わが党は、これまで道路、鉄道、港湾、河川などの社会資本整備について近頃は、やや遠慮していたところがありました。しかし、東日本大震災の甚大な被害を目《ま》の当たりにし、防災、減災のための社会資本整備をきちんと進めることの重要性をあらためて認識しなければなりません。財政再建は重要ですが、こうした反省にたって、自信を持ってその必要性を訴えていきます。特に災害に強い国土づくりは最重要課題です。今後、首都直下型地震、東海、東南海、南海地震の連動型地震が発生すれば、超広域的大災害となる恐れがあります。早急に対応を進めなくてはなりません。

いっぽう、災害に強い国土の形成は、社会資本整備だけでは実現しません。最新の科学技術やこれまで長い歴史のなかで積み重ねられてきた知恵に学ぶことが必要です。

今年六月、わが党が主導し、公明党とともに、全会一致で津波対策推進法を成立させましたが、同法には『十一月五日』を『津波防災の日』と定めました。

安政元年（一八五四年）のこの日、大津波が現在の和歌山県広川町を襲い、庄屋の濱口梧陵が稲むらに火を付けて村人に津波の襲来を知らせたという、『稲むらの火』の故事にちなんだものです。小学校の教科書にも出ています。

法律制定後、初めての『津波防災の日』となった今年、俳優の杉良太郎氏のプロデュース、藤舎華鳳、藤舎清成両氏作曲によって『濱口梧陵ご献上稲むら太鼓』が演奏されるなど、県民の間にも津波防災の教訓を伝え、理解を深めました。

また、日頃から市町村単位、町内会単位、学校区単位で、災害があった場合にどう対応するかを真剣に考え、訓練しておくことも必要になります。こうしたハード、ソフト両面の対策が重要です」

国土強靱化総合調査会の目的は様々な変動に対応する国土づくり

調査会の目的には自然災害のほかに国際社会の急激な変動に対応する国土づくりがある。

「国際競争力に資する国土づくりも本調査会の重要なテーマです。なかでも、成長著しいアジアの成長をわが国に取り込むための産業基盤整備に取り組んでいかなければなりません。

わたしが小泉内閣の経済産業大臣時代に提唱した、アジアの経済について政策研究・提言する東アジア・アセアン経済研究センター（ＥＲＩＡ）が、十六カ国の協力を得て、平成二十年にジャカルタに設立されました。今では、国際会議の場で、各国首脳から『ＥＲＩＡ』との言葉が聞かれるようになり、ＥＲＩＡの重要性が高まり、経済協力開発機構（ＯＥＣＤ）との情報共有も進んでいます。例えば、このＥＲＩＡを拠点に、わが国とアジアの諸国と協力して経済成長の道を歩んでいきたいと考えています。また、国際競争力に資する地方産業として、経済波及効果の高い観光は重要です。そうした観点からの基盤整備に取り組んでいきます」

今後、どのように調査会を運営していく方針かについても語った。

「まずは年内に骨格の中間取りまとめをおこない、来年六月を目途に最終答申を作成できるよう急ピッチで議論を進めていく方針です。また、議論にあたっては門戸を広く開き、謙虚で柔軟な姿勢で、地方の声にも積極的に耳を傾けていきます。そのために調査会でおこなわれた有識者の講演録を都道府県連などにもＦＡＸで送信し、それに対する意見・提言を頂いています。まさに、わが党の総力を結集して自然と共生し、都市と農村が共に繁栄するための方針を打ち出したいと考えています。そして、大企業、さらに中小企業にも元気を出して奮起していただき、自民党が『日はまた昇る』を信じ、国民に呼びかけていきます」

国土強靱化総合調査会は、異例のスタートを切った。こういった勉強会は、普通はせいぜい十人ほどの講師を呼び、十回くらいで結論を出してシャンシャン総会をして終わりになることが多い。だが、国土強靱化総合調査会は違った。

各界の様々な講師を呼び、百回以上の会合を重ね、資料集や本まで刊行するほどの力の入れ具合であった。

平成二十八年八月、国土強靭化総合調査会は、総裁の直轄組織として格上げされ、名称も、国土強靭化推進本部へと変更された。本部長は、二階幹事長が就任した。

国土強靭化に関連して、三つの法案を仕上げた。国土強靭化基本法、首都直下地震対策特別措置法、南海トラフ対策特別措置法の三本である。

もともと野党時代から構想していた法案だったが、途中で与党に変わったため、さらに責任ある法案の中身にしなくてはならない。

関係省庁の意見も取り入れて、与党として法案を提出した。

近未来政治研究会（山崎派）から志帥会に移り、二階と行動を共にしていく

林は、平成二十四年十二月四日投開票の衆議院選挙で、千葉十区で民主党の谷田川元《やたがわはじめ》を破り、七選を果たした。

この選挙で、政権は、民主党の野田佳彦《のだよしひこ》政権から、自民党の安倍晋三《あべしんぞう》政権に戻った。

十二月二十日、近未来政治研究会（山崎派）の領袖《りょうしゅう》だった山崎拓は、引退を表明。後継の会長は石原伸晃が就任することに決まった。

派閥幹部の甘利明は、このときを機会に山崎派を退会。

林も、それまで務めていた派閥の事務総長を辞めて、山崎派を退会することにした。

間もなく、林は、二階に誘われた。

「どうだ？　うちに来ないか？」

「問題ないですよ。来年の通常国会が始まったら入会します」

二階は、わざわざ山崎事務所に出向き、仁義を切った。

「実は、伊吹（文明）さんが衆議院議長になったため、志帥会の会長をわたしが引き受けることになったんです。それで、ついては林幹雄君を、わが派にもらえないでしょうか」

二階と山崎は、以前から強いつながりがあり仲が良かった。

山崎は言った。

「彼は、山崎派を退会したんですから、本人が良いなら問題ないですよ」

林は、年が明けた平成二十五年一月に志帥会に移籍した。

すでに三年三カ月の野党生活において、林は二階と多くの行動を共にしていた。そのため、周囲からも当然のことのように受け止められていた。

二階と林の関係において、野党時代の三年三カ月は大きかった。野党時代に、津波法案、鳥獣法案、音楽のダウンロードの法案を手がけたことが大きかった。

もともとは山崎派にいた林だが、以前から二階を支えていた江《え》崎《さき》鉄《てつ》磨《ま》や松《まつ》浪《なみ》健《けん》四《し》郎《ろう》などとは親交があり、その関係で、二階と酒席をともにすることもあった。

が、距離が近くなったのは、自民党が政権から転落してからの野党時代だ。

谷垣禎一総裁、大島理森幹事長のもとで、二階は、選挙対策局長を務めていた。今でいう選対委員長のポジションだ。その頃、林は筆頭副幹事長であった。

また、武部勤幹事長時代に、二階が総務局長だったときも、林は副幹事長だったため、行動を共にすることが多かった。

林は、伊吹派から二階派に衣替えした志帥会の副会長を務める。林は、二階と行動を共にしていく。

「葬儀委員長は二階俊博、友人代表は林幹雄」を公言する江崎鉄磨との親交

二階派（志帥会）に所属する江﨑鉄磨元沖縄及び北方対策担当大臣は、林幹雄について「もっとも信頼の置ける同志」と語る。それほど江﨑と林の付き合いは長く、深い。

江﨑も林と同じ平成五年七月の衆院選で初当選を果たした同期生だ。

平成五年初当選組は、林や江﨑のほかにも、自民党では安倍晋三総理をはじめ、岸田《きしだ》文雄《ふみお》政調会長、茂《もて》木《ぎ》敏充《としみつ》経済再生担当大臣、野田《のだ》聖子《せいこ》前総務大臣、塩崎《しおざき》恭久《やすひさ》元厚生大臣、公明党の太田《おおた》昭宏《あきひろ》元国土交通大臣、立憲民主党の枝野《えだの》幸男《ゆきお》代表、国民民主党の前原《まえはら》誠司《せいじ》元外務大臣、共産党の志位《しい》和夫《かずお》委員長、穀田《こくた》恵二《けいじ》国対委員長などがいて、各政党の幹部クラスがズラリと並んでいる。

当時、江﨑は、細川連立政権を支える新生党の一年生議員。いっぽうの林は、野党に転落したばかりの自民党の一年生議員であった。

だが、国会で同じ交通安全対策特別委員会の理事になったこともあり、すぐに親しく付き合うようになった。

林は、人柄が良く、冗談を言って同僚議員たちをよく笑わせていた。所属する政党こそ違えど、ともに自民党のベテラン衆院議員だった父親を持つこともあり、江﨑にとっては親しみやすい人物だった。

江﨑の父親は、田中角栄《たなかかくえい》を支えた田中派の大幹部で、総務庁長官や通商産業大臣、自治大臣、防衛庁長官を歴任した江﨑真澄《ますみ》である。

その後、細川政権はわずか十カ月で崩壊、続く羽田政権も二カ月で下野することになり、平成六年六月三十日、急転直下で社会党の村山富市総理を首班とする自民党、社会党、新党さきがけの連立による自社さ政権が発足した。

ここで林と江﨑の与野党の立場は入れ替わることになった。だが、その後も、二人の親交は続いた。党こそ違えど、酒を酌《く》み交わす機会も多くなっていった。

江﨑は初当選して以来、初出馬時に世話になった二階俊博と同じ道のりを歩いている。新生党、新進党、自由党、保守党、保守新党を経て、平成十五年十一月九日の衆院選後の十一月二十一日に、保守新党が解散し、自民党に合流することを決めた際に自民党に入党した。

いっぽうの林は、当選以来自民党ひと筋で、山﨑拓を領袖《りょうしゅう》とする山﨑派に所属していた。

同じ自民党に所属するようになった江﨑と林がさらに距離を縮めたきっかけは、平成十六年九月の自民党役員人事だった。

林の山﨑派の先輩議員で親しい間柄だった武部勤が小泉純一郎《こいずみじゅんいちろう》総理により、幹事長に抜擢されたのだ。

そして、幹事長になった武部は、もともと親交のあった二階の総務局長起用を小泉総理に進言し、翌年の郵政解散を勝利に導く武部幹事長―二階総務局長の名コンビが誕生する。

このコンビ誕生によって、武部、二階と親しい林と江﨑も、より接する機会が増えていった。

江﨑と林は、初当選の時期は同じだが、現在の当選回数は異なっている。

江﨑は平成十二年六月の衆院選と平成二十一年八月の衆院選で二度の落選を喫したため、二度の浪人経験があり、当選回数は七回だ。

いっぽう林は、平成二十一年八月の衆院選で比例復活を経験したことはあるが、落選は一度もなく、当選回数は九回。平成三十年五月二十二日には、在職二十五年を記念する永年在職表彰も受けている。

年齢こそ江﨑のほうが林の三歳歳上だが、政界は当選回数がなによりもモノをいう世界だ。だが、林がそれをカサに着て、江﨑に偉そうなことを言ったことはこれまでに一度もない。

「俺とてっちゃんの間は、そんなこと関係ないよ。年齢順だよ」

そう言って、ことあるたびに年長の江﨑を立ててくれる。

江﨑の二度の浪人中には、林は多忙のなか、三回も江﨑の選挙区に応援に入ってくれた。そのたびに大雪が降ったり、衆議院の解散が突如決まったりとなにかと騒がしいこともあったが、林は文句一つ言わず、笑顔で江﨑の地元の有権者を前に演説をし、江﨑の支持を強く訴えてくれた。

江﨑は、その都度、林の優しさを痛感していたという。

そしていよいよ、林は、江﨑と同じ二階派に加わったのである。

江﨑は、何年も前から周囲に言っている。

「もし万が一おれが亡くなったときには、葬儀委員長は二階俊博、友人代表は林幹雄だからな。頼んだぞ」

自民党の「悪い」「古い」「ダサい」の三拍子イメージを払拭する小泉進次郎

小泉進次郎は、平成二十三年十月、自民党青年局長、国会対策委員会委員に就任した。

進次郎は、青年局長として各地で積極的に活動を続けている。そのため、全国でどんどん進次郎ファンが増えていった。

林幹雄は、小泉進次郎率いる青年局ＴＥＡＭ－11の活動を見て思った。

〈毎月十一日に欠かさず被災地に行くなど、なかなか継続してできることではない〉

平成二十五年七月二十一日投開票の参議院議員選挙にしても、進次郎はわざわざ離島など辺鄙《へんぴ》なところを回っている。林は、進次郎が他の議員とは目のつけどころが違うことに気づいた。確かに、単にたくさんの聴衆を集めればいいというわけではない。

〈進次郎くんは間違いなく、まれな政治家の一人だな〉

候補者たちの多くは、選対本部から「誰に応援に来てほしい」と聞かれて「進次郎」と答える者が多かった。進次郎が無派閥なのも、声をかけられやすい一つの要因だった。

実際、進次郎はどこへ行っても地元の人々から大歓迎を受けた。老若男女を問わず、実に人気が高い。

政治の世界に嫉妬はつきものである。人気者で注目度の高い進次郎は嫉妬の対象になりやすかった。が、嫉妬という感情は、明らかに自分とはレベルが違っていたり、年齢や環境が大きく異なったりする相手よりも、自分により近いと思われる者に対して起こりやすい。政治家でたとえるなら同期である。進次郎の場合は、同期で初当選者は伊東良孝、橘慶一郎、齋藤健の三人のみである。人数が極端に少ないため、むしろ結束力が出て四人は今のところ仲良くやっているようだった。

林は、いろいろなところで、いろいろな人から同じことを言われるようになった。

「最近の自民党は、ずいぶん変わりましたね」

「自民党は、若々しく生まれ変わりましたね」

確かにそのとおりだった。以前のように「悪い」「古い」「ダサい」の三拍子揃った自民党のイメージは払拭されつつある。これは進次郎のおかげといっても過言ではなかった。

自民党青年局ＴＥＡＭ－11の初の東北以外となる千葉県訪問

平成二十五年八月に入り、林のもとに、林の選挙区である千葉県旭市の旭青年会議所（ＪＣ）から連絡が入った。

「八月十一日に『あさひ復興防災フォーラム』を開催します。このフォーラムに、ぜひ小泉進次郎青年局長に出席していただきたい」

林はさっそく青年局に打診してみた。しばらくして進次郎本人から林のもとへ連絡が入った。が、返事はノーだった。

「青年局長として県連の青年局をまだ回りきってないんです。個人的にこうした話をお引き受けしてしまうと、またクレームが出てしまいます。ですから、まず県連の青年局を回らせてください」

意外だった。林は進次郎が簡単に引き受けてくれるものと思い、気軽な気持ちで連絡をしていた。また、進次郎が林本人にキッパリと断ってくることにも少々驚いた。

林は言った。

「五分でもいいから、顔を出してもらえんかね」

後日、進次郎から返事がきた。

「旭市は被災地で、わたしも直《じか》に行ったことがある場所です。それに、せっかくの先輩からのお話です。今回はＴＥＡＭ－11の活動の一環として、長くはいられませんがＪＣさんのフォーラムにも顔を出させていただきます」

林がＪＣにその旨を伝えると、担当者は非常に喜んでくれた。

平成二十五年八月十一日、小泉進次郎率いる自民党青年局のＴＥＡＭ－11は、女性局と合同で、ＴＥＡＭ－11としては初の東北以外となる千葉県を訪問した。大震災発生から間もない平成二十三年四月二日に旭市に入ってから約二年四カ月ぶりの訪問である。

飯岡刑部岬の高台にある展望台から飯岡を見て、それから、海抜一三メートルに建てられた高さ一〇メートルの津波避難タワーも見学した。鉄筋の螺旋《らせん》スロープを駆け上がったもっとも高いところには、百人のひとが避難できる。

どこに行っても、誰もが、進次郎に声をかけてきた。一緒に写真を撮らせてほしいと言わんとしている。

進次郎は、相手が言い出す前に近づいていく。

「写真、写真？」

自ら積極的に写真におさまった。

気さくでさわやかだった。

見学のあと、旭市横根の仮設住宅での生活を余儀なくされている住民との対話集会に臨んだ。

進次郎は、林幹雄、旭市市長の明智忠直の紹介を受けて、挨拶に立った。

「旭市のみなさん、こんにちは。今日は本当にお忙しい中、暑い中、日曜日にお集まり頂きましてありがとうございます。本来であれば、わたしたちのほうから仮設住宅の集会所でお話をお聞きするべきところなんですが、今日、この人数では入らないということになりまして、こちらで開催させていただきました」

「わたしにとっては約二年ぶりの旭市になります。あの震災が起きたのが二〇一一年三月十一日。わたしは地元の林幹雄先生にお連れしていただいて、四月二日にこちらにも、まだあのときは避難所になっていました。そのときにもお伺いして、すぐ近くにある農協の持っている倉庫にも行って、あのときは暫定基準値を超えないような農作物さえも山積みになって、風評被害等の心配があったから、全部出荷できないという現状を市長や林先生と一緒に見せていただきました。そして、あのときは避難所にもなっていた小学校にも行きまして、地元の看護師のみなさん、そして避難生活をされているみなさんからも直接お話を伺いましたが、あの震災から今日で二年五カ月です」

「二年五カ月たって、千葉県のこの旭市にいまだに仮設住宅でお住まいをされているみなさんが多くいらっしゃること。果たしてどこまで多くのみなさんが、わたしたち国民が理解しているか。そしてわたしたち国会議員がみなさんの声を十分聞きいれているか。そういったところが現実としてあると思います」

「わたしも昨日は、海を隔てて隣町の、神奈川県横須賀市が地元ですから、横須賀で盆踊りとかお祭りを回っていました。毎月十一日に被災地を回っているというのは、もう多くの方に知っていただけるようになったので、小泉さん、明日は八月十一日だなあと、今度は東北のどこに行くんだと。そういうふうに言われたのでね、明日は千葉県なんですと。そういうふうに言うと、みんなポカンとするわけです。なんでと。被災地に行くんじゃないのと。なんで千葉県に行くのと。千葉県も被災地だってことを忘れてるんです。そういった中だからこそ、今回、林先生が中心となって、今日は千葉県選出の自民党の国会議員のみなさんも多く参加してくれました。後ほど自己紹介もありますが、そういったみなさんを含めてね。だからこそ、みなさんの声をしっかりと吸い上げて、与党自民党として、その声が反映されるように、しっかりと取り組む機会としたいと思いますので、みなさん、日頃の思い、わたしたちも今、仮設住宅を拝見させていただいて、そこから歩いてこちらに来ましたが、みなさんの声が私たちに届いて、それが国会にも届けられるように、何よりも震災復興のこの政策が第一だという思いを忘れないで、しっかりと取り組んでいきますので、今日は最後まで忌憚《きたん》のないご意見を聞かせていただきたいと思います。今日は最後までよろしくお願いしたいと思います。ありがとうございました」

住民らは、市長に対して具体的な要望を寄せたものの、国に対しては特になかった。住民たちは、むしろ、進次郎の訪問を歓迎していた。割れんばかりの拍手や声援を、進次郎に送った。

「東北ばかりが注目されるなか、訪問してくれてありがとう」

地元名物の「揚かき餅」を、進次郎に贈った。

進次郎は語った。

「ぼくら国会議員は『汗かきモチ』で頑張る。われわれがみなさんの声をしっかり国会に届ける」

笑いを誘いながら決意を語った。

進次郎は、約束どおり、ＪＣ主催の「あさひ復興防災フォーラム」に参加。あいさつを終えて、浦安の液状化現象の視察へと向かっていった。

林には、進次郎が父親の純一郎からいちいち指図を受けて動いているようには見えなかった。

林は思った。

〈おそらく、親父さんには「調子に乗るな、まだ二回生なんだから」とは言われているんじゃないかな〉

第6章　経済産業大臣

二階・林コンビでの訪中団を大歓迎した習近平

二階俊博《にかいとしひろ》は、平成二十六年九月、自民党総務会長に就任した。林幹雄《はやしもとお》は、総務会長代理に起用された。

二階と林の結束はいっそう強まっていった。

二階自民党総務会長は、平成二十七年三月二十八日、中国・海南島で開かれている「ボアオ・アジア・フォーラム（ＢＦＡ）」に出席した。その記念の写真撮影の際に、習近平《しゅうきんぺい》国家主席と短時間言葉を交わした。二階によると、五月に観光業関係者ら三千人とともに訪中することを紹介、習主席は「民間同士の交流は大変大事だ。大歓迎する」と述べ、歓迎の意を示した。

二階は、日中の観光・文化交流の推進を目的とした東京芸術大学名誉教授である洋画家の絹谷幸二を団長とする「観光文化交流団」三千百十六人もの民間大使を伴い、五月二十一日、中国を訪問。

五月二十三日、中国の習近平国家主席は、二階俊博と同行した三千百十六人の訪中団に対し、日本側の想定を超える形で歓待した。

国会開会中の週末の合間を縫って、林幹雄衆議院議院運営委員長をはじめとする二十三名という多数の超党派の国会議員が参加した。

面会はこの日夜に人民大会堂でおこなわれた習主席と訪中団との夕食会で実現。

二階は、安倍晋三首相から託された親書を習に手渡した。

二階は、記者団に対し、親書を渡した際、習主席が「安倍首相によろしくお伝えください」と応じたことを明らかにした。

また、習は「互いに戦略的互恵関係を推し進めれば、両国関係は良い結果になると期待している」と述べたという。

習主席は、夕食会で、訪中団を前に語った。

「みなさま、こんにちは。二千年前、中国の大思想家の孔子は、『友、遠方より来る、また楽しからずや』と述べました」

二階は、冒頭に日本人のほとんどの知る孔子の言葉を持ってくる習主席のつかみの上手さに感心した。

習主席は続けた。

「本日、三千名の日本各界の人々が遠方から訪ねて来て、北京の人民大会堂に集い、日中友好交流大会を共に開催した。これは、近年における両国民間交流の大きな出来事であり、われわれは非常にうれしく感じている。

まず、わたしは中国政府と人民を代表して、また、個人的な名義で、日本の友人らの来訪に対して、熱烈な歓迎を申し上げる。われわれは、みなさんを通じて、多くの日本国民に対しても、心からの挨拶とすばらしいお祝いを申し上げる。

日中は一衣帯水であり、二千年以上にわたり、平和友好が両国国民の心の中の主旋律であり、両国民は相互に学びあい、各自の発展を促進し、そして、人類の文明のために重要な貢献を行った。

一週間前、インドのモディ総理がわたしの故郷の陝西《せんせい》省を訪問した。わたしはモディ総理と共に、西安において、中国とインドの古代の文化交流の歴史を振り返った。隋、唐の時代、西安は日中友好往来の重要な窓口であり、当時、多くの日本からの使節や留学生、僧などがそこで学習し、生活をしていた。代表的な人物は阿倍仲麻呂《あべのなかまろ》であり、彼は、大詩人の李白《りはく》や王維《おうい》と深い友情を結び、感動的な美談を残した。

わたしは、福建《ふっけん》省で仕事をしていたとき、一七世紀の中国の名僧隠元《いんげん》大師が日本に渡った物語を知った。日本に滞在していた期間、隠元大師は、仏教を普及させただけではなく、先進的な文化や科学技術を持ち込み、日本の江戸時代の経済社会に重要な影響をもたらした。

二〇〇九年、わたしは日本を訪問した際、北九州などの地方を訪ね、両国国民間の裂くことのできない文化的な淵源、歴史的関係を直接的に感じた。

近代以降、日本は拡張的な対外侵略の方向に向かい、日中両国は悲惨な歴史を経験することになり、中国人民に重大な災難をもたらした。七〇年代、毛沢東《もうたくとう》主席、周恩来《しゅうおんらい》総理、鄧小平《とうしょうへい》氏、田中角栄《たなかかくえい》氏、大平正芳《おおひらまさよし》氏など両国の古い指導者らが、高度な政治的智恵をもって、重要な政治的決断をおこない、さまざまの困難を克服し、日中国交正常化を実現し、また、平和友好条約を締結し、両国関係に新しい世紀を切り開いた。廖承志《りょうしょうし》氏、高碕達之助《たかさきたつのすけ》氏、岡崎嘉平太《おかざきかへいた》氏などの有識者が積極的に奔走し、多くの仕事をおこなった。歴史は証明しているが、日中友好事業は両国および両国人民にとって有利であり、アジアと世界にとっても有利である。これは、われわれがいっそう大切にして、一心に擁護する価値のあるものであり、引き続き努力を続けていく」

習主席は、三千人を超える日本の民間大使に呼びかけるように語りかけた。

「来賓のみなさまおよび友人のみなさま！

隣人は選ぶことができるが、隣国は選ぶことができない。「徳は孤にならず、必ず隣あり（本当に徳のある人は孤立したり、孤独であるということはない）」である。日中両国の人民の誠意と友好、および徳をもって隣を為すようにしさえすれば、かならず世代をわたり友好を実現することができる。日中両国は共にアジアと世界の重要な国であり、両国の人民は勤勉で、善良で知恵に富んでいる。日中の平和、友好、協力は人心の向かうところであり、大勢である。

中国は高度に日中関係の発展を重視しており、日中関係は歴史の風雨を経てきたが、中国側のこの基本方針は終始変わっておらず、今後もまた変わることはない。われわれは、道を同じくして、日中の四つの政治文書の基礎の上に、両国の隣人としての友好と協力を推進していくことを願っている。

今年は中国人民抗日戦争および世界反ファシスト戦争勝利七十周年である。当時、日本の軍国主義が犯した侵略行為を覆い隠すことを許さず、歴史の真実は歪曲することを許さない。日本の軍国主義が犯した侵略の歴史を歪曲し美化を企てるいかなる言動に対しても、中国の人民とアジアの被害を受けた人民が応えることはなく、正義と良知がある日本の人民も応えることはないと信じている。『歴史を忘れず、将来の戒めとする』。歴史を銘記することは、未来を創るためである。戦争を忘れないことは、平和を擁護するためである。

われわれは、日本の人民もあの戦争の被害者であると考えている。抗日戦争が終結した後、中国の人民は徳をもって恨みに報い、百万人の日本人が帰国するのを手助けし、数千名の日本の戦争孤児が成人するまで養い、中国人民の心の広さと大きな愛を示した。

今日、日中双方は『歴史を鑑とし、未来に向かう』精神に基づき、平和の発展を共に促進し、共に世代をわたる友好をはかり、両国で共に美しい未来を創り、アジアと世界のために協力して行かなければならない。

みなさま、日中友好の基礎は民間にあり、日中関係の前途は、両国民の手に握られている。両国関係が不調であればあるほど、両国各界の人々の積極的な行動がより必要となり、民間交流をより強化する必要があり、両国関係の改善・発展のために条件と環境を作り上げなければならない。

『青年が立てば、国家も立つ』

本日、多くの若者もここに座っている。中国政府は、両国国民の民間交流を支持し、両国各界の人々、特に若い世代が積極的に日中友好事業に身を投じ、交流・協力をおこなうなかで理解を増進し、相互信頼を樹立し、友情を発展させていくことを励行する。

『先人の植えた木の木陰で後代の人々が涼む』

わたしが真に期待するのは、両国の青少年が友情の信念をしっかりと持って積極的に行動し、友情の種を不断なく播き、日中友好を大樹に育て上げ、これをうっそうと茂る森にまで成長させ、そして、日中両国人民の友好を世々代々と継続させていくことである。

最後に、日中友好交流大会の円満な成功と日本の友人の中国滞在が愉快なものとなるようお祈り申し上げる。ありがとう」

日中を支えるものは民間レベルの深い人的関係という二階の信念

習主席に続き、二階が挨拶に立った。

「尊敬する習近平国家主席閣下、汪洋《おうよう》副総理閣下、楊潔篪《ようけっち》国務委員閣下、李《り》金早《きんそう》国家旅游局長閣下、ご列席のみなさま、日中友好の発展を熱烈に願う三千人を超える日本の民間大使の一行を温かく歓迎をいただき、心より感謝を申し上げます」

拍手が起こった。

「三月末、わたしは、ボアオ・アジア・フォーラムにおきまして習近平主席閣下にお会いした際、習近平主席閣下から、ただいまのお話にあったように、本訪中団を「歓迎をする」との温かいお言葉をいただきました。こうして日本の各地、各界を代表する同志のみなさんと共に、かくも充実をした日程で訪中を実現し、習近平主席閣下のご臨席の下で盛大なレセプションに御招待をいただきましたことを大変うれしく存じます。

日中関係を支えているのは、時々の政治情勢に左右されない民間レベルの深い人的関係であります。こうした信念に基づき、これまで日中関係が良いときも、悪いときも、志を同じくする同志と共に、日中間の観光交流や地方交流、さらに青少年交流、防災分野での技術協力等、全力で取り組んでまいりました。

日中友好の記念撮影

今回三千人を超える訪中団も、まさにこうした信念に基づいての決断であり、参加者のみなさん一人一人が自らの意思でご参加をいただいており、ここにわれわれ訪中団の民間大使としての意義があると考えております。今回の訪中団には、国会開会中の週末の合間を縫って、林幹雄衆議院議院運営委員長をはじめとする二十三名という多数の超党派の国会議員が参加している。また、高橋（はるみ）北海道知事、西川（一誠）福井県知事、荒井（正吾）奈良県知事、上田（清司）埼玉県知事をはじめ、多くの地方自治体からもご参加を得ていることは、日中間の議員間交流や地方間交流の層の厚さを示すとともに、日中交流に対する日本側の熱い思いを象徴するものであります。

どのようなときであっても、わたしはこうした交流を途絶えさせてはならないと考えている。とりわけ、文化交流は日中間の交流のなかでももっとも重要な位置を占めております。本年の十月には、北京の国家大劇院におきまして、ＮＨＫ交響楽団の公演がおこなわれることになりました。

日中友好の音楽を奏でることになっております。わたしは、先ほど中国の文化部の幹部のみなさんと共に、音楽会開催の調印に立ち会ってまいりました。

そしてまた、特に自然災害の多いアジアでありますが、アジアの諸国の間で防災協力を推進してまいりましたが、是非ともこの際、中国の国家主席はじめ、幹部のみなさんのご理解をいただき、十一月五日を『世界津波の日』となるように提唱したいと思いますので、よろしく御理解を賜りたいと思うものであります」

激しい拍手が沸き起こった。

十一月五日という日は、二階の地元の紀伊国広村（現・和歌山県有田郡広川町）と関わりがある。安政元年（一八五四年）十一月五日の夜、安政南海地震の津波が広村に来た。そのとき、広村出身のヤマサ醤油七代目の濱口梧陵《はまぐちごりょう》が、高台にある田のわらの山の稲むらに火を放ち、安全な高台にある広八幡神社への避難路を示し、速やかに村人を誘導し、救った。結果として村人の九割以上を救い、死者三十人に抑えた。「稲むらの火」として知られている。

二階の動きによって、この日を国内では「津波防災の日」として定められた。

二階は、さらに国連で「世界津波の日」に定めようと動いているのだ。

そして、二階は語り続けた。

「この一環として、青少年交流を推進していくことが重要であります。先ほど習主席も述べられましたが、青少年は、次代を創る重要な世代であります。この前、われわれは大災害を受けたときに、中国から温かいご配慮をいただきました。その際、五百人の子供たちを中国の海南島にご招待をいただいたわけでありますが、わたしどもはそれに感謝をする意味で、百人のこの第一班の青少年たちを連れて海南島におうかがいをしました。そして、子供たちは打ちひしがれた中で、仙台から飛行機に乗っておうかがいしたわけでありますが、そうしたなかで、中国のみなさんの温かいご配慮によって、そして海南島のあの太陽の燦々《さんさん》と照り輝く地域において、二日間で子供たちは、元気はつらつとした日本の子供たちに生まれ変わったのであります。わたしは、先ほど来、この中国においてもいろいろな関係者とご相談をし、先ほど御紹介した知事の方々もおいでをいただいておりますので、この際、中国から少ない数ではありますが、あのときと同じように五百人のみなさんをわが国にご招待をして、子供たちによる日中友好の実を上げていきたい、このように考えておりますが、いかがでございますか」

拍手が起こる。

「ありがとうございます。多くのご同意をいただいて、われわれは引き続いて、こうした民間交流を、全力を挙げて努力をしていかなければならないと思います。習近平主席閣下をはじめとする中国側のみなさま方からの前向きのご支持をいただきながら、共に日中関係の新時代を築いてまいりたいと思います。日中の世々代々、子々孫々の平和友好を次の世代に引き継ぐことがわれわれの使命であり、みなさんと共に全力を尽くして、そのことを実現してまいりたいと思うものであります。本訪中団のためにご尽力をいただきました日中双方のすべての関係者のみなさま方に、ここに心から感謝を申し上げ、今日こうして大変なご多忙のなかから習近平主席閣下がわざわざわれわれのためにこの場に足をお運びいただいたということを、われわれはこのことを胸に刻んで、これからの日中関係、先ほど来お述べになりました習近平国家主席のご挨拶、十分意味を理解し、そしてその実現のために、実行するためにわれわれも努力することを誓おうではありませんか」

より激しい拍手が沸き起こる。

「日中の今日までご努力いただいた方々、わたしも今、習近平主席がお述べになりました中国側の人々、日本側の人々、みんなはるかに存じ上げております。その人たちのご苦労がどんなものであったかということを、わたしは今日ご出席をいただいている日本側の代表のみなさんに是非にご理解をいただきたいと思います。今時間もありませんから長く語るわけにはまいりませんが、わたしは藤山愛一郎《ふじやまあいいちろう》先生にしろ、古井喜実《ふるいよしみ》先生にしろ、そうした方々が本当にご努力いただき、ご苦労いただいたことを、わたしははるかに若い世代ではありますが、存じ上げております。そのことからすると、われわれは今、何をなさなくてはならんかということは、みんながおわかりのはずであります。共に頑張って、日中友好のために力を尽くすことを、ここに会場のみなさんと共にお誓いを申し上げ、わたしの挨拶を終わらせていただきます」

二階訪中団への日中それぞれの高評価

翌日の五月二十四日付の中国共産党中央委員会の機関紙『人民日報』は、「習近平は中日友好交流大会に出席し重要講話を発表」という見出しで、大々的に習主席の演説を報じた。

いっぽう、日本では、菅義偉《すがよしひで》官房長官は、五月二十五日午前の記者会見で、中国の習近平国家主席が五月二十三日に二階ら日本人訪中団にした演説について歓迎する意向を示した。

「日本と中国は今後仲良くやっていこうという内容の前向きな発言があった」

菅は二階らの訪中を「極めて有意義なもの」と評価し、期待を示して語った。

「戦略的互恵関係をベースに、日中関係はよりよい結果になっていくのではないか」

経済同友会の小林喜光代表幹事は、五月二十五日の記者会見で、二階が率いる訪中団が中国の習近平国家主席の歓待を受けたことについて、語った。

「かつてでは想像できないことで、日中関係が非常に重要な局面に入ってきているとポジティブに捉えるべきだ」

小林は、中韓両国とのいっそうの関係改善に向けた政府の努力に期待を示した。

「韓国も含めて、状況が変化しつつあることは間違いない。いいチャンスとして捉えていただきたい」

十一月五日を「世界津波の日」に定める決議案採択

平成二十七年十二月二十二日、国連総会で、日本の「津波防災の日」にあたる十一月五日を「世界津波の日」に定める決議案がついに採択された。

世界津波の日は、自民党の二階俊博総務会長がこの年三月に仙台市での国連防災世界会議で初めて提唱し、その後、東南アジアなど百四十二カ国の共同提案で実現することになった。

この「世界津波の日」の制定に向けて、国会議員のなかで、二階とともに積極的に動いたのが、林幹雄と福井照だった。

福井は、党内では、岸田派（宏池会《こうち》）に所属している。福井と二階の縁は、国土強靭化総合調査会が発足し、福井が事務総長に就任した平成二十三年十月から始まった。

福井が、日本の「津波防災の日」にあたる十一月五日を「世界津波の日」にするアイデアを初めて二階俊博国土強靭化総合調査会会長から聞いたのは、平成二十七年二月の終わり頃であった。

二階は思っていた。

〈津波災害は、地球規模で襲いかかってくる。対決するほう、防衛に回る側も地球規模で対峙《たいじ》しなきゃならない。世界で取り組むきっかけとして世界津波の日を制定するというアイデアはいいんじゃないか〉

二階は、そう思い、福井宛てに電話をした。

このとき、福井は、移動中でちょうどエレベーターの中で電話を受けていた。

福井が出ると、二階は言った。

「ところで、『世界津波の日』っていうのはどうかな？」

「え？」

福井が聞き返すと、電話はいったん途切れてしまった。

福井は、エレベーターを降りて、二階に電話をした。

二階が言った。

「津波防災の日になっている十一月五日を、『世界津波の日』にしたらどうかなって思うんだけど」

どうやら、二階が閃《ひらめ》いたようだった。

二階の「どうかな」は、いわば業務命令のようなものだ。短いフレーズの中に、「世界津波の日」の実現に向けて動いてほしい、とのニュアンスが込められている。

福井は、その意図をすぐに理解し、応じた。

「わかりました。至急検討します」

福井は、二階の提案を受けて、すぐさま考えた。

〈どうしたら『世界津波の日』にすることができるだろうか……〉

福井は、二階から提案を受けた数日後、日本における「津波防災の日」を所掌する内閣府の防災担当の部署に相談に出かけた。

福井は提案した。

「十一月五日を国連で提案して『世界津波の日』にするってアイデアがあるんだが、どうだろうか」

しかし、担当者の反応はよくなかった。

「津波の被害は日本以外の国でもありますからね。だいたい十一月五日は、和歌山県の一つの村の濱口梧陵のいわゆる稲むらの火の逸話で決まったわけです。それを世界の津波の記念日にするなんて、無理に決まってますよ」

福井は、内閣府の防災担当の協力を得るのは難しいと思い、次は外務省にアプローチすることにした。

折りしも、三月十四日から十八日にかけて、仙台市で、第三回国連防災世界会議が開催されることになっていた。

福井は思った。

〈よし、ここでアピールすれば、各国の首脳に働きかけることができるぞ〉

福井は、外務省の担当者に要請し、この会議に二階が参加できるように手配した。国土強靱化総合調査会の会長代理である林幹雄も、同様に参加することになった。

第三回国連防災世界会議は、政府が参加するもので、本来、議員個人が参加するような性質の会議ではなかった。

だが、日本の仙台市で国連の防災世界会議をおこなうのに、政権与党で、国土強靱化総合調査会の会長を務める二階が参加しないわけにはいかない。

福井は思った。

〈まずこの会議に来る各国首脳に対して宣伝し、じょじょに気運をつくっていこう〉

二階も、多忙なスケジュールをやりくりし、仙台に足を運んだ。途中、神戸市議会議員選挙の応援に行くこともあったが、また戻ってき、期間中二泊ほどを仙台で過ごした。

採択に向けての入念な準備と働きかけ

二階の準備は入念であった。林によると、英文で「稲むらの火」に関するパンフレットを作り、持参していった。

二階は、この会議で三十分ほど演説をし、国土強靱化の重要さや、「世界津波の日」の構想について熱っぽく語った。

この世界会議には、中国、インドネシア、ベトナム、モンゴル、ネパール、韓国などが政府代表を派遣していた。

二階や林や福井は、国土強靭化の部屋を特別につくった。各国の首脳陣をその部屋に呼んで、趣旨を説明した。

二階は、彼らに対して「世界津波の日」の重要性を訴えかけた。

二階外交の始まりであった。

二階の呼びかけに対して、モンゴルやネパールなど、各国の反応は良かった。

津波被害が深刻なインドネシアも、カッラ副大統領が積極的に応じてくれた。

「うちは、津波の被害が多いですから、もちろんオーケーです」

が、中国代表は、二階の協力要請に対して、最初は反応は良くなかった。

「初めて聞いたから、ちょっと本国に持ち帰ります」

だが、二階は押し切った。

「そんなのわたしが初めて言ったんだから、初めて聞くのが当たり前じゃないですか。政治家なんだから、この場で判断してください」

二階がそう言うと、中国代表も応じざるをえなかった。

「わかりました」

二階が一部の会議参加国政府代表に対して、「世界津波の日」の制定を呼びかけ、気運を高めていくなかで、会議最終日には、もう一つの動きがあった。

この仕掛けをしたのは、福井だった。

〈よし、会議最終日に、山谷防災担当大臣から呼びかけてもらおう〉

福井は、以前にも相談した内閣府の防災担当の部署にまた相談した。

「最終日の大臣の挨拶で、世界津波の日について、言及してもらいたいんだが」

最初に話をしたときには、軽くあしらうような態度だった担当者も、このときは違った。

「わかりました。二階さんが熱心に推進している案件ですから、ご協力します」

三月十八日の閉会式で、山谷《やまたに》えり子防災担当大臣は語った。

「日本では、十一月五日は、津波防災の日と定められています。世界津波の日を制定すれば、世界中で災害意識を高めることができるでしょう」

この山谷の発言が日本政府として初めて公に「世界津波の日」の制定を訴えた瞬間であった。

福井は、山谷のスピーチを聞きながら確信した。

〈よし、また一歩前進したな〉

林幹雄の見た「世界津波の日」構想実現への道のり

いっぽう、林幹雄は、最初、二階から「世界津波の日」の構想を聞いたときに思っていた。

〈これは正直、無理筋だな。国内だけの話ではないから、やるとしても、まだまだ時間はかかるだろう〉

しかし、そのいっぽうでも思っていた。

〈二階先生のことだから、自分で言ったことは、きっとやるな〉

林の思いどおり、二階は、外交における様々な場面でアピールを繰り返していく。

三月下旬、国連防災会議で来日したインドネシアのカッラ副大統領に続き、インドネシアのジョコ大統領も来日した。

二階は、このとき、ジョコ大統領と会談し、さらに好感触を得た。

五月初旬の連休中、インドネシアおよびフィリピンを林幹雄らと訪問した二階は、インドネシアのジョコ大統領、カッラ副大統領、フィリピンのデル・ロサリオ外務大臣などの要人に対して、あらためて働きかけを強め、支持を得た。

五月十五日には、ちょうどこの時期におこなわれている太平洋・島サミットに関連して、二階は、パプアニューギニア、パラオ、マーシャル諸島、トンガの各駐日大使を招き、国会内で昼食会をおこなった。

林も、福井もこの席に同席した。

ここでも、二階の働きかけに対して、好意的な反応を得た。

五月二十日、林は、日越友好議連の事務局長として、ベトナムのニン副首相と会談し、「世界津波の日」の制定について協力を要請し、支持を得た。

五月二十一日、岸田文雄外務大臣主催のレセプションで、林が国土強靭化総合調査会の二階会長の代理として世界津波の日の制定についてスピーチをおこない、各国の支持と協力を要請した。

またこの日おこなわれた太平洋島嶼《とうしょ》国議連主催昼食会で、古屋《ふるや》圭司《けいじ》議連会長が議連として支持する旨のメッセージを発表した。

この昼食会には、福井も参加し、二階のメッセージを代読した。

なお七月に、古屋は、ミクロネシアを訪問し、シミナ連邦議会議長に対して働きかけをおこない、シミナ議長から支持を得た。

福井によると、こうした地道な活動がじょじょに実を結んでいき、この太平洋・島サミットに参加していた国々は、いち早く国連でも賛成を表明してくれた。

様々な方面からの外交アプローチは続いた。

福井は、IPU（列国議会同盟）のチョードリー議長にも働きかけた。

チョードリー議長は、三月の国連防災世界会議にバングラデシュの代表の一人として参加していた。

チョードリー議長は、福井の働きかけに応じて、五月下旬に開催されたIPU世界若手議員会議の記者会見において、支援する旨を述べた。

七月二十五日には、日ＡＵ（アフリカ連合）議員連盟の伊《い》藤《とう》忠彦《ただひこ》事務局長が、訪日中の南アフリカのラマポーザ副大統領に対し、働きかけをおこない、支持を得た。

七月下旬から九月上旬にかけては、同志の山口壮や江《え》崎《さき》鉄磨《てつま》、伊藤忠彦ら二階派の国会議員十七名が百九カ国の在京大使館を訪問した。二階の書簡を持参して、各国に対して、働きかけをおこなった。

林によると、このとき、実戦部隊の長として活躍したのが山口壮だった。外務省出身の山口は、若手議員たちを二、三カ国ずつに割り振りをし、外務省と交渉し、通訳として外務省職員も同行できるように手配した。

この行動は、各国の大使館からも良い反応が得られた。なかには、国会議員が初めて訪問する大使館もあったからだ。

また、若手議員にとっても、外交に関わるすばらしい勉強になった。

林は思った。

〈大使館に行き、日本の行動に対し、理解を得ようと折衝する経験は、めったに得られるものではない。若手たちにとっても、この経験は大きいぞ〉

二階は、八月二十五日、国連国際防災戦略事務局（ＵＮＩＳＤＲ）のトップであるマルガレータ・ワルストロム国連事務総長特別代表（防災担当）に対して、働きかけをおこなった。マルガレータ特別代表から支持を得た。

国連国際防災戦略事務局（ＵＮＩＳＤＲ）は、スイスのジュネーブを本部として二〇〇〇年に発足した組織である。持続可能な開発に不可欠な要素としての防災の重要性を高め、自然災害による被害・損失の減少、災害リスクの軽減を目指し、災害に強い国やコミュニティーの構築を目的としている。

国連組織における防災担当部局であり、国際防災協力の枠組み構築、調整のための触媒的役割を果たしている。各国の防災政策実施を支援し、多くのパートナー機関とともに防災に関する国際的な指針の実施推進をおこなっている。

二階は、翌二十六日、程永華《ていえいか》中国大使夫妻を和歌山県有田郡広川町にある濱口梧陵の「稲むらの火の館」に招待した。

九月七日には、将来を見据えて、二階、林、福井、山口壮の四人は、訪日中のモーエンス・リュッケフト国連総会議長に対して働きかけをおこなった。リュッケトフト議長からも支持を得た。

九月の下旬には、二階の招待によって、ミクロネシア、パプアニューギニア、トンガ、マーシャル諸島、パラオの在京大使が和歌山県を訪問し、「稲むらの火の館」などを見学した。彼らは、みな理解を深めた。

最後の難関の日中韓防災担当大臣会議をクリアー

福井によると、「世界津波の日」制定に向けて、もっとも大変だったのは、十月にあった日中韓防災担当大臣会議だったという。

日中韓三カ国の防災担当大臣を集めて日本で開かれたこの会議で、事件が起きた。

韓国代表が、態度を変えたのだ。

「わたしは、反対です」

日本政府の担当者は、韓国の態度に慌てた。福井たちも、役所からその話を聞き、驚いた。

もともと、中国と韓国に反対されるリスクを考えていたが、土壇場で拒否されるとは思っていなかった。

急遽、二階が動いた。

二階は、このとき、韓国から訪日していた財界人にアプローチをした。

「韓国政府に賛成するように呼びかけてほしい」

この二階の動きが功を奏した。

財界人から要請を受けたのか、韓国代表は、前言を翻《ひるがえ》した。

結局、二日目の決議文には、「世界津波の日」の制定に向けて、賛成の啓発をしましょう、という文章が入り、会議も成功に終わった。二階の日頃から培っているパイプが見事に事態を逆転させたのだった。

十一月五日には、二階を会長とする自民党国土強靭化総合調査会の百回記念の調査会が開催された。

この調査会は、三百名もの関係者が集まるなかで、冒頭、山田美樹大臣政務官より、「世界津波の日」の現状について、報告がおこなわれた。

安倍晋三総理大臣、加藤勝信国土強靭化担当大臣、大島理森衆議院議長、谷垣禎一幹事長、稲田朋美政調会長から挨拶が述べられ、「世界津波の日」制定への大きな期待が寄せられた。

安倍総理も、挨拶のなかで、「世界津波の日」の制定について言及し、様々な外交の場で、総理自身アピールしていることを語った。

二階は、特別講演のなかで語った。

「世界津波の日について、マーシャル諸島の在京大使を和歌山に招待した。大使は、その後、本国に戻り閉会寸前の国会にて各議員に働きかけ、本件を支持する決議が後日採択された。そのことを一刻も早く伝えるべく、大使は入院中であったが、夜、病院を抜け出して、わたしに本国の決議を手渡していただいた。大使が退院したら盛大にお礼の席を設けたい」

「今夏、百カ国を超える在京大使館を若手国会議員が訪問した際は、外務省からあらゆる言語の通訳や幹部に同席してもらった。これは日本の外交史上例を見ない取り組みである。来年の夏には、また御礼に行くべきである。これを機会に、両国の関係を築き、日本の応援団になってもらうことが重要だ」

十一月下旬、二階はインドネシアを訪問した。

ここでも、ジョコ大統領、カッラ副大統領、セティア国会議長、イルマン地方代表議会議長などの要人に対して、報告をし、謝辞を述べた。

また、スマトラ沖大地震やインド洋津波による津波の被災地であるアチェも訪問した。

ここで、二階は、慰霊碑に献花するとともに、ザイニ・アチェ州知事に対して、「世界津波の日」の制定について働きかけをおこない、知事からも支持を得た。

平成二十七年十二月二十二日、国連総会で、日本の「津波防災の日」にあたる十一月五日を「世界津波の日」に定める決議案が採択された。


なお、岸田派に所属していた福井は、岸田派を退会したのち、平成二十八年九月二十九日に、二階派入りし、平成三十年二月二十七日に、健康上の理由により辞任した同じ二階派に所属する江﨑鉄磨の後任の内閣府特命担当大臣（沖縄及び北方対策、消費者及び食品安全、海洋政策）、領土問題担当大臣に任命され、初入閣を果たし、この年の十月二日に退任する。

「林さんには経済産業大臣をお願いします」

平成二十七年八月、二階率いる志帥会は、秩父での夏期研修会で九月の自民党総裁選を前に全会一致で安倍総理の再選を支持する旨を記した書状を作成した。

二階は語る。

「派閥なんてね、一致団結しなければ何の意味もない。一人でも欠ける者が出たり、消極的賛成なんてあったりしたら価値がないんだ。さらに言えば、当然、決断は早いほうが良い」

全員の意見を揃えるために、二階は一人一人に意見を聞き調整をおこなった。派閥内、党内の人員がバラバラの動きをしているようでは、ダイナミックな政治はできない。例えば、民進党などを見ていると、そのことがよくわかる。

多少の意見の食い違いで、仲間割れをするようでは、団結して政治に取り組むことはできない。構成員全員の意志を一致させられるということこそが、自民党の歴史の重みだと二階は感じている。


ところで、林は、普段から日本大学芸術学部出身であるということを意識することはあまりない。

しかし、千葉県で、日本大学の校友会がおこなわれるときなどには意識する。

日大の客員教授に就任したのも、初めてのことであった。入学式に行き、スピーチした際には、学生たちに訴えた。

林は、自分が一回生のとき、中曽根康弘元総理から「何ごとでもいい、一番といわれるものを持て」と言われたことを思い出し、語った。

「四年間、これをやったっていう確かなものを捉えてほしい。日芸に来たんだから、俺はこれをやった、俺は日芸ではこれは誰にも負けない、一番だっていうものをつくれ。意識して行動しないと、何もしないで四年が経ってしまう。英語でもいい。早メシを食うことだっていい。なんでもいい。それが自信になる。そういったものを意識して学生生活を送ってくれ」

なお、現在、日本大学芸術学部からは、林のほかに、自民党の衆議院議員で比例東北ブロック選出の高橋比奈子、自民党の参議院議員で愛知県選挙区選出の酒井《さかい》庸行《やすゆき》がいる。

平成二十七年十月五日、第二次安倍改造内閣の組閣の二日前、二階から衆議院の議運委員長を務めていた林のもとに連絡があった。

「ことによったら、安倍さんから、連絡がくるかもしれない。そのときは、なんであれ、断らないようにな」

林は、二階からそう釘を刺された。

組閣前日の六日の午後三時。安倍総理から、林のもとに電話が入った。

安倍は言った。

「今度入閣してもらいますから、よろしくお願いします」

林は応じた。

「わかりました」

安倍が続けた。

「ポストについては、これからいろいろ考えます。とにかく明日は、頼みます」

林は、ポストはともかく入閣が決まったようで、ホッとした。

林は推測していた。

〈前回も前々回も短い期間で終わった国家公安委員長あたりかな……〉

六日の夜、林は、二階や志帥会の河村建夫らとともに、歌手であり俳優であり、日本・ベトナム特別大使である杉良太郎の快気祝いに参加した。杉の事務所での気心の知れたメンバーによる少数の集まりであった。

八時半くらいになると、安倍総理から、林の携帯に電話があった。

安倍は言った。

「林さんには、経済産業大臣をお願いします」

経産大臣は、通産大臣時代から考えると、過去に十人の総理経験者が就任したことがあるポストであり、財務大臣と外務大臣に並ぶ要職である。林が師事する二階俊博も、三期にわたり、経済産業大臣を務めている。

林は驚き、そして素直に喜んだ。

「しっかりと頑張ります」

林は、安倍総理から就任するにあたって、以下の四つのことに重点的に取り組むように指示を受けた。
一、東京電力福島原子力発電所の事故対応や福島再生にしっかりと取り組むこと。
二、「三本の矢」の政策をいっそう強化し、「希望を生み出す強い経済」を実現すること、世界で勝ち抜く製造業の復活、ベンチャーの育成、地域雇用の場の創出や、地域経済を支える中小・小規模事業者支援などに取り組むこと。
三、ＴＰＰ（環太平洋パートナーシップ協定）をわが国経済のさらなる成長と地方経済の活性化につなげるために総合的な対策を実施すること、また、戦略的な経済連携協定を推進すること。
四、再生可能エネルギー、省エネルギーの推進や、安全性が確認された原発の再稼働など、現在および後世の国民生活に責任の持てるエネルギー政策を展開すること。
林にとって、大臣就任は平成二十一年九月に自民党が野党に転落した際に国家公安委員長兼防災担当大臣の職にあって以来のことであった。

林は気を引き締めた。

〈大変に重要な役職を任せられた。気を引き締めて、職責を果たさなくては〉

経産省の山崎秘書官とタッグでの新たな舵取り

経済産業大臣に就任してみて驚いたのは、幅広い役職であることだった。

林が考えていた以上に様々な政策を担当し、外国との折衝などの事柄も多かった。

言ってみれば、エネルギー担当大臣、貿易担当大臣、それに商務大臣と、三つの部門を統括するような感覚であった。


現在、経済産業省の資源エネルギー庁省エネルギー・新エネルギー部新エネルギー課長である山崎琢矢は、林幹雄の経済産業大臣在職中に大臣秘書官として一年近くにわたり、林に仕えた人物である。

山崎は、昭和四十七年六月十一日、神奈川県川崎市で生まれた。開成高校を卒業後、東京大学に入学し、平成八年三月に法学部を卒業。この年四月に当時の通商産業省に入省した。

山崎が秘書官に就任する前の役職は、経済産業政策局参事官兼経済社会政策室長で、平成二十七年七月に前職の資源エネルギー庁電力・ガス事業部電力市場整備課長から異動になったばかりであった。

山崎が最初に林と会ったのは、秘書官に任命された直後の平成二十七年十月七日だった。場所は、衆議院第一議員会館六階にある林の部屋であった。

山崎は、当時、経済産業省の事務次官を務めていた菅原郁郎（現・内閣官房参与）と官房長の嶋田隆（現・経産事務次官）と秘書課長の飯田祐二（現・産業技術環境局長）と共に林と対面した。

林と対面した山崎は思った。

〈底知れぬ迫力がある方だ〉

経済産業省の幹部三人が去ると、すぐに山崎の業務が始まった。

林は、官邸に呼び込まれて、そのあと皇居で認証式をおこなった。

官邸での共同記者会見ののち、経済産業省に初登庁し、菅原事務次官ら幹部と会談し、深夜の閣僚就任記者会見に臨んだ。

山崎は、記者会見の前には、記者からの質問にどう答えるのかについて、林に軽くレクチャーをおこなった。

経済産業大臣の所管する事項は非常に幅広い。さらに、原発の再稼動や、ＴＰＰなど国政の重要な争点になりうるテーマも抱えている。

山崎は、そうした各項目について現在の経済産業省の考え方や方針を事務方の立場から一つ一つ説明していった。

山崎は、それまで大臣秘書官になったことはなかった。経済産業大臣に政策について説明しに行くことはたびたびあったが、秘書官として四六時中仕えるのは初めてであった。

山崎は、秘書官になる前は、主に電力システム改革を担当していた。東日本大震災で、原発事故が起きたため、日本の電力体制の変化が叫ばれていた。山崎の部署では、各家庭で電力会社を選べるような電力の自由化などに取り組んでいた。

原発については、再稼働するかどうかについて記者から質問されることが想定されていた。

十月七日午後十時十二分から三十五分にかけて、林は、経済産業大臣就任の記者会見にのぞんだ。

閣僚就任直後の記者会見を無事にこなすと、その翌日からは三回にわけて、経産省クラブに所属する記者たちを相手に、グループインタビューをするのが慣習であった。

テレビが一日、新聞が一日、その他専門紙が一日という感じで、各グループごとに一時間ほど、ぶっつけ本番のインタビューに臨まなくてはいけない。これも大変であった。

山崎秘書官は、もちろん同席したが、みんなの目の前でメモを差し出すわけにはいかない。

経済産業大臣の所管するテーマは多岐にわたるが、林ののみ込みは早かった。

山崎自身も、二十年以上在職しているが、これまで主に担当していた電力やエネルギー以外の様々な分野を知る機会となった。

山崎秘書官によると、林は、もともとは経済産業省マターの政策よりも、国土交通省関連のマターに強かった。原発やエネルギー政策、ＩｏＴやビッグデータなどの第四次産業革命がテーマになっていた時期だったから、最初はとまどっていることもあった。

が、熱心に勉強し、じょじょに詳しくなっていった。

林は、もともと国土交通畑が長く、経済産業省とのつながりはあまりなかった。が、二階の人脈がかなり役に立った。

二階の大臣在職中の秘書官三人が省内の重要なポストにいたため、スムーズにいったという。そういった人材にも恵まれた。

また、二階のコネクションを通じて、林と以前から親交のある職員がいたことにも大臣の職をこなすにあたって、役に立ったという。

原子力発電に関しては廃炉と汚染水対策を重視

林は、原子力発電についても担当するために、予算委員会など様々な委員会で答弁に立つ機会も多い。

原発に関して重要なことは、まず廃炉と汚染水対策だと林は考えている。これは、福島第一原発の監督官庁として取り組まなければいけない問題である。

そして、もう一つは、原発事故により著しい被害を受けた福島の復興だ。

安倍内閣の基本姿勢は、「福島の復興なくして日本の再生なし」、「閣僚全員が復興大臣である」との意識で被災地再生に取り組むというものだった。

中小企業対策をはじめ、福島の復興に相当力を入れなければいけないと思っている。

そのため、林は、十月十二日、着任後最初の訪問先として、福島第一原発と楢葉《ならは》遠隔技術開発センターを視察した。

現地に赴き、厚い防護服を着てみると、その大変さは想像していた以上のものであった。

林は、廃炉や汚染水対策の現場を実際に自分の目で見て、「水との戦い」の大変さを目の当たりにした。

林は決意を新たにした。

〈世界に前例のない課題をわが国の最先端の技術を活用し、克服していかなければならない〉

林は、十月十九日には、福島県の楢葉町、富岡町、大熊町、双葉町を視察した。

また、各町長や、被災した事業者、内堀雅雄福島県知事と意見交換をおこなった。

内堀知事とは復興に向けた要望を聞くなかで、国と県が緊密に連携して復興に取り組むことを確認した。

林は、今後も、知事と交流する機会を増やして、信頼関係をしっかりと築いていきたいと思った。

林は、福島復興の現場を視察し、直接、町長や事業者の声を聞くなかで思いを強くした。

〈復興はまだ途上である。今後とも全力を注いでいかなければならない〉

平成二十八年四月十日、林は、福島県に出張した。

「福島第一廃炉国際フォーラム」で、開会挨拶をおこなったのち、福島第一原発を改めて視察し、新たな対策の進捗状況を確認した。

二度目の福島第一原発を視察したときは、放射線量の低下もあり、着た防護服が薄くなったことを覚えている。

二回目の視察時には、施設内にコンビニもできていた。

七月十五日、林は、この日から始まった「霞ヶ関ふくしま復興フェア」のオープニングセレモニーに出席した。

初日は経済産業省が会場となり、福島の海の幸、山の幸がずらりと並んだ。林も、桃と浪江やきそばを購入。フェアは大変な盛況で、売り切れた商品も相次いだそうだ。

福島県では、葛尾村、川内村、南相馬市で避難指示が解除され、復興に向けた動きが本格化している。

林は思った。

〈福島産品のＰＲにさらに取り組んでいきたい〉

七月三十一日、林は、福島に出張し、福島再生協議会に出席するとともに、復興に向けて頑張る福島の方々を訪問した。

桜井勝延《さくらいかつのぶ》南相馬《みなみそうま》市長、菅野典雄《かんののりお》飯舘《いいたて》村長のほか、被災事業者である「うどん店ゑびす庵」「いいたていちごランド」「菊池製作所」を視察した。

福島の復興に向けては、企業立地の促進や再生エネルギーの導入、風評被害の払拭《ふっしょく》などに取り組むため、中長期ロードマップの策定や、官民合同チームの結成、福島新エネ社会構想を打ち出すなどした。

伊方、高浜原発の再稼働に向けて、愛媛・福井県知事をはじめ地元の理解に取り組む

林は、平成二十七年十月十五日には、経済産業省の大臣室で伊方原発を抱える四国の愛媛県伊方《いかた》町の山下和彦町長と面談した。

「四国電力伊方原発三号機の再稼働に関する要請書」を手渡された。

林は回答をした。

「要請はそれぞれ重要なご指摘であり、しっかり回答させていただく。近いうちに、伊方町へ訪問させていただく」

この日は、愛媛県の中村時広知事とも面談した。

中村知事からは、国に対する八項目の要望が提示された。

林は答えた。

「宮沢洋一前経済産業大臣からお答えした方針には、まったく変わりはなく、しっかりと対応していく。近いうちに、愛媛県を訪問して、伊方原発を視察し、知事、伊方町長と面談させていただきたい」

十月二十一日、林は、愛媛県に出張し、伊方原子力発電所を視察し、中村愛媛県知事、山下伊方町長との面談をおこなった。

林は、伊方原子力発電所の安全対策を自らの目で確認し、中村知事、山下町長に、伊方原発三号機の再稼働を進める政府の方針と対応についての説明をおこなった。

翌十月二十二日、山下伊方町長が、十月二十六日に中村知事がそれぞれ再稼働への理解を示した。

林は、平成二十七年十二月、関西電力高浜原発の再稼働に向けた地元理解にも取り組んだ。

関西電力に対し、安全性向上に向けて不断の努力を続けるよう要請したほか、西川一誠福井県知事、野瀬豊高浜町長と面談し、同発電所三・四号機の再稼働を進める政府の方針と対応について説明した。

この結果、十二月二十二日に西川知事が再稼働への理解を表明。翌平成二十八年一月二十九日に三号機が、二月二十六日に四号機が再稼働した。

林は、平成二十七年十月二十二日、青森県の三村申吾知事とも面談した。

三村知事からは、核燃料サイクル政策の推進、高レベル放射性廃棄物の最終処分、原子力利用における人材、技術の維持・発展に係る要望を聞き、林は回答した。

林は、引き続き青森県との確固たる信頼関係の下、しっかりと連携していくことを確認した。

林は、このように大臣就任後の十月と十二月に伊方原発を抱える愛媛県知事の中村時広と高浜原発を抱える福井県知事の西川一誠のもとを訪れ、それぞれ面会した。

二人とも、二階と以前から親しかったこともあり、二階の話で盛り上がったという。

山崎秘書官から見ても、林は二人の知事と個人的な信頼感を持っているようだった。

過去に三期も経済産業大臣を務めていた二階の人脈も、林が仕事を進めるうえで各方面に役に立った。

前述の二人の知事のほかにも、青森県知事や各自治体の首長などとも二階は懇意にしていた。

経済成長と同時にCO_2抑制、再生エネルギー普及などを両立させる

経済産業省の管轄で大きいのは、エネルギーの分野だ。経済にとっては、血液みたいなもので、そういう意味でも、福島復興が最優先課題だった。原発も、全部止まっている。

林のときには、原発再稼働をしないと石油の輸入に凄いお金がかかると問題になっていた。そのため、一日も早く再稼働できるところは再稼働して、電力料金を上げず逆に下げるようにしないといけない。だから、新規には造らせないが、再稼働は世界で一番厳しい審査のもとでやるという方針を徹底した。

また自然エネルギーの普及の問題もあった。民主党政権で買取制度が始まったが、価格が高く、補助金が問題になっていた。

当時は、様々な業者が参入していた。太陽光は風力と比べると、簡単に参入できた。

だが、外国と違う点は、日本は土地代が高く、太陽光パネルも高い。そのため、コスト高になりやすかった。

現在でも、原発が動いていないため、石炭や火力発電をフル稼働している。そうでないと電力供給が滞ってしまう。

環境に関しても、CO_2の問題も出てくるし、コストが上がってしまい、原油の輸入価格だけで大変な額になっている。

現在は、原油価格が下がっているために、あまり弊害はないが、長期的にどうなるかはわからない。今後、不安定になる要因は多くあるといえるだろう。

再生エネルギーの拡充も必要だが、風力発電にしろ、太陽光発電にしろ、水力発電にしろ、地熱発電にしろ、常に安定しているというわけにはいかない。現状では、当面、石炭か石油かガスに頼らざるをえない状況である。原子力発電は、低コストであるため、依存度そのものは下げつつも、一定程度は利用しないと立ち行かないのが現状だ。

現在、二〇三〇年までに原発依存度を二〇％から二二％前後にすると計画している。再生エネルギーも、二二％〜二四％くらいの比率にして、残りは化石燃料を使う。そのくらいのバランスがベストだと林は思っている。

古い火力発電所をフル稼働している。この状況が続くと、燃料費がずっとコストを圧迫していくことになる。それでは日本経済がもたなくなってしまう。

林は、平成二十七年十二月九日、横浜市の磯子火力発電所を視察した。

世界最高水準の発電効率を誇る発電所の優れた技術を自らの目で見て、発電効率の高い発電技術を利用して環境負荷を減らすことの重要性を改めて実感した。

経済成長と同時に二酸化炭素排出の抑制や、再生エネルギーの普及など環境に配慮することを両立させるのが経済産業大臣の仕事である。

平成二十八年四月一日には、電力小売が全面自由化になり、さらに平成二十九年度からはガスも自由化となった。

今後も、経産省では、電力システム改革を着実に実行していく。

また、平成二十七年十二月には、ＣＯＰ21で「パリ協定」が採択され、平成二十八年四月二十二日に日本を含む百七十五の国、地域が署名している。

それに合わせて、地球温暖化対策計画を策定し、五月に閣議決定がおこなわれた。

また、四月十八日には、「エネルギー革新戦略」を決定。山本拓資源エネルギー戦略調査会長、片山さつき再エネ普及拡大委員長がとりまとめた提言も反映され、地球温暖化対策計画にも位置づけられている。

原子力発電については、原発依存度を可能な限り、低減させる。

いっぽう、資源に乏しい日本が、安定供給の確保、電力コストの引き下げ、二酸化炭素排出の抑制を同時達成するために原発は不可欠だ。

安全性を最優先に新規制基準に適合すると認められた原発のみ再稼働する。

林は、平成二十八年五月一日から二日にかけては、福岡県北九州市でＧ７エネルギー大臣会合を開催し、議長国の大臣として議論をリードした。

大臣会合の議長として、「グローバル成長を支えるエネルギー安全保障」をテーマに、①エネルギー投資の促進、②エネルギー安全保障の強化、③持続可能なエネルギーについて議論を深め、共同声明として「グローバル成長を支えるエネルギー安全保障のための北九州イニシアティブ」を採択した。

日本周辺の海底の資源開発にも尽力した。

実は、日本は世界第六位の領海・排他的経済水域を誇る海洋国家であり、将来は海底資源大国となる可能性を秘めている。

原油などの資源価格が低迷し、資源開発が滞るなか、将来の価格高騰に備え、国内外の石油、天然ガスや、メタンハイドレートなどの海底に存在するレアメタルなどの鉱物資源開発に取り組んでいる。

メタンハイドレートは、日本の天然ガスの消費量の約十年分が存在すると推定されており、商業化の実現に向けた技術の整備に取り組んでいる。

第7章　経済政策の推進

経産省の所管する五つのエリアとTPP

経産省は、通商、産業、エネルギー、中小企業、特許という五つのエリアがある。

林幹雄《はやしもとお》がよく経産省の幹部に言っていたことがある。

「とにかく、責任はわたしがとるから自由にやってみろ」

大臣になると、自分でいろいろやりたくなる場合が多いが、林はまず、官僚たちの自主性に任せるところが多かった。

その姿勢は、最初の就任の挨拶から、最後まで徹底して変わることはなかった。

非常に意見を訊くタイプで、最後は決断するが、「やってみろ」と促す感じであった。


経産省にとっては、貿易の振興、さらなる活性化も喫緊の課題であった。

貿易立国の日本は、輸出の伸びも著しく、二〇〇〇年から二〇一五年にかけての十五年間のうちに、輸出額が五十二兆円から七十六兆円と約一・五倍に伸張。GDP比率で見ても、一〇%から一五%へと増加している。

特に重点的に取り組んだのは、TPP（環太平洋パートナーシップ協定）を追い風に頑張っている中小企業を応援することや、ものづくりのみならず農商工連携を支援すること、さらに、訪日外国人旅行客の増加に向けて、地域の魅力を高めることであった。

山崎秘書官によると、林の在任中には、TPPも重要課題であった。

着任当初から、TPPによって、中小企業にとってどのようなメリットがあるのか。また、問題点があるのかを徹底して研究していた。

ＴＰＰは、オーストラリア、ブルネイ、カナダ、チリ、日本、マレーシア、メキシコ、ニュージーランド、ペルー、シンガポール、米国、ベトナムの計十二カ国による包括的な経済連携協定である。

トランプ大統領が誕生し、アメリカがＴＰＰから離脱するなんて、当時は夢にも思っていなかった。その頃はむしろアメリカが積極的だった。

ＴＰＰの担当者は、経済再生担当大臣の甘利《あまり》明《あきら》であったが、林も、アメリカ側の通商担当者とも何度も会った。

また、そのときに、併行して水面下でＥＵとのＦＴＡ（自由貿易協定）についても交渉していた。

ＴＰＰ協定の署名は平成二十八年四月二日におこなった。

ＴＰＰには、世界のＧＤＰ約八千兆円の四割にあたる三千兆円を占め、日本の輸出の三割を占める市場が参加することになる。

最終的には、工業製品関税の九九・九％の撤廃が実現し、投資保護や模倣品対策、通関円滑化などのルールが盛り込まれている。

このことは、地域の中堅・中小企業にとっても「追い風」になる。海外展開や、納入先の販路拡大にともなって、下請け企業も拡大していくだろう。

林は、ＴＰＰの大筋合意を受けて省内に設置した「経済産業省ＴＰＰ対策推進本部」の第一回会議に、本部長として出席した。

①全国規模での情報の提供と相談体制の整備、②イノベーションの促進による優れた商品の開発支援、③日本企業による海外市場獲得に対する支援、④農商工連携の促進など、中小・中堅企業を中心に、総合的な対策の検討をおこなった。

一例を挙げれば、アメリカ向けの繊維は、品目数の七割以上の関税が即時撤廃になる。

また、アメリカ向け自動車部品は、貿易額の八割以上の関税が即時撤廃になり、その結果、下請けの受注の増加も見込まれる。

農商工連携により、攻めの農業を展開することも重要だ。

経産省では、農水省とタッグを組み、日本の農業を輸出産業にすることに力を入れた。

林が平成二十八年二月に香川県を訪問した際には、地元のオリーブオイルや醬油、麺類、日本酒などのメーカーと交流し、今後の輸出拡大に意欲を感じた。

ただ、海外の展示会に出展する際にも費用などの負担が大きいとの懸念がある。

林の地元の千葉では、サツマイモを乾燥芋（干し芋）として輸出する試みを進めている。

TPPを追い風にした中堅・中小企業支援でJETROを活用

経産省では、TPPを追い風にして、頑張る中堅企業や中小企業の支援のために、様々な支援策を実施した。

一つ目は、情報提供と相談体制の整備で、全国六十五カ所に相談窓口を設けた。

合計九つある各地の経済産業局、JETRO（独立行政法人日本貿易振興機構）の四十六カ所、独立行政法人中小企業基盤整備機構の十カ所だ。

サービス業や農商工連携の取り組みも含めたきめ細かな総合的支援のために、平成二十八年二月、JETRO、中小企業基盤整備機構、商工会議所などが参加する「新輸出大国コンソーシアム」を設立した。

TPP協定、日EU・EPA、その他日本との経済連携協定のメリットを最大限活用し、グローバル市場開拓・事業拡大を目指す中堅・中小企業が海外展開を図る上では、製品開発、国際標準化から販路開拓に至るまでの総合的な支援が必要だ。

「新輸出大国コンソーシアム」では、政府系機関、地域の金融機関や商工会議所など国内各地域の企業支援機関が幅広く結集し、海外展開を図る中堅・中小企業等に対して総合的な支援をおこなうことを目的としている。

林が取り組んだのは農水産物の輸出だ。特に農産物を輸出産業に変えようと取り組んだ。

日本は人口減が予想されるため、将来、食料が余る可能性があり、海外に新たな市場を見出していく必要がある。

これまで内需一辺倒だった農水産業も、輸出産業に変えたほうがいいということで、林が菅義偉官房長官と相談して、経産省と農水省の局長級で交換人事を進めることにした。

経産省からは、井上宏司産業技術環境局長を送り、農水省からは末松広行農村振興局長が送られてきた。

経産省の所管団体には、ＪＥＴＲＯ（独立行政法人の日本貿易振興機構）通称「ジェトロ」がある。

ジェトロは、「新輸出大国コンソーシアム」の事務局として取りまとめ機能を担ういっぽうで、企業の海外展開を支援してきた公共機関としていっそうきめ細かい支援を提供している。

林は、ジェトロの貿易振興のノウハウを生かして、日本の農業や中堅・中小企業が外国に進出して活躍する機会を手助けできると思っている。農水省とも協力し、輸出振興のためのバックアップをジェトロを活用してやっていく仕組みづくりに取り組んでいきたい。

例えば、ジェトロとコンビニエンスストアを連携させることができれば、様々な活用法がある。コンビニが出店できれば、現地の嗜好を調査することもできる。

ジェトロの当時の理事長は、経産官僚出身で、林と同郷、さらに林の高校の後輩の石毛博行であった。

山崎秘書官によると、以前から石毛と親しかった林の頭にはそのことがあったのかもしれない。

林は海外に進出したいという要望を持っている中堅・中小企業のサポートについても熱心だった。

日本のコンビニが海外に進出するのに合わせて、日本の農産物などが販路を開拓することを考えた。山崎によると、コンビニとジェトロを連携させることも、林の発案だったという。

林自身も、ファミリーマートの社長とともにベトナムまで視察に行ったこともあった。

また、商社を通じての活用も考えている。

商社のOBや、海外の銀行マンのOB、税理士などを活用して、ベトナムなどの海外に進出したい企業を支援する専門家のチームをつくり、ともに進出する形などを考えていきたい。そうした細かな支援策をつくり、新輸出大国コンソーシアムを立ち上げようとしている。

これは、政府系機関、地域の金融機関や商工会議所、商工会など支援機関が幅広く結集し、海外展開を図る中堅・中小企業等に対して総合的な支援をおこなう体制として、運用を開始することが決定した。

具体的なスケジュールとしては、新輸出大国コンソーシアムのウェブサイトを開設後、ジェトロのサポートトホットラインでの問合せを開始、その後、ジェトロを含む新輸出大国コンソーシアム参加機関での支援受付を開始し、地域ブロックごとのコンソーシアム協議会の設立と進んでいく予定だ。

支援機関は、自らの機関では解決が困難な課題について、他の支援機関に協力依頼をおこなうことができ、支援を希望する企業は、複数の機関から様々な支援を受けることができる。また、海外ビジネスに精通した人材を専門家としてジェトロに配置し、専門家は企業の現地調査や販路開拓サポート等の支援をおこなう。それとともに、新輸出大国コンソーシアムの各支援機関と連携して、支援機関が提供する支援措置のなかから、適切な支援を企業が受けられるよう調整を図っていく。これにより、企業は様々な段階に応じて、よりきめの細かい、総合支援を受けることが可能となる。

林は、この仕組みが役に立つように積極的にアピールしていきたいと思っている。

林は、コンビニ業界とジェトロも呼んで、意見交換をした。

国によっては出店の許可がされにくく、難しい場合もあった。

また、日本では受け入れられるが、その国ではあまり受け入れられない商品もあった。

そのため、おにぎりも、アレンジしたおにぎりならば売れるだろうと工夫をして販売している。例えば、寿司でベトナムで人気なのはサーモン。一つの握りが大きいため、サランラップに包んで一個ずつ売っている。

現在企画しているのは、中国をターゲットにしたレトルトご飯の販売だ。

コメ自体には輸入の規制があるが、商品には規制がないのだ。

林は、中国のネット通販最大手のアリババのジャック・マー会長と食事をする機会があった際に売り込んだ。

マー会長は、即決で応じてくれた。

「面白い、やりましょう」

林は、全農に伝えたが、全農に輸出のノウハウがないらしくいまいち進捗《しんちょく》していない。

だが、実現したら、中国の巨大なマーケットを相手にできるわけで、一億人いる高所得層の支持を得られれば、それだけで大きなメリットになるはずだ。

現在は農産物も、産地で競争する時代だ。

農産品の輸出一兆円は眼の前まできている。

林は、平成二十八年一月十八日に開かれた第一回コンビニエンス・ストアとジェトロの連携推進に関する協議会に出席した。

ＴＰＰの大筋合意を契機として、我が国の中堅・中小企業が海外展開の際のプラットフォームとして、コンビニエンス・ストアを活用できるよう、コンビニエンス・ストアとジェトロで連携して、具体策をとりまとめた。

省庁間を超えた幅広い連携で観光立国化を推進

もう一つは観光だ。これまでは国交省の専売特許だったが、林は閣僚在任中に、観光ビジョン構想会議を立ち上げて、国交省も農水省も経産省も参加できるようにした。

旗振りは内閣官房だったが、各省ごとではなく、省庁間を超えた幅広い連携によって、観光立国を位置づけようと目標を立てた。

目標は、インバウンドの訪日外国人客数の増加だ。そういう意味では、二階の専売特許でもある。

二階は「口で言うだけでなく、まずは実行だ」というのが持論だ。

やはり、まず実施することが大事。さらに、観光は地方創生につながるものでもある。

昔は観光バスで何台も連ねてやっていたが、今は少人数の旅行が多い。

国内のお客も海外からのお客も、インターネットで細かく調べて旅行できる。

良い例では、「あそこの店のお寿司が凄くうまいぞ」なんてネットで話題になると、すぐに観光客が殺到する。外国人の着眼点と日本人の着眼点の違いもあり、驚くようなものが受けたりもする。

経産省は、国交省などに比べて具体的に部署があるわけではないが、可能なかぎり知恵を出した。

東京2020オリンピック・パラリンピックの終了後も見据えて、取り組んでいかなくてはいけない。

ビザの緩和や、免税制度拡充などにより、二〇二〇年に訪日外国人旅行者四千万人、消費額八兆円を目標に取り組んでいくことになった。

期待の大きい航空産業とMRJ

経済、産業については、日本は自動車産業をはじめ、世界に冠たる技術を持っている。林は、未来への投資を促進し、稼ぐ力を持つ企業を応援することに力を入れた。

ＭＲＪ（三菱リージョナルジェット）は、三菱航空機㈱を筆頭に開発・製造が進められている小型旅客機で、当時、注目を集めていた。

自動車の場合で考えると、部品だけで約二万点もあり、大手メーカーには様々な企業群が連なっている。それに対して、航空機の製造には約百万点の部品が必要だ。自動車に比べて、とんでもない企業群が連なることになる。そのため、もし航空機生産が盛んになれば、国内で一大産業になるという可能性があった。経産省では、その動きを支援しようという思いがあった。

平成二十六年十月十八日にロールアウト（完成披露式典）をおこない、初飛行は平成二十七年十一月十一日に愛知県営名古屋空港でおこなわれ午前九時三十五分頃離陸した。

離陸後は、太平洋上にある防衛省の訓練空域で、航空機の基本動作である降下・上昇・旋回等をおこない、午前十一時二分頃に同空港に無事着陸した。一時間二十七分に及ぶ初飛行を終えた。

ＭＲＪは、経済産業省が推進する事業の一つであった新エネルギー・産業技術総合開発機構（ＮＥＤＯ）が提案した環境適応型高性能小型航空機計画をベースとして、三菱航空機が独自に進める日本初のジェット旅客機である。

戦後日本が独自の旅客機を開発するのはＹＳ－11以来約四十年ぶりだ。三菱製としては戦前の一九四〇年に開発されたＭＣ－20（帝国陸軍航空部隊の三菱製一〇〇式輸送機の民間機型）以来約七十五年ぶりとなる。

機体製造は県営名古屋空港に隣接する敷地でおこなわれていた。

ロールアウトまでに、四百機以上の受注を世界各国の航空会社より獲得していた。

日本航空や全日空が次期主力リージョナル路線用機材として発注しているほか、スカイウェスト航空やイースタン航空などから発注を受けた。

同型機比二割以上の燃費性能を持っている。

航空機産業の国内生産は、五年で一兆円から一・八兆円へと飛躍する見込みがあった。

二〇三〇年には、三兆円を超える予測があった。

が、やはり、航空業界は軍需産業と密接にリンクしていて、アメリカが実権を握っていた。アメリカで許可がとれないということが多く、難しいことがわかった。

そのため、この分野は障壁も厚く、うまくいっていない。

「ビッグデータ時代」へのＩｏＴ推進コンソーシアムとドローン

ＩｏＴ（Internet of Things）。さまざまな「モノ（物）」がインターネットに接続され、情報交換することにより相互に制御する仕組みである。それによるデジタル社会の実現を目指す。現在の市場価値は八〇〇億ドルと予測されている。

林は、平成二十七年十月、「ＩｏＴ推進コンソーシアム」第一回総会に出席した。来賓として挨拶をおこない、政府として、事業展開の妨げとなる規制の聖域なき改革、新たなルール形成や、立ち上がりの資金支援など、最大限取り組むことなどを表明した。

林は、平成二十八年四月二十九日と三十日、Ｇ７香川・高松情報通信大臣会合に出席した。大臣会合において、ＩｏＴ等のイノベーションの推進、情報の自由な流通の確保や、デジタル経済の成長を妨げる不当な規制への対応、サイバーセキュリティーの確保等を進めることを、Ｇ７各国と確認した。

林は、ＩｏＴの分野では、建機メーカーのコマツに注目した。

建設現場からの「仕事はあるが、人手不足」との声に応えるため、様々な最新の技術の導入がはかられている。

当時は、コマツの実験所が千葉にあった。ブルドーザーで整地する場合などに、ドローンで撮影し、それを測量して、三次元データを作成する。

そのデータを送ると、コンピューターが自動で整地できるようになる。

この分野の研究が進めば、機械が自動でやるため、運転さえできれば、人間が深く掘ることをしなくても、全部自動でやってくれる実験を連日やっていて、女性もできることになる。運転さえできれば、作業してくれるという取り組みで、非常に興味深いものだった。

第四次産業革命の象徴的な事例でもある。

経産省としては、ドローンの活用も推進している。

平成二十八年四月六日、自民党にドローン議員連盟が発足した。会長が総務会長であった二階で、代行が林だった。

ドローンだけではなく、ＩｏＴと組み合わせて推進した。

中国でもドローンの活用は進んでいて、中国と日本との大きな差は、中国はやってみて問題があったら、そのとき考えればいいというスタンス。

いっぽう、日本はいろんなことを想定して、その問題がクリアーしてからでないと許可が下りないスタンス。

未来に向けたロボットと素材への取り組み

ロボットも注目の分野だ。日本は、世界一のロボット大国で、稼働しているだけで三十万台。世界の四分の一にあたる。さらに、出荷分だけで十二万台。

林は、ロボットの活用にも、相当興味を持っている。

「ロボットは大切だ」

着任以来、よくそう言っていた。

山崎秘書官は提案した。

「一度、ロボットの視察に行きましょう」

平成二十八年五月に北九州市を舞台に、林が出席するエネルギー大臣会合が予定されていた。その下見のために年明け早々に北九州市に行く機会があったので、大正四年設立の福岡県北九州市にある安川電機を視察することになった。安川電機のロボットは、ファナックとともに世界でのシェアも非常に高く、二社で日本のシェアを相当占めている。

視察先の工場で見た光景は、非常に刺激的であった。ロボットがロボットを製作する場面などを見た。

バイオメディカルや、医療・介護分野からソフトクリームロボットまで手がけている。

視察で重要性を再確認した林は、その後も講演などの際によく言及していた。

「ロボットには未来がある」

林は、トヨタのある工場も視察した。ほとんどがロボットが組み立てをやり、ちょっとしたところだけ人間がやっている。

〈凄く進んでいるな……〉

林は、介護ロボットの視察もおこなった。

つくば市にあるサイバーダイン社が製造するもので、重いものを楽に持ち上げることができるロボットだった。腰につけることで、スーッと持ち上げる機械である。

また、つくば市の国立研究開発法人産業技術総合研究所も視察した。経済産業省が所管する産業技術総合研究所は、様々な最先端の技術を研究している。

産業技術総合研究所は、様々なロボットを作っていて、他にも、人のように歩くロボットや、災害救助ロボのようにがれきの中でも進んでいくロボットなどの視察をした。

日本の場合は、人口減少が続いていくため、ロボットの存在が非常に重要になってくる。

日本は、素材大国でもある。世界の炭素繊維の六割は、日本の企業が供給している。東レをはじめ、大手三社が六割を占めている。

林は、新たに木材から作る新素材「ナノセルロース」の開発にも注目した。ナノセルロースは、木材を原料とする繊維で、鉄の五分の一の軽さで、しかも五倍の強さを持つ。

「炭素繊維」は、航空機、軍需、建築物などで使われている。こちらは、鉄の四分の一の軽さで、十倍の強さだ。

中小企業を元気にさせる「はばたく中小企業・小規模事業者３００社」

林は、中小企業の活性化にも力を入れた。

中小企業は、事業者の九九％の三百八十一万社があり、雇用の七割にあたる三千三百十六万人が働いている。

だが、近年後継者不足などもあり、その数は減少し、多くの中小企業は赤字に苦しんでいる。平成二十四年から平成二十六年にかけて四万社が減少し、黒字は三割で七割の中小企業が赤字である。

また、経営者の高齢化も問題だ。平成二十七年までの二十年間で経営者の年齢の平均は四十七歳から六十六歳へとそのまま高齢化しているからだ。

〈中小企業が利益を出さないと、日本は落ちていく〉

林にはそういう危機感が強かった。

同時に中小企業を元気にさせることは、各地域の自民党が強くなることでもある。中小企業は自民党にとっての票田だ。

林は、経産大臣になるや、動いた。

「二階さんのときにやっていた『全国のモノ作り中小企業３００社』は、どうなっているんだ？」

訊《たず》ねると、現在はやっていないという。

二階は経済産業大臣時代、その選ばれた三百社を『全国のモノ作り中小企業３００社』の事例集として刊行までしていた。

さらにその選定された三百社の製品や部品を経産省本館一階のロビーで展示し、中小企業の持つ技術力を内外にアピールしていた。

林は、すぐに実行に移した。

「じゃあ、復活しよう」

林は、以前、二階がやっていたことを継承し、「はばたく中小企業・小規模事業者３００社」として復活させることにした。

「自分なりの三百社を、ぜひ選びたい」

さっそく、各地の経済産業局の局長に指示した。

「自分の管内で例えば、十社なら十社、二十社なら二十社と優秀なのを選んでほしい」

林は、繰り返し言っていた。

「とにかくモデルを作る。中小企業もたくさんあるけど、全部を目にかけるのは大変だが、とにかく良いモデルを示し、それを積極的に展開するのが近道だ」

山崎秘書官から見て、良いモデルを広く紹介するのが最大の中小企業政策だと林は認識しているようだった。

中小企業政策は、企業を支援するかたちのものが多い。林が意識していたのは、ダメな企業を救うというものではなく、頑張っている中小企業を支援するということであった。ただ救済するのでは一時的な効果しかないが、将来につながるように支援したいと思っているようだった。

平成二十八年五月二十五日、中小企業庁は、革新的な製品開発やサービス創造、地域貢献・地域経済の活性化、海外での積極的な販路展開等による国際競争力強化、女性経営者をはじめとした人材活用に取り組む、独自の技術・サービスで伸びる取り組みをおこなうなど様々な分野で活躍している中小企業・小規模事業者を「はばたく中小企業・小規模事業者３００社」として選定した。

この取り組みを広く周知することで、選定された事業者の社会的認知度や労働者のモチベーションなどの向上を図ることに加え、後進の育成も目的とするものだった。

事例を収集するに当たっては、日本商工会議所、全国商工会連合会、全国中小企業団体中央会、全国商店街振興組合連合会、日本政策金融公庫、商工組合中央金庫、中小企業基盤整備機構、日本貿易振興機構、国際協力機構、在外大使館・領事館および各経済産業局などからそれぞれ推薦をしてもらい、沼上幹委員（一橋大学副学長・理事）、石井淳蔵委員（流通科学大学学長）を中心とする外部有識者によって厳正に審査したうえで、中小企業政策審議会中小企業経営支援分科会（鶴田分科会長）において選定した。

はばたく中小企業・小規模事業者３００社は、「海外」「人材」「わざ」「地域」の四分野に分けて、各企業をピックアップした。

林は、はばたく中小企業・小規模事業者３００社を選び、その各企業を経産省に呼び、表彰することにした。盾を授与して、写真を撮った。

やはり、企業経営者にとっては、やりがいにもなる。会社の入り口や応接間に飾ってくれるところも多い。

なかには面白い中小企業があり、「定年後も働ける」ことを謳《うた》っている会社もあった。

そこは、月水金と働きたい人はそれでいい。おれは午前中だけで休みたいっていう人はそれでよし。毎日働かせてほしいというのもよし。自由選択だというところであった。

また、工場長が八十歳の企業もあった。

様々な特徴があり、そうした特色ある中小企業を表彰した。

例えば、長崎県五島市の有限会社イー・ウィンドは、建設業から風車メンテナンス業に転換し、独自の保守管理技術で風力発電事業の発展と普及に貢献している点について表彰されている。イー・ウィンドは、建設業で培った人材、機材、ノウハウなどを活用し、付加価値の高い風車メンテナンス業にいち早く業務転換し、全国百五十基のメンテナンス事業を展開。国内での洋上風力発電事業への参画や、新たな付加価値によるビジネスモデルを構築している。

また、山口県岩国市の旭酒造㈱（＝株式会社）は、ＩＴを活用した米づくり、酒造りによって高品質の日本酒を安定生産し、世界へ発信している点を表彰された。

旭酒造では、日本酒の「獺祭《だっさい》」を従来の杜氏を中心とする酒造りから脱却して米づくり、酒造りにＩＴ

を導入し、国内外で広く支持される日本酒の製造・販売ビジネスを構築。獺祭の生産を通じて、原材料である山田錦の栽培農家の利益向上に貢献している。

林は、ものづくりのために、いろんな補助金も考えた。

林は大臣就任中、ほかにも「中小企業の生産性向上法」や「ものづくり補助金」「持続化補助金」「下請取引対策」「よろず支援拠点」などによる支援も充実させた。

林は、地域の特性・ニーズを把握し創意工夫を凝らした取り組みにより、地域コミュニティーの担い手として商店街の活性化や地域の発展に貢献している商店街の取組事例を「はばたく商店街30選」として選定した。

例えば、沖縄県沖縄市のプラザハウスショッピングセンターは、沖縄市の歴史文化を象徴する「琉球文化」を資源として活用し、沖縄市全体のイメージアップや波及効果の創出に貢献した点を評価されて、表彰された。

また、島根県出雲大社正門前商店街（神門通りおもてなし協同組合）は、観光地の商店街として接客スキルなどの向上、人材育成を図り、店舗の売り上げ向上に貢献する事業を展開した点を評価され、表彰されている。

世界最速、最高品質での特許審査を目指す

特許の分野では、日本の競争力の源泉である技術を守るため、世界一のスピード・品質での特許審査を目指している。

林は、農業や漁業などの分野でも特許によって世界を相手に稼ぐ可能性を伸ばしたいと思っていた。

日本の特許審査は、官民一体の審査体制によって、アメリカの三倍、ヨーロッパの五倍の審査効率を実

現している。

これをさらに高めて、世界最速、最高品質での特許審査を目指した。

農業では、茶摘みや収穫用の機械を開発した鹿児島県南九州市に本社のある松元機工株式会社に注目していた。この会社は、茶摘みの機械で全国シェアの八割を占め、オーストラリア、パプアニューギニア、中国、タイに輸出している。

静岡では、お茶摘みも昔は手作業だったが、現在は機械だ。その機械が特許をとっていて、お茶は中国もあればインドにもあれば、どこにでもある。この機械が海外で売れるらしい。

漁業では、貝殻を利用した人工漁礁を開発した岡山県倉敷市に本社のある海洋建設㈱に注目していた。魚のエサとなるカニやエビなどの生物を培養可能で、水質を浄化でき、環境修復効果もある。全国で一万機が設置され、閑散期の漁業関係者の雇用を年二百人以上創出している。

カキなどの貝や食べ終えた貝殻を集めて、漁礁を作っている会社がある。漁礁に海老やカニが集まってくれば魚が集まってくるので、貝殻で作った漁礁は評判が良い。

銚子市では、洋上風力発電もやっているので、そこの根元に漁礁を置いて実験しようと思っている。

食と観光の競争力強化で北海道経済の発展を目指す

北海道経済の発展も重要な課題だ。

まず、最初に食と観光の競争力強化に取り組んだ。

北海道の食品の輸出の拡大も重要である。

北海道は、農業・水産業の総生産額全国一位。優れたブランド力を有し、海外でも「北海道ブランド」は好評だ。

拡大する世界の食市場の獲得に向け、民間の意欲的な取り組みを支援している。

なかでも、㈱キョクイチは、農産品、水産物、加工品を多品目、大ロットで取り扱う北海道最大の生鮮食品卸売企業だ。香港、シンガポールなどへの輸出にチャレンジしている。

また、㈱札幌国際エアカーゴターミナルは、新千歳空港の国際航空貨物の荷役・保管・運搬業務を担う第三セクター。近年、活ホタテをはじめとする生鮮食品の輸出が急増している。

北海道には、輸出産業としてホタテの貝柱が有名なところがある。生であれ、乾燥であれ、そのための機械を経産省と釧路の業者と漁業組合との三社が一体となって、開発した。開発して、実用化している。

林は、北海道に行ったときに現場を視察した。すると、作業台には貝が五つ並んでいて、そこを機械が通っていくと、ホタテの身と貝柱とヘタみたいなのが分けられる。昔は女性従業員が全部やっていたが、今は人手不足で外国人労働者が中心だ。

林の地元の銚子市の水産加工業も、日本一に近い生産量だが、今は、外国人労働者が多くなっている。

観光の基幹産業化も重要だ。北海道を訪れる外国人旅行者は、平成二十六年度が百五十四万人。二年前の平成二十四年度の七十九万人から倍増しており、訪日外国人全体の一割を占める。

林は、地域の観光資源の魅力を磨き、地方創生の礎にすることを考えている。

特に、余市町や仁木町は、ワイナリーをはじめ、レストラン、ガーデン、ホテルなどを備えたリゾートパークを集積させる「ワインツーリズムプロジェクト」を推進している。

国際競争力を高め、観光を基幹産業へと革新するチャレンジもおこなっている。

外資などのリゾート投資が進むニセコ地域には、「パークハイアット」「リッツカールトン」が、相次ぎ進出を表明。世界の富裕層が集まる国際リゾートに発展している。

農林水産業のロボット化、ＩｏＴの導入がキーになっている。北海道は、全国を上回るスピードで少子高齢化が進展し、労働力が不足している。ロボット、ＩｏＴを農水産業の現場に導入し、省力化や生産性向上を推進。グローバル競争を勝ち抜く高付加価値化、低コスト化を目指す。

㈱ニッコーでは、水産加工現場で働く「熟練工の技」を数値化し、機械化を実現した。

㈱ファームノートは、平成二十五年設立のＩＴベンチャーだが、開発した「牛群管理システム」は、全国九百四十農家、七万四千頭に普及している。

熊本地震で示された大臣と秘書官の密な連携と即時対応

林の在任中には、平成二十八年四月十四日二十一時二十六分以降に熊本県と大分県で相次いで、大規模な地震が発生する熊本地震が起きた。最も大きい震度七を観測する地震が四月十四日の二十一時二十六分と、四月十六日午前一時二十五分に発生したほか、最大震度が六強の地震が二回、六弱の地震が三回発生している。

林は、そのときも緊急の対応に追われた。

地震発生時には、朝五時の対策会議に緊急参集した。

緊急な連絡も、最初は秘書官の山崎にくる。秘書官と大臣は、いわば一心同体であった。

山崎は、毎朝、赤坂の議員宿舎に迎えに行き、夜、帰宅するまで付き添っていた。

林は、夜の会合がある場合は、「先に帰っていいよ」と気を使ってくれることが多かった。

また、ときおり時間がある際には、秘書官室のほかのメンバーも連れて、林と夕食をともにすることもあった。

経産省は、日常生活にとって不可欠な電力やガスなどのインフラを所管している。

熊本地震の発生後も、停電が発生した。そのため、電源車を各地から被災地に派遣する必要があった。

特に緊急で設置された避難所には早く手配しなくてはいけない。

また、電力とガス以外にも、避難所の簡易トイレや、スペースを区切るパーティション、簡易ベッドなどの生活物資も経産省の所管事項だ。

林は、震災にも激務の間で、対応した。

震災発生後、熊本地震の被災状況を官邸会議で報告した。

地震発生直後の四月から五月にかけて、週末も含めて、官邸の「非常災害対策本部」に計十二回も出席した。

電力やガスの供給状況、生活物資の供給状況、中小企業の被災状況、サプライチェーンの状況等について、安倍総理などに報告した。

林は、五月七日には、現地入りして、蒲島郁夫熊本県知事から被災状況の報告を受ける。

さらに、商店街や中小企業を訪問し、自らの目で見て耳で聞いて状況を把握した。

中小企業復興のための予算五百億円を措置するなど、関係省庁や自治体とも連携して、やれることは全部やるとの方針で対応した。

林は、熊本地震のときには、被災した企業にとって使い勝手のいいグループ補助金の予算獲得にも積極的に動いた。

この補助金制度は、東日本大震災で活用されたもので、林の地元の千葉県で被災した企業も活用していた。

林は、中小企業庁長官と一緒に、財務省に要望を出した。

経済産業大臣として国会対応に全力を尽くす

林にとって、経済産業大臣の在任中の十カ月のうち、もっとも印象に残っているのは、やはり国会対応だった。

平成二十八年一月四日に通常国会が始まると、六月一日に閉会するまで、朝から晩まで奔走し、そのなかで経産省に関係する四本の法律を成立させることができた。

振り返ると答弁レクが大変だった。早いときには朝五時という暗いうちからやって、閣議が八時で、九時に委員会、その間に記者会見ということになる。火曜と金曜の場合は、八時前までにやっておかないと間に合わない。火曜と金曜には閣議があるからだ。

林は、学生のときもこんなに勉強しなかったな、と思うくらい勉強した。

そういったなかで、役人は質問に立つ政治家から質問どりをして、夜を徹して答弁づくりをすることもあった。

質問どりは、前の日の午後五時と提出期限は決まっていたが、出さない人はギリギリまで出さない。なかには、例えば「原発再稼働について」のように具体性はあまりなくテーマだけという場合もある。そのうえで実際に委員会に立つと、細かい質問をバンバン出してきたりするのだ。

そのため、答弁する側も、想定問答を三十から四十ほど用意して、勉強しなくてはいけないのである。

経済産業省の抱えるマターは多い。そのため、国会開会中は、本当に神経をとられる。

国会には、当初予算と二つの補正予算に加えて、経済産業省から、エネルギーや中小企業関連の四つの法案を提出した。

林は、深夜早朝を厭《いと》わずに入念に準備したうえで、厳しい質問にもしっかりと臨んだ。

国会期間中の経産大臣は多忙だ。

経産委員会が衆院、参院で週に三回か四回開かれ、また、決算委員会や予算委員会にも出席する場合も多い。通常国会中、国会で答弁に立ったのは計八十二日に上る。日によっては、早朝から準備をしないと委員会に間に合わないこともある。

林は、大臣在任中は、酒席も極力控えて、国会の準備に相当時間を割いているようであった。

官民対話と法人実効税率の引き下げに尽力

林は、安倍総理が主催する未来投資に向けた官民対話に、主要メンバーの一人として、計五回参加した。

平成二十七年十月十六日には、第一回官民対話を開催した。これはアベノミクスの第二ステージのもと、産業界に過去最高の企業収益を活用して成長投資を拡大するよう、大胆な決断を求めた。さらに、経産省としても投資拡大に向けた課題について迅速に検討していくことや、経産省の取り組みの方向性を示した。

平成二十七年十一月五日には、第二回官民対話を開催した。

経産省として、産業構造、就業構造および経済社会システムの変革に向けて、官民で共有する新産業構造ビジョンを作成していることを表明した。

平成二十七年十一月二十六日には、第三回官民対話を開催した。

エネルギー投資の拡大に対する基本的な考え方について説明するとともに、法人税改革では一刻も早い二〇％台への引き下げが必要であることをあらためて表明した。

林の尽力の結果、法人実効税率を平成二十八年度に二〇％台への引き下げを図り二九・九七％を達成、平成三十年度には二九・七四％まで引き下げることが決定された。

平成二十八年三月四日、第四回官民対話を開催した。

中小企業の新たな事業活動の促進に関する法律の一部を改正する法律案を三月四日に閣議決定し、関係大臣と協力して、現場目線の分野別の指針を作成していくことや、対応方針を明確化した。

平成二十八年四月十二日には、第五回官民対話を開催した。

第四次産業革命に向け、関係省庁とともに策定中の新産業構造ビジョンのなかで、新たな社会や産業構造、人材、働き方の姿、必要な対策を示していく方針を打ち出した。

林は、経済財政諮問会議には、計十三回出席し、経済全般の運営の基本方針、財政運営の基本、予算編成の基本方針その他の経済財政政策に関する重要事項などについて議論した。

林は、そのような激務の間にも、座をなだめようと、駄洒落《ダジャレ》を口にした。就任前には冗談交じりに「ダジャレ禁止令が出た」と言っていたが、相当我慢しているようだった。

山崎秘書官によると、実際は、時々幹部とダジャレ合戦をやっていることもあったという。

林と寺澤達也貿易経済協力局長（現・審議官）らがキューバとの今後の関係について話し合っていたときがあった。

寺澤局長が説明したあと、林がふと言った。

「お前の案は、急場（キューバ）しのぎだな」

寺澤は冗談がとっさにわからなかったようで、ムキになって否定した。

「急場しのぎでは、ありません」

そう答えたあとに気づいた寺澤は、言った。

「大臣、ダジャレに気づかずすみません」

寺澤は、そのあとダジャレを鍛えて、ときおり、ダジャレをまじえることもあったという。

Ｇ７北九州エネルギー大臣会合で議長を務め、ディナーセッションを演出

林は、平成二十八年四月に開かれたＧ７の北九州エネルギー大臣会合で議長役も務めた。

首脳級は伊勢志摩サミットであったが、いくつかの大臣会合が開かれ、その一つが北九州でおこなわれたエネルギー大臣会合である。林は、議長そしてホスト役として、Ｇ７各国の閣僚、さらに国際機関のヘッドなどを招いて、二日間にわたる会合の司会進行、バイ会談、共同記者会見と、立て続けに任務にあたった。

このとき、一番大変なのがディナーセッションであった。時間も限られているため、夕飯をとりながら議論を進める。議長なので、モリモリと食事をとっているわけにはいかないが、提供する食事にはもちろん力を入れて準備した。

会場は、北九州市戸畑区にある西日本工業倶楽部（旧松本家住宅）であった。

フュージョン的フランス料理を食べながら、山梨と長野産のワインを提供した。

ディナーセッションでは、各国の参加者も自然と少しくだけた印象になる。ワインは、参加したフランスの大臣からも好評だった。

林も、「フランス人が美味しいと言うなら、なかなかのものだねえ」と言っていたという。

山崎秘書官から見ても、ディナーセッションの場で議事を進めて、発言をまとめていくのは大変そうであった。時間も、二時間の予定が延長になり、途中、休憩を入れた。

その間に、地元の北九州市の人たちが山車《だし》を披露してくれて、それを眺める時間もあった。

会場に入る前には、茶室で林が自らお茶を振る舞う場面もあった。茶道の家元に来てもらい、各国の参加者たちにお茶を振る舞うと大いに喜ばれた。

この会議の結果は、共同声明「グローバル成長を支えるエネルギー安全保障のための北九州イニシアティブ」としてまとめられた。

特に日本にとって重要なのはＬＮＧ（液化天然ガス）だった。より安くＬＮＧが手に入るように流通が円滑化する項目が入っていた。

ＷＴＯ閣僚会議での妥結に経産省を挙げて奔走

経産大臣は、海外での国際会議も多い。林も、十カ月の間に合計七回、国際会議に出席した。

林は、就任前、経産大臣経験者である二階俊博から言われていた。

「経産省はケチだから、大変だぞ」

「何のことですか？」

「宿代をケチって、機中泊ばっかりさせるからな」

二階の言葉どおり、一泊三日などの機中泊による強行日程も多かった。

というのも、国会に遅れないために、成田空港や羽田空港に早朝に到着する便で帰国することがほとんどだからだ。

空港から国会に直行することも頻繁にあった。

また、それだけでなく、国会終了後に海外に飛ぶことも多く、その場合も機中泊で現地に着くと、すぐ日程をこなすことも多かった。

山崎秘書官は、世界中、林に同行した。

林は、着任してすぐに韓国に行った。

日中韓の貿易大臣会合が、数年ぶりに開かれるからであった。韓国の財界人には、二階の知己も多く、林とも以前から親しく、大歓迎されているという印象だった。

ＯＥＣＤ（経済協力開発機構）の会議でも同じような歓待を受けていた。

二階が経済産業大臣時代に発展させたＥＲＩＡ（東アジア・ＡＳＥＡＮ経済研究センター）の関係で、インドネシアに行くこともあった。林自身が以前からＥＲＩＡ議連に参加していたこともあり、歓迎を受けた。

林の在任中、ＷＴＯ閣僚会議という世界の関係閣僚が一堂に会する二年に一度の会合が平成二十七年十二月十五〜十九日にケニアでおこなわれた。

林は、総会でのスピーチに加え、情報技術協定拡大交渉という多国間交渉の議長を務めていた。ＷＴＯ全体での関税交渉はまったく進展が認められないなか、情報ＩＴ関連機器の関税について、米国や欧州、そして中国といった五十三の主要国の間で、撤廃をおこなおうという画期的なものであった。

このとき、合意ができるかの瀬戸際であった。日本にとっては、極めて利益の高いものだったが、米国、中国、欧州といった主要プレーヤーが、最後まで平行線をたどる交渉を繰り広げていた。

林は議長として、妥結に向けて奔走した。

林は、時間ギリギリまで、中国のカウンターパートと交渉し、ＥＵの貿易担当のマルムストローム欧州委員とも交渉した。

さらに、中国と微妙な関係にあり、ＩＴ企業が多い台湾の担当大臣の鄧振中とも調整した。

林の奔走もあり、土壇場で中国も応じた。

結果、ＩＴ機器関連製品の関税が撤廃されることが決まった。これは二一世紀初となる大型関税交渉であった。

まとまったのは、本当にギリギリで、各国の代表が飛行機に乗る帰国直前だったという。

林は、台湾の鄧振中大臣のところに夜中に談判に乗り込み、頼んだ。

「ここでまとまらないと、やっぱりＷＴＯ体制全体にも関わる。世界の自由貿易体制の維持に関わる」

そう言って、林は説得した。

最後は、台湾の鄧振中大臣も同意し、ホテルの玄関まで見送ってくれるほどだった。

日本から派遣された事務官たちも、その様子を見て口にした。

「こんなことないよね」

台湾の鄧振中大臣も、本国が「絶対ダメ」と言っているなか、一晩中電話をして本国を説得したということだった。

日本のチームは全員徹夜で交渉に臨んでいた。

このときは、大きな会議だったこともあり、十五～二十人ほどのスタッフが同行した。

十二月にケニアに行き、ただホテルにひたすら缶詰で、「本当にケニアに来たのかわからないな」とスタッフたちでこぼすほどだった。

当時、ケニアでは爆発事件があり、レッドゾーンと呼ばれる防護区域が設定されていたため、空港からホテル、ホテルから会議場に移動する場合も、防弾ガラスつきの装甲車のような車を使用するほどであった。

山崎たちは、遠いケニアの地に足を運びながらも、ホテルと空港と会議場の三つを往復するだけであった。

会議では、最後に参加五十三メンバーを代表して、議長として林大臣が記者会見した。会見は、横に米国のフローマン通商代表とＥＵのマルムストローム欧州委員とＷＴＯ・アゼベド事務局長を従えた堂々としたものだった。

新たに関税撤廃される二百一品目の世界貿易額は年間約一・三兆ドルに上り、世界貿易額の約一〇％に該当する。これは、自動車関連製品が世界貿易額に占める割合約四・八％を大幅に上回る規模だ。また、二百一品目のITA拡大交渉に参加する五十三メンバーの貿易額は、その世界全体の貿易額の約九〇％に相当した。さらに、日本からの二百一品目の対世界輸出額は約九兆円に上り、今回の妥結により、交渉参加メンバーの関税が撤廃されれば、約千七百億円の関税削減効果が期待される。

平成二十八年七月一日から関税撤廃が順次開始され、三年以内にタリフラインベースで五十三メンバー全体の九〇％以上の品目の関税が撤廃された。また、二〇二四年一月には、二百一品目の関税が五十三メンバーすべてについて完全に撤廃される予定だ。

ITA拡大交渉の妥結は、二一世紀初めての大型関税交渉の妥結である。今回の関税撤廃の結果、優れたIT技術の導入が社会全体に進み、生活の質の改善や経済活動の高度化に大きく貢献するとともに、IT産業のグローバルバリューチェーンが深まり、イノベーションの促進や新ビジネスの創造につながることが予測される。

今後さらなるWTOメンバーが、IT関連製品の貿易自由化がIT技術の恩恵を世界に行き渡らせ、世界の人々の生活を豊かにするという我々のビジョンを共有し、ITA拡大に参加するよう働きかける予定だ。

二一世紀初となる大型関税交渉が林のもとで、妥結した。

核燃料サイクル再処理法など四つの法律を成立させる

林は、平成二十七年十一月十六日と十七日に、APEC（アジア太平洋経済協力閣僚会議）にも出席した。

フィリピン・マニラに出張し、「経済統合を通じた包摂的成長」「持続可能で強靭な地域社会を通じた包摂的成長」をテーマに提案や主張をおこなった。多くのエコノミーから支持を得るとともに、閣僚共同声明にも盛り込まれた。

林は、平成二十八年五月四日と五日、日本・アラブ経済フォーラム閣僚級会合に出席するため、モロッコ王国・カサブランカに出張した。

約八百名の政府・企業関係者の参加を得て、①日アラブ間の経済関係の多角化、②モロッコでの投資機会、③エネルギー・環境・インフラ等の幅広い分野での協力の推進について議論し、「日本・アラブ経済関係の発展のための共同宣言（カサブランカ宣言）」を発出した。


山崎秘書官によると、林の大臣在任中の経済産業省内での評判は非常に良かった。職員一人一人が誇りを持って仕事をしていることを尊重しているからだった。

林の在任中には、経済産業省がらみで四つの法案を成立させている。

平成二十八年三月三十一日に成立した国立研究開発法人新エネルギー・産業技術総合開発機構法の一部を改正するＮＥＤＯ法。

さらに、五月十一日に成立した原子力の核燃料サイクルをめぐる法案の再処理法。これは、核燃料サイクルの費用を監理する仕組みをつくるために、積み立てする会社をつくるという法律で、国会でも議論になった。

その費用を電力料金に乗せて回収するのだが、電力会社が管理するのではなくて、外で一括管理をしようというものだ。

もう一本は、五月二十四日に成立した中小企業を対象にした中小企業生産性向上法。

これは、生産性の向上につながる管理会計の導入や社員研修などを計画した中小企業の新たに購入する機械や装置にかかる固定資産税を三年間半額に割り引くことなどを盛り込み、中小企業の生産性を高めることを目的とする法律だ。

さらにもう一本が、五月二十五日に成立した再生可能エネルギーの固定価格買取制度の改正法案であるＦＩＴ法。

これは、再生エネルギーの普及のための当初の固定価格が高かったため、国民負担、サーチャージが年間二兆円を超えていて、各家庭にも年間八千円くらいの負担をお願いしており、それをもう少し適正化しようという法律であった。

実はその時期、平成二十八年七月十日に投開票の参院選が迫るスケジュールだったために、国会の日程的にも成立が危ぶまれていた。

一時は、経産省内の事務方も、成立を諦めるほどだったが、最後に動いたのは林だった。

林は、様々なパイプを使って、法案が成立するように全力を尽くし、見事成立にこぎつけた。

省内でも「あれは林大臣じゃないと危なかったな」と囁《ささや》かれるほどであった。

林自身も、大臣としてできる役割分担を意識して、法案成立に取り組んでいるようであった。

林にとって、平成二十八年一月四日に開会した第一九〇回通常国会は、思い入れの強い国会となった。

一月二十日には、ＴＰＰと一億総活躍社会に対する補正予算、三月二十九日に平成二十八年度当初予算、五月十七日には熊本地震に対する補正予算が成立した。

地方創生、一億総活躍社会を実現するのは中小企業の元気

平成二十八年八月三日午後二時、林は経済産業大臣として、最後の記者会見に臨んだ。

林は、会見冒頭に、自らの在任期間を振り返って語った。

「昨年十月に経済産業大臣を拝命した折に、総理から三点の指示をいただきました。具体的には、『希望を生み出す強い経済の実現』『原発事故の対応と福島復興』『国民生活に責任を持てるエネルギー戦略の確立』の指示をいただいたわけでありまして、それぞれにおいていまだ道半ばではありますけれども、着実に一歩前進することができたのではないかと思っております。

さきの通常国会では、経済産業省の関連の四本の法律を提出をいたしまして、成立することができました。参議院選挙前の厳しい国会日程のなかで、ぎりぎりの決断になりましたけれども、四本すべてを成立させることができて、ほっとしているところでございます。

具体的にいくつかの所感を申し上げれば、まず廃炉・汚染水対策と福島復興は、経済産業省の最重要課題であることを痛感しました。福島には延べ六回訪問しましたが、福島第一原発の状況も改善し、また南相馬市を初めとする四つの市と村における避難指示解除が決定されるなど、取り組みは着実に前に進んでいると思います。この週末の福島訪問の際にも、被災事業者の方々と意見交換をおこないまして、復興に向けた確かな動きを感じたところでございます。

しかし、本格復興に向けては、課題も多いわけでありまして、長い道のりではありますが、被災者の方々に寄り添いながら、着実に進めていくことが一番重要だと思います。

また、希望を生み出す強い経済の実現につきましては、中小企業をはじめ、貿易、観光などの施策において、一社一社の稼ぐ力を伸ばすべく、全力で取り組んできました。中小企業政策については、地域でや

る気のある事業者の方々をきめ細かく支援する体制を確立できたかなというふうに思います。

　中小企業経営力強化法を通じた事業計画づくりの支援に加えまして、地域で頑張る人たちの一つ一つの成功事例に対して光を当てたいという思いで、『はばたく中小企業・小規模事業者３００社』『商店街30選』をまとめたところでございまして、全国三百八十万社の中小企業の模範、あるいは刺激となることを期待しているところでございます。

　農業や観光は、地域産業として成長が期待される分野でございまして、省庁間で連携を深めながら取り組んだわけでございます。

　まず、農商工連携を進めるため、経済産業省と農林水産省が共同で戦略、農林水産業の技術力強化戦略でありますが、これを策定し、局長クラスの人事交流も進めました。特に観光ビジョン構想会議も立ち上がり、観光庁などと連携する取り組みも大きく前進したと思っています。

　対外経済政策も、中小・中堅の企業や地域が成長するチャンスとすべく取り組んだわけでございまして、ＴＰＰに関しては、関係省庁や支援機関の対策を得て、新輸出大国コンソーシアムを設立をいたしました。海外のコンビニとジェトロの連携により、コンビニを通じた日本産品の輸出も進めたところでございます。

　エネルギー施策につきましては、やはり原発政策に費やす時間が多かったわけであります。会見や国会でも繰り返し申し上げてきたように、依存度を下げながらも、一定の原発を活用しなければ、責任あるエネルギー政策は実現できないわけであります。しかしながら、国民の不安感は払拭《ふっしょく》しきれておりません。そうしたなかで、わたし自身も地元自治体を訪問して、直接知事や町長などに説明をし、地元理解を得ることに力を尽くしてまいりました。

　北九州のＧ７エネルギー大臣会合では、議長として上流（工程）開発の投資促進などを内容とする合意をまとめました。Ｇ７伊勢志摩首脳宣言に盛り込んだことも大きな前進だったと思っております。

自分の大臣期間中で、アベノミクスは一歩前に進められたと思いますけれども、経済産業省の取り組むべき課題は、さらに重要性を増しておりまして、引き続き政策を強力に進めていってほしいと思っております」

質疑応答では様々な質問が飛んだ。

「改めてちょっと振り返っていただきたいのですけれども、特にこういう分野で成果が出せたという部分と、あとこの分野はもうちょっと頑張れたかなというような部分というのをちょっとお伺いしたいんですけれども、よろしくお願いいたします」

林は答えた。

「正直、アベノミクスは道半ばということで、中小企業政策において、これはもう少しスピードアップして、力を入れて、地方にもアベノミクスが届くようにすべく努力したんですが、ちょっとそういった意味では時間がなかったかなとも思っているところでございます。やはり日本を元気にするということは、地方を元気にすること、すなわち中小企業、小規模事業者を元気にするということにつながるのだと思っています。これが地方創生であり、一億総活躍社会につながるのではないかと思っています」

原発についても質問が飛んだ。

「原発政策というのは、課題が主軸の一つということで、非常に努力されてこられたという認識なのですけれども、次期大臣に対して、原発政策においてバトンを渡す上で要望、希望、何かございましたらお聞かせいただけますでしょうか」

「国民に理解を得ることが非常に大事だと思っておりますので、そういった意味では丁寧に理解を得るよう、やってくれると思いますけれども、そういうふうに思います」

さらに質問が飛んだ。

「大臣はご就任中にずっと地方自治体の方といろいろ原発に関してもお話になられて、そういうことを振り返られて、先週鹿児島県で新知事が誕生し、九州電力の川内《せんだい》原発に関しては、一時止めて、住民の不安を払拭したいというような意向を表明されていますけれども、そこらへんが他の地方自治体に与えるような、産業界には追随するのではなかろうかという懸念も一部では出てはいるのですが、これまで約一年間お話しされてきたところからごらんになられて、その影響めいたものはお感じになられますでしょうか」

林は語った。

「残念ながら、今回はお会いするチャンスがなかったわけでありますけれども、新大臣は当然お会いするチャンスがあろうと思いますので、そこはよく話し合っていただいて、お互いに理解を深めるという努力をいただけるものと思います」

祖父・林大幹──父・幹雄の関係を子・幹人が再現!?

林幹雄《はやしもとお》の長男の林幹人《もとひと》は、現在、千葉県議会議員であるが、祖父の大幹《たいかん》や父親の幹雄とどのように関わってきたのか。

林幹人は、昭和四十八年九月十二日、千葉県銚子市に生まれた。

幹人という名前は、祖父の林大幹がつけたものである。「幹人」のほかに「幹根《もとね》」という名も候補にあがっていて、大幹はどちらにするかずいぶん悩んだという。

大幹はもともと「ひろもと」と読まれており、父親が幹雄、その長男が幹人と、幹《みき》という字を「もと」と呼ばせる名前が、三代続いている。

幹人本人は幹根と名づけられなくて良かったと思っている。一つの名前に「林」「幹」「根」の字がついてしまうのは、少々くどすぎるからだ。

昭和五十五年四月、林幹人は、銚子市立若宮小学校に入学した。祖父の林大幹は、銚子市の隣町の東庄町《とうのしょうまち》に住んでいた。幹人は母親に連れられて、週に一度は祖父の家へ遊びに行った。

当時、祖父の林大幹は現役の自民党衆議院議員で、父親の林幹雄はその秘書だった。母親も何かと忙しいし、祖父の家なら安心して預けられる、というわけである。

幹人は、仕事で不在がちな父親とはほとんど会うことはなかった。朝起きたときにはすでに出かけていないし、夜は寝たあとに帰ってくる。感覚的には、ほとんど母子家庭のようだった。

祖父の林大幹は、時代劇が好きだった。幹人が祖父の家へ行くのは土曜日が多く、幹人がまだ起きている時間帯に放送される杉良太郎、里見浩太朗、松方弘樹と後に時代劇の大看板となった俳優が主役を務めたテレビドラマ『大江戸捜査網』シリーズをよく見ていた。

祖父の林大幹は、好々爺《こうこうや》そのもので、孫の幹人が何をしても怒ることはなかった。

幹人が小学校低学年のとき、祖父の家でいろいろなイタズラをした。爆竹を買ってきてはバラバラにし、小さなダイナマイト型に分解された爆竹をあちこちに埋めて土の山を壊した。コガネムシにくくりつけて吹き飛ばしたりもした。パンパンパン、と派手な音があちこちから立つ。そんなときも、大幹はただ笑って孫の様子を見ているだけだった。

小学校三、四年生くらいのころ、幹人はよくたき火をして遊んだ。

ある寒い日、幹人は、祖父の敷地内にある事務所跡の更地でたき火をしていた。モコモコした厚手の靴下を履いていたので、サンダル履きだった。その足でたき火の形を整えていると、サンダルが脱げて火の中に入ってしまった。

「あ、いけね」

火の中に足を突っ込んでサンダルを取り出したところ、ビニール素材のサンダルが熱で溶けて、幹人の足に張り付いた。

大やけどを負い、泣いて帰った幹人を、大幹は手当てしてくれた。

「やけどには、アロエがいいんだ」

大幹は、そう言い、庭にたくさん生えているアロエを切って皮をむき、患部に塗ってくれた。

小学校五年生になった幹人は、銀玉鉄砲に飽きたらず、弾丸をガチャリと装塡して撃つおもちゃの空気銃に夢中になった。

おもちゃだから殺傷能力は低かったが、ある日、洋間のガラスに弾丸が当たってヒビが入ってしまった。

祖父の家では、父親の幹雄の二番目の妹であるキミコおばさんが一緒に暮らしていた。そのおばさんがガラスのヒビに気づき、幹人に訊いた。

「これ、知ってる？」

幹人は、怒られるのが嫌で、思わず「知らない」と言ってしまった。

が、祖父の大幹は、すぐに孫の仕業だとわかったらしい。それでも幹人を怒ることもなかったし、「おまえがやっただろう」と責めることもなかった。

のちに、キミコおばさんが、幹人に言った。

「おじいちゃんがね、『あんなガラスが割れるような空気銃で遊んでいて、危なくないのか』と心配していたわよ」

林大幹は、孫に対してはそれほど甘く、優しい存在だった。

林大幹事務所のビル内で育った長男・幹人の幼少期

林幹人は、一歳の時から小学五年生まで銚子市大橋町にある林大幹事務所のビル内で育った。三階建ての建築ビルの一階が事務所、二階が会議室、三階が林一家の住まいである。応接間には大きな灰皿が置いてあり、その横にタバコの箱が山と積まれていた。地元の支持者らは、そこから二、三本失敬してポケットに入れて持ち帰る。そんなおおらかな時代であった。

幹人が小学校から戻ると、いつも一階の事務所の中を通って、階段を上らなくてはならない。事務所の中は常にタバコの煙で充満しており、銚子の粗野な男たちの怒号が飛び交っていた。電話も常に鳴りっぱなしで、電話に出る事務員がいつも「すみません、すみません」と謝っている。

幹人は思った。

〈イヤだなあ。まるでヤクザの事務所だ〉

母親が、幹人に言った。

「ここにはそんなに長くは住まないからね。家の電話も、出なくていいよ」

普通の家庭だったら、電話が鳴れば子供も応対する。が、幹人は「鳴り続けていても、とにかく出なくていいから」と念押しされた。鳴り続けるコール音が幹人の耳朶《じだ》にいつまでも残り、一時期は電話恐怖症になってしまったほどだ。

外を歩いているときも、幹人はイヤな思いをした。当時は中選挙区制の時代だったため、祖父の林大幹の選挙ポスターが電柱にベタベタと直貼《じか》りされていた。当然、幹人の通学路にもポスターが貼ってある。

幹人は、見知らぬ人たちから「あ、大幹の孫だ」と指さされた。

駄菓子屋に行けば「おまえ、政治家の孫だからカネ持ってるだろ」と小学校の上級生にたかられた。幸い、上級生のクラスメートらしき子が「まあまあ、やめとけよ」と仲裁してくれたので、実害は無かった。が、それでも政治家に対する悪いイメージは、幹人の中で膨らむいっぽうだった。

小学校六年生のとき、幹人は児童会長になった。クラスメートたちが「林くんがいい」と推薦してくれ、担任の先生からも「立候補しなさい」と言われて、選ばれた。

幹人はこのとき、思わぬ才能を発揮した。先生たちから「挨拶がうまい」と評判になったのである。

幹人の甘えからの脱却の第一歩

昭和六十一年四月、林幹人は、銚子市立第四中学校へ入学した。

平成元年四月、林幹人は、銚子市立銚子高等学校へ進学した。

祖父の林大幹は現役の自民党衆議院議員、父親の林幹雄は大幹の秘書から千葉県議会議員になっていた。二人とも相変わらず家にはほとんどおらず、幹人は「忙しそうだなあ」と他人事のように思っていた。もちろん、選挙の手伝いをしようとは思わなかったし、祖父や父親から「手伝え」とも言われなかった。

平成八年三月、玉川大学文学部英米文学科を卒業した林幹人は、両親に相談した。

「これからの国際社会、英語の一つもしゃべれないとマイナスだ」

そう言って、親のスネをかじって留学させてもらうことにした。

本気で留学したいなら、在学中に留学しておき、新卒として就職活動をすれば不利にはならない。が、卒業後となると、二年間留学して大学院の資格でも取らなければ、就職活動の際に「ただの遊び」と見なされてしまう。それでも幹人の目的は就職逃れだったから、一年間と決めて語学留学することにした。

平成八（一九九六）年五月、林幹人はアメリカのロードアイランド州に飛び、九月の入学に合わせて半年間だけオープンするＥＳＬ（English as a Second Language）で英語力を強化し、九月にジョンソン&

ウェールズ大学へ入学した。

アメリカでは、ベッドルームが二、三室あるワンフロアを借り切ってシェアするのが一般的である。幹人は、タイ人留学生とルームシェアすることになった。

交代で食事を作るので、二日に一度はタイ料理を食べなくてはならない。最初はまずいと思ったが、そのうちに大好物になった。

留学仲間でもっとも親しくなったのは、韓国人留学生だった。留学生たちは英語を勉強中なので、みんなカタコトの英語しかしゃべれない。お互いさまだから間違えても恥ずかしくないし、良い会話の練習になった。

また、留学生たちは幹人のことを日本代表だと思って日本のことを何でも聞いてくる。が、幹人は答えられず、自分は千葉のことしか知らないと痛感した。

〈日本人が海外に行ったときは、日本のこと最低限知っておかないと恥ずかしいな……〉

平成九年一月、林幹人は、ワンクール、三カ月の授業を終えて帰国した。

父親の林幹雄は、平成五年に林大幹の地盤を引き継ぎ、自民党衆議院議員となっていた。

そのため、幹人は就職を甘く見ていた。

〈親父のコネで、ＪＡＬか全日空あたりにポンと入れるだろう〉

幹人は、語学留学で日常会話程度なら英語が話せるようになっていた。が、大学卒業後に一年間遊んでいたと見なされ、みごと就職浪人することになった。

やむをえず、また親のスネをかじって英会話スクールに通いながら、時機を待つことにした。

幹人は、父親の幹雄に相談した。

「英語力を活かせるホテルか空港関係に就職したいんだけど」

「だったら、空港関係がいいだろう」

林幹雄は、成田空港問題をライフワークの一つにしていた。そのため、空港関係者の知り合いも大勢いた。そこで秘書に頼んで就職先を当たってもらい、無事にＪＡＬの子会社のＪＧＳ（空港グランドサービス、現・ＪＡＬグランドサービス）に内定した。

平成十年四月、林幹人は、空港グランドサービス株式会社に入社した。

新人はまず現場に回される。幹人は、作業用のつなぎを着て、飛行機のコンテナへの荷物の積み込み、あがってくる荷物のチェックなどを担当した。早番は朝五時から、遅番は夜十一時までが勤務時間になる。

ある日、幹人は、父親の林幹雄から「シアトルへ視察に行く」と聞いた。

林幹雄は、幹人が就職した平成十（一九九八）年の七月、運輸政務次官に就任していた。アメリカのシアトルにはボーイング本社の大工場があり、ジャンボ機が一度に四、五機も入る無柱構造の施設などを見学に行くという。

幹人は興奮して言った。

「それ、おれも行きたい！」

ＪＡＬの子会社に勤務しているのだから、ボーイング社の大工場に興味があった。が、何よりもシアトルは、幹人が好きなＮＢＡ（北米男子プロバスケットボールリーグ）の「シアトル・スーパーソニックス」の本拠地である。

幹人は、父親に頼んだ。

「おれ、親父の秘書としてもぐり込めないかな？」

息子に甘い幹雄が「林幹雄秘書　林幹人」という名刺を作ってくれたため、幹人は本物の秘書に紛れてシアトルに行くことを許された。もちろん費用は実費負担だった。

役所がらみの視察なので通訳はバッチリついており、幹人は通訳を頼まれることもなく、会社を休んで旅行気分でアメリカへ渡った。

政治への興味を抱き、山崎拓の秘書に

幹人は、シアトルで、父親が働く姿を初めて目《ま》の当たりにした。

これまで母親から「お父さんはこんな仕事をしている」と聞かされていたし、頭では理解しているつもりでいた。が、政治家・林幹雄の姿は凛々《りり》しく、目を見張るものがあった。

同時に、本物の秘書が父親の身の回りの世話をしているところを見て、感じるところがあった。

〈あ、おれだったらこう動くのにな〉

〈もしかしたら、親父はそれを求めてないんじゃないかな〉

幹人は、このシアトル行きをきっかけに、急に政治に対する興味を抱くようになった。

十日ほどの視察を終えて帰国した林幹人は、父親の幹雄に言った。

「おれ、親父のこと手伝ってみたいと思うんだけど」

幹雄は、何日か考えたあとに息子に言った。

「おまえは政治のせの字も知らない。それなのに息子だからと入ってくると、今いる秘書ともギクシャクするだろう。まずは外へ出て修行して、他人の釜の飯を食ってこい」

平成十二年四月、林幹人は、山崎拓元建設大臣の秘書になった。林幹雄は当時、山崎派に所属していたので相談してみたところ、たまたま若手を募集していた。

秘書になる際、幹人は、山崎拓から言われた。

「おまえは若いし、動けそうだから、ソフトボールをやるんだったら来ていいよ」

山崎は大のソフトボールファンで、日本ソフトボール協会の会長を務めていた。毎週日曜日には、地元交流の一環として、山崎拓率いる秘書集団「拓サンデーズ」と、地元チームの試合がおこなわれていた。野球嫌いな幹人は、〈よりによって、ソフトボールか〉と頭を抱えた。が、背に腹は代えられない。承知をして秘書となった。

もし、父親の幹雄とシアトルに行かず、自分から「親父を手伝いたい」と言い出さなければ、幹人が政治の道に進むことはなかったろう。幹雄は、これまで一度も幹人に「政治家になる気はないか」と尋ねたことはなかった。

山崎拓事務所は、大所帯だった。秘書の人数は、地元・福岡の山崎事務所に十人ほど、東京では派閥の「近未来政治研究会」に四人、議員会館に二人いた。そこに幹人が加わった。

幹人はまず、福岡の山崎事務所に勤めた。物価が安く食べ物もおいしい福岡が大好きになった幹人は、「福岡永住計画」を立ててみたが、一年ほどで東京の議員会館に転勤となった。

秘書の仕事は、面白いというより大変だった。東京では、先輩秘書からいろいろ教わったり、自民党本部で開かれる部会に出てみたりして、政治のいろはを学んでいった。

山崎は派閥の長であるから、日本全国でおこなわれるさまざまな選挙の応援に駆けつける必要があった。林幹人は山崎拓の若手秘書として泊まりがけで各地へ選挙応援に出かけた。

そうして政治を学んでいたさなかのことである。林幹人の耳に、「次の衆院選で林幹雄は負けるぞ」という噂が入ってきた。

平成十五年十月十日、第一次小泉第二次改造内閣が解散した。

来月に控えた衆院選で、自民党所属の千葉県会議員の谷田川元《やたがわはじめ》が、林幹雄の選挙区である千葉十区から出馬するという。しかも、千葉十区内の県会議員ほぼ全員が谷田川に乗っかっているという。林についたのは、香取郡選出の遠藤澄夫一人だけだった。現職の林幹雄がいるから自民党の推薦は受けられないものの、無所属で当選したあかつきには、谷田川元を千葉十区の自民党代議士にする密約まで交わされており、自民党本部からも出馬することに何のお咎《とが》めもなかった。

噂はたちまち永田町に拡散し、「林幹雄は風前のともしびだ」と囁かれた。

幹人が福岡にいた平成十二年十一月に「加藤の乱」が起きていて、倒閣運動に加わった山崎拓派の閣僚は一人もいなくなり、党内の影響力が弱まっている時期であった。

幹人は思った。

〈これは、山崎先生の手伝いをしている場合じゃないぞ〉

解散直後の平成十五年十月、林幹人は山崎拓の秘書を辞め、父親の林幹雄の事務所に入った。

幹人は、先輩秘書から言われた。

「幹人さんは、家族という立場で選挙の応援をしてください」

選挙期間中はあちこちから引っ張られ、連れ回されて「林の息子でございます」と頭を下げて回った。

有権者の前で、何度かマイクを持たされたこともある。小学生の児童会長になったときに「挨拶がうまい」と褒められただけあって、幹人はその天分を父親のために発揮した。

平成十五年十一月九日、衆院選がおこなわれ、千葉十区の林幹雄は、ライバルの谷田川元に約一万三千票の差をつけて当選した。

いっぽうの山崎拓は、幹人が山崎事務所を離れた直後に発覚した女性スキャンダルで週刊誌から執拗《しつよう》にたたかれたことも影響し、落選してしまった。

林幹人は、選挙が終わってから、正式に林幹雄の秘書となった。議員会館で約一年務めたあと、成田市の担当になった。

サラリーマン時代の幹人の勤務先は成田であった。また、かつての同僚も成田に勤務していることもあって、すぐに成田に馴染《なじ》むことができた。成田で担当秘書として活動するうちに、いろいろなことが見えるようになってきた。

そして平成十九年四月、自民党千葉県会議員二人のうち一人が市長選に飛び出したのを機に立候補し、当選を果たした。林幹人、三十三歳のときだった。

幹人本人にしてみれば、父親に抗《あらが》って今ここにいる、という気持ちであった。が、周囲からすればきっと、敷かれたレールの上をただ歩いているようにしか見えないだろう。

林幹人の県議までの歩みを振り返る

秘書時代に成田市を担当した林幹人は、父親の林幹雄も所属する成田空港推進議員連盟に参加した。基本的に、千葉県は国と同調する政策を取っている。国が大きく前進してくれているため、県はそれに伴走していればいい。幹雄が汗をかいた第三滑走路の建設も、実現に向けて動いている。幹人もまた県の根回しに動いているが、実際に大変なのは現場である。地権者と膝つき合わせて説得したり、騒音問題について話し合うなど、細かな詰めに今も苦労は絶えない。

平成十三年十二月一日、林幹人は、自らの結婚披露宴でスピーチした。

「父は朝早く出かけて、夜遅く帰ってくるので、ほぼ母子家庭のようなものでした。仕事でほとんど家にいない父の存在を受け容《い》れ、ここまで育ててくれた母に本当に感謝します」

幹人には、五歳になる娘が一人いる。自分も政治の世界に踏み入り、子供を持って初めて、自分も父親の幹雄と同じような忙しさを経験した。

が、最近は周囲のお父さんたちがみんな「パパ育」を頑張っているので、父親の世代のような訳にはいかない。夜早く帰れるのは月に二、三度きりで、そのときは娘を風呂に入れてやる。

パパ育が十分にできていない幹人は、自分だけ浮いてしまっていると引け目を感じている。が、できる限り育児に参加したいという思いは持っている。


林幹人から見た、父親の林幹雄は、尊敬すべき政治家であった。

幹雄は細やかな気遣いと、調整力に優れている。また良好な人間関係を構築し、維持し、伸ばしていくことに長《た》けている。息子から見ても「ちょっと真似できない」と思うほどである。

林幹雄経済産業大臣の大変さを垣間見た幹人

平成二十七年十月七日、第三次安倍第一次改造内閣で、林幹雄は経済産業大臣に就任した。

地元は当然、「林幹雄が大臣になった」と喜んでくれた。が、家族の間では微妙だった。幹雄本人が窮屈そうで、時に辛く大変そうに見えて、長男の林幹人はあまりうれしいとは思えなかった。

これまで林親子は、政治家としての方針や、意見交換などはほとんどしてこなかった。父親の幹雄から「これはどう思う?」と聞かれたときだけ答える程度である。

幹人は、それで満足している。親に口出しされるのが嫌いだからである。幹雄もそれを承知しているようで、林親子は適度な距離感を保っている。

林幹雄は、千葉県会議員を三期十年務めたあと、四十六歳で代議士になった。

長男の林幹人は、平成二十七年四月に県会議員三期目に当選し、現在四十五歳である。父親の経歴を考えれば、「自分もそろそろ国政に……」という思いもある。小泉進次郎は幹人より七歳も若いのに、すでに当選四回の大先輩である。

が、幹雄は七十一歳と、まだまだ現職を続けられる年齢である。それに県議会でやれることは、いくらでもある。

幹人の生まれ育ちは銚子市、社会人になってからは成田市が中心だった。林幹雄の選挙区以外ではほとんど政治活動をしたこともない。だから、代議士になるために選挙区を替えれば、それこそ落下傘である。それで有権者が納得できるとは思えない。

〈おれは県議として足元を固め、一歩一歩前進すればいい〉

平成二十八年八月三日、林幹雄は経済産業大臣を退任し、自民党幹事長代理に就任した。幹事長は、二階俊博である。

大臣職を解かれ、二階幹事長のもと幹事長代理となった林幹雄は、まさに水を得た魚のように生き生きとし始めた。

息子の林幹人は、父親に総理になってほしいとは思っていない。

〈それよりも幹事長職のほうが、親父に合っているんじゃないか〉

第8章　二階幹事長の凄技外交

二階幹事長の中国との関係を引き継いでいく林幹事長代理

二階《にかい》俊博《としひろ》と中国との関係は、現政治家のなかでもっとも深い。幹事長代理として二階に同行する林幹雄《はやしもとお》にとっても中国との関係を深くしている。

二階俊博は、平成二十九年の大型連休前、五月十四日に北京で開催される現代版シルクロード経済圏構想「一帯一路」の国際協力首脳会議に出席する意向を表明した。

「一帯一路」は、もともと日米が主導する自由貿易の枠組みである環太平洋パートナーシップ協定（TPP）に対抗して生まれた。中国主導の経済圏を築き、その影響力を安全保障に及ぼす意図が込められている。首脳会議には、アジア各国の首脳が顔をそろえた。例外は日本政府だ。安倍晋三《あべしんぞう》総理はもちろん欠席。中国側から打診があった世耕弘成《せこうひろしげ》経済産業大臣も出席を見合わせ、松村祥史《まつむらよしふみ》経産副大臣の参加でお茶を濁した。

日本政府の冷たい対応に直面した中国が、日本のトップとして白羽の矢を立てたのが二階である。共産党独裁の中国では元来、党組織が重く見られる傾向にある。幹事長として自民党では総裁に次ぐ地位を占める二階は「副総理」格としてもてなしを受けた。

今回の訪中には官邸から今井尚哉《いまいたかや》総理秘書官も参加した。一部には今井を二階の「お目付役」と観測する記事もあった。だが、今井の参加を決めたのは、二階だった。総理以外の外遊に秘書官が同行するのは極めて異例のことである。

経済産業省出身で安倍政権の「シナリオライター」とも目される今井が加わったことで、この訪中は官邸と党を挙げてのもの、という意味が加わった。

これに榊原定征日本経団連会長も加わる。経済界にはもともと安倍政権の対中政策に不満の声があった。

「『一帯一路』は大きなチャンス。日本もこれを生かしてやっていくべきじゃないか」

人口にして十四億人に近い中国。加えて、周辺諸国も加えれば、「一帯一路」にはとてつもない需要が見込まれる。日本企業がビジネスチャンスと捉え、それを取りにいくのは自然なことだ。

「一帯一路経済圏会議」について二階は思う。

〈政府はもともと反対だった。だが、今井秘書官を連れていき、党と政府、財界を挙げての出席という形に持っていった。中国について何も知らん者にとって、これは大きい〉

二階は五月十三日、習近平《しゅうきんぺい》との会談を前に「一帯一路」について語った。

「日本も、積極的に協力する決意を持っている」

習近平との会談の調整が進むなか、さらに語った。

「『両国が話し合っていけば、非常にすばらしいことになる』と受け止められるような話し合いがされると思う」

安倍総理の親書を託されて「一帯一路」会議に二階が出席

首脳会議は五月十四日に北京で開幕。参加国は、合計で約百三十カ国以上に上った。

習近平国家主席は開幕式で、中国からアジア、欧州、アフリカをつなぐ一帯一路の沿線国のインフラ整備を積極的に支援し、中国が新たな国際秩序の構築を主導すると意気込みを示した。

「『一帯一路』の建設を通じ、協力の新しいモデルをつくっていく」

宣言に続いて、中国が平成二十六年に設立した「シルクロード基金」に一〇〇〇億元（約一兆六千四百億円）を追加出資するほか、今後三年間にわたり発展途上国に六〇〇億元規模の資金援助をおこなうと表明。途上国支援にも触れた。

「他国の内政に干渉せず、社会制度や発展モデルを輸出したり、押しつけたりしない」

これはアメリカをはじめ西側諸国の国際援助に対する姿勢を意識した発言とみられる。

十五日、二階は北京で記者団に語った。

「今回の会議に出席しなければ、日本は置いてけぼりになった」

アジア太平洋地域のインフラ需要は平成二十八〜四十二年で計二六兆ドル（約二千九百兆円）との試算もなされている。

二階は十六日、中国・北京の釣魚台国賓館《ちょうぎょだいこくひんかん》で習近平国家主席と会談した。

二階は安部晋三総理から託された親書を習近平に手渡した。このとき、二階は近いうちに習近平を含む中国首脳級が日本を訪問するよう要請した。

親書は日中両国の安定的な関係を築くため、首脳が定期的に行き来する「シャトル外交」を呼びかける内容だ。首脳間の交流について「今後、ハイレベルの対話を重ねながら、相互訪問を目指す」と表明している。一回に限定した往来ではなく、両国首脳が複数回にわたって定期的に訪問しあうことを思い描いている。

習近平は国際会議に出席した各国首脳の対応に追われていた。にもかかわらず、二階からの会談要請には応じている。習近平体制による二階への「厚遇」を象徴するかのような振る舞いだった。

会談で習近平は二階に「古い友人」と呼びかけた。さらに、こんなリップサービスまで贈っている。

「二階氏が出席されたことは、『一帯一路』イニシアチブへの日本側の積極的な態度を表しており、高く評価したい」

習近平は日中関係の改善に向けての前向きな姿勢も隠さなかった。

「未来志向の精神に基づいて両国関係を発展させたい」

同行して取材したメディアの記者たちは現場で驚愕《きょうがく》していた。

同行団の一員が語る。

「二階さんと習主席の双方が発言する時間がちゃんと取ってありました。もちろん、オープンに撮影できる形で。普通の首脳会談であれば、当たり前のことなんですが少なくともここ数年の間、日中の要人が会談する際、双方のやり取りをカメラが捉えることはなかった。これには本当に驚きましたね」

「春暖」この訪中で二階が日中関係の現状を表現するうえで用いた言葉だ。

正確には、「春の暖かさが感じられつつある」と発言している。

平成二十九年六月に入ると、安倍晋三総理も「一帯一路」構想への協力姿勢をより鮮明に打ち出し始めた。

安倍総理は六月五日、東京でベトナム、ラオス両国首相やアジア各国の政府高官などが出席した国際会議に顔を見せ、「一帯一路」について述べている。

「洋の東西、その間の多様な地域を結びつけるポテンシャルを持った構想」

一定の評価といっていい。万人が利用できるよう開かれることが必要と留保はつけながらも、「日本も協力していきたい」と言明した。

対中国政策について安倍政権の姿勢の変化を指摘する人も増えてきた。二階はそうした声を聞くたびに感じていた。

〈「変わってきている」んじゃない。「変わらざるをえない」んだよ〉

変化とはずばり、安倍政権が「一帯一路」に前向きな姿勢を取り始めたことを指す。

〈これは明確な方向転換だ。だが、あまりそこを突かないほうがいい〉

安倍晋三

日中関係を「互恵」から「共創」へと深化させる

平成二十九年十二月二十四日から二十七日にかけて二階俊博自民党幹事長と井上義久《いのうえよしひさ》公明党幹事長は中国を訪問し、宋濤《そうとう》・中国共産党中央対外連絡部長が主催する「第七回日中与党交流協議会」に参加した。

福建省《ふっけんしょう》は習近平にとっても馴染《なじ》みの深い地である。一九八〇年代半ばから二十年近くにわたり、以下のような要職を歴任してきた。

福建省党委副書記、福建省省長、同代理省長、福州市党委書記、福州市人代常務委主任、福州市副市長。まさにエリート中のエリートといっていいだろう。

福建省は、宋部長の出身地でもある。二人にゆかりの場所を選んだのは林幹雄だ。もちろん、二階の指示に従い、中国側に提案した。

もう一つ、福建省での開催には意味がある。習近平体制が主導し、二階も熱い視線を送る一帯一路経済圏構想。福建省はその重要な拠点と目されているのだ。

「陸のシルクロード」と「海のシルクロード」を結ぶ福建省で日中間で一帯一路の具体的な協力のあり方を協議したうえで北京に入る。これが二階の目論見《もくろみ》だった。

安倍政権が抱える内政の課題とも、福建省は実は深いつながりがある。それは沖縄問題だ。

十二月二十五日、第七回日中与党交流協議会がおこなわれた。

二階は、開会式で基調講演をおこなった。

「日中双方の関係者の努力により、現在、日中関係は明らかに良い方向に変化しています。本年五月、習近平国家主席とは大変友好的な雰囲気のもとで会談をさせていただきましたが、わたしはそのとき、日中関係に春の暖かさと明るさが訪れつつあると確信できるほど、大きな手応えを感じました。

そして、夏におこなわれた『第六回日中与党交流協議会』を経て、九月には、日中国交正常化四十五周年を祝う記念レセプションが東京都内で開催され、実に十五年ぶりに日本の総理大臣が出席しました。

わたしもその場におりましたが、安倍総理が、自らの言葉で、日中関係改善に向けた強い意志を示されたことは、みなさまもよくご存じかと思います。その後、十一月には、国際会議の機会を捉え、安倍総理が習近平主席、そして李克強《りこっきょう》総理と相次いで会談し、大変有意義な意見交換がおこなわれたと聞いております。

わたしは常々、日中両国は引っ越しのできない隣国であり、そうであるがゆえに、様々な課題も生じますが、日中関係にどんなに難しい課題が立ちはだかったとしても、対話と交流を途絶えさせてはならないと強調してきました。両首脳が胸襟《きょうきん》を開いて、率直な意見交換をされることは非常にすばらしいことであり、今後も頻繁《ひんぱん》に続けていくべきだと考えます。

一九七二年九月二十九日に、われわれの先人たちが、様々な課題や挑戦を乗り越え、勇気ある決断を下し、歴史的な国交正常化を成し遂げました。それ以来、四十五年間、日本と中国は、あらゆるレベルと分野において、孜孜《しし》として交流を積み重ねてきました。

まもなくその『四十五周年』が終わり、あと数日で日中平和友好条約締結四十周年の年を迎えます。こうしたタイミングで、両国の政権与党の幹部が一堂に集い、日中関係の原点である国交正常化と平和友好条約までたどった道を振り返り、日中関係の将来のビジョンについて語り合い、当時の指導者らの想いを次代に引き継いでいくことは、きわめて時宜《じぎ》を得ているのではないでしょうか」

その後、武夷山《ぶいさん》を視察した。

二十六日には、第七回日中与党交流協議会の後半がおこなわれた。

二十七日、二階は開元寺を視察した。

弘法大師・空海が中国に渡って最初に入ったゆかりの深い寺院である。

二階は、それから北京の清華大学を訪問した。北京にある清華大学は中国でも有数の名門大学である。中国国家主席・習近平の母校でもある。

二階は、今回、清華大学から「名誉教授」の称号を授与されたのだ。

清華大学が名誉教授の称号を授与したのは、世界で七人目となる快挙である。

現役の自民党幹事長が中国の名門大学でこうした処遇を受けるのは異例の事態といっていい。

清華大学の実力にも林幹雄は驚嘆せざるをえなかった。世界各国の大学の実力を示すランキングで、今や清華大学は日本の最高学府・東京大学の上をいっているのだ。国際的評価は日本のどの大学より高いということになる。その大学から二階は名誉教授の称号を授与された。

〈参っちゃうよなあ〉

林幹雄幹事長代理は一人、苦笑せずにはいられなかった。

名誉教授といっても、特別な拘束は何もない。二階は思う。

〈別に向こうから注文をつけてくることはない。学生への講義にしても、向こうは「ご随意に」ということだ。「いいときに来て、やってください」と〉

さはさりながら、二階はこれまでの訪中でも、時間をつくっては学生に語りかけてきた。

〈せっかく名誉教授となった大学だ。大学には必ず立ち寄る。若者に話をするのは大切なことだ。それに日本の政治家、特に保守政治家が中国の大学からこうした場面を提供してもらえるのは、非常に名誉なことでもある〉

二階俊博は平成三十年夏、清華大学の学生三百人を日本に招待する予定を組んでいる。

二十八日には、二階は、北京の中央党校で講演した。

この学校の創立は、昭和八年。毛沢東《もうたくとう》の命で造られた。中国国家主席・習近平にとっても縁のある学校である。かつて校長を務めた経験があるからだ。

組織としては中国共産党中央委員会の直属で、中国共産党高級幹部の養成機関と位置づけられている。歴代校長は「次期総書記」が就任するのが慣例。前総書記である胡錦濤《こきんとう》や習近平もかつて国家副主席・政治局常務委員時代にこの学校の校長を務めている。

二階は、『互恵』をさらに深めた『共創』の関係へと向かう新しい日中の関係について強調した。

「ここ数十年間、中国は目覚ましい経済成長を成し遂げ、数億人単位の中間層が出現しました。わたしはほぼ毎年、中国を訪問しています。日々発展し、豊かになっていく中国人の生活ぶりや都市の活気を見て、そして人々の顔に穏やかな幸せを感じ、御同慶の至りに存じているところです。今後、日中は、目標を共有し、共に手を取り合って発展していく、そして『世界の中の日中関係』という観点をより強めていきながら、相互補完的で次元の高い、新しい日中の協力・協働の可能性を探るべきだと考えています」

二階の講演を機に、中央党校と自民党は交流を深めていく方針を確認している。

今回の訪中を機に、日中両国は「共創」というキーワードを積極的に使い始めた。従来の「互恵関係」からさらに新しい段階に入った日中関係のあり方を象徴する表現といっていいだろう。

二階側近の林幹雄も手放しで評価している。

〈誰が考えたのかは知らないが、これはいい言葉だ〉

二階の現地での演説の評判も上々だった。

林幹雄が見た「二階外交」での日中関係の回復

今回の訪中でも、自民党幹事長・二階俊博と中国国家主席・習近平の会談が予定に組み込まれていた。二階側が事前に申し込んだものだ。二階は習近平との会談について、こう振り返る。

「先方は初めから『お会いする』という話だった。わたしからお願いして、空振りに終わったことは一度もありません」

同時期に公明党代表の山口那津男《やまぐちなつお》も訪中を実現させている。与党党首として鳴り物入りの訪問だったが、習近平とは短時間の面会だけであった。二階はこんなふうに周囲に説明している。

「他党党首の外交には踏み込まない。何も言うつもりはない。ただ、われわれは約束どおり、堂々と習近平さんに会うだけだ」

この年五月は安倍総理から託された親書を携えての中国訪問となった。だが、今回は親書なしでの訪中。二階はこの点についてはさして拘泥《こうでい》を見せなかった。

〈親書の威光があるから、ありがたがって会ってくれるのとは訳が違う。だから、今回は親書を扱うのはやめにした。親書がなくても、中国側はいつも以上に歓迎してくれた。親書があってもなくても、わたしは中国には行く〉

習近平とこれだけ数多く会談をこなしてきた人物は日本政界広しといえども、二階をおいて他には見当たらない。

今回の同行団の一人はこんな見方を示した。

「これまで交流協議会の枠組みで中国国家主席が議員団と会見・会談したことはありません。トップが交流団を歓迎したのは初めてのことです。議員団を率いている人物が二階幹事長であることを中国側は非常に重視している。その表れでしょう。長い年月をかけて人と人が築き上げてきた人間関係、信頼関係。中国はそうしたものをきわめて大切にしています。地道な交流を続けてこられたのが二階さんという政治家、人間です」

二階と習近平との会談は、同年五月以来でこれで四度目になる。

二階は呼びかけた。

「平成三十年には首脳往来を実現したい」

二階は、習近平とも縁の深い福建省や清華大学、中央党校を訪れたことも紹介した。

習近平は、終始笑みを浮かべ、満足の意を伝えた。

このとき、習近平と訪中議員団が記念撮影をする機会が設けられた。

席上、日中与党交流協議会で二階や井上のカウンターパートにあたる宋濤中国共産党中央対外連絡部長が習近平に報告をする形を借りてスピーチをおこなった。

習が自ら言葉を発することはなかったものの、終始にこやかに耳を傾けている。これほど穏やかに過ごしている様子を日本側メディアのカメラが放列をなすなかで見せるのはもちろん初めて。異例のことである。

二階に同行したメンバーの一人がこう振り返る。

「習近平主席がそんな姿をカメラに撮らせたのは驚きでした。主席はこれまで関係を築いてきた二階さんに対して心を開いている。二階さんという人物に対して、気を許し、リラックスしていました。見ているこちら側にはそんな関係性が伝わってくる情景でした」

写真撮影を前に、二階と井上が習近平を挟むようにして連れ立って会場に入ってくると、全員が拍手で迎えた。

その後、三人は写真撮影の位置に移動した。この間も二階と井上は習近平を両脇で挟んだままだ。

訪問団の一人はこのとき、ある「異変」に気がついた。

「習近平主席は、中央に立っていました。ところが、背広のボタンが開いたままだったんです。両脇の二階・井上両幹事長はもちろん、写真撮影に備えてボタンをしっかり留めている。習近平主席は宋濤中国共産党中央対外連絡部長の報告をにこやかに聞き、日本からの議員団にも言葉をかけながら握手を交わしていました。メディアによる撮影もそろそろ終わるかという頃合いになって、主席は初めてボタンをかけていなかったことに気づいた様子でした。そこで改めてボタンを留め、最後に二階幹事長と握手を交わして会場を去ったんです」

うがった見方をすれば、これも一流の政治家ならではの演出の一環かもしれない。だが、前出の訪問団員はきっぱりと否定する。

「演出とは感じられませんでした。見ている側からすると、ボタンが外れていたことに気づいたときの主席の仕草はごく自然でしたし、リラックスしているように見受けられた。二階俊博という人間が率いている訪問団を前にしているからこそ、ここまでくつろいでいられたんでしょう。それだけ安心感を持って接していい人物として二階幹事長は認識されている」

かつて安倍総理との会談で顔を背けるように握手を交わしてみせたのとはあまりに対照的である。

習近平のここまでの安心感、くつろぎぶりにすべての同行記者が気づいていたかどうかは定かではない。だが、ボタンをかけ直す習近平の姿に目を留めた者であれば、だれでも同じ印象を受けたのではないだろうか。

林幹雄は、いずれにせよ、冷え切っていた日中関係に回復の糸口を用意したのは「二階外交」だとみる。自民党にとっても、官邸にとっても、まさに天佑だった。

〈従来の外務省ルートに頼っているだけでは、とても打開はできなかった〉

日中間の二階外交を補完していく林幹雄

今回の訪中ではさまざまな分野で具体的な個別のテーマについて進展が見られた。同行議員団はそれぞれの分野で議論をまとめていった。

中国側の各部門とのやり取りは以下のテーマについておこなわれた。

①トキの個体供与。
②日本産木材の活用。
③コメ、十都県規制の緩和。
④「トイレ革命」への協力。
⑤知的財産に関する協力。
⑥中小企業・若手CEO間交流。

具体的な制度づくりには手が届いていないとしても、大きな前進といえる。

例えば、木材。日本から輸出を進めるうえで中国側の建築資材の取り扱いをめぐる法規制の改定に中国側が言及した。

あるいは二階のライフワークともいえる農村基盤整備、「土地改良」である。

日中両国は従来からこの分野での技術交流を進めてきた。だが、長らく途絶えたまま放置されている。今回の訪中で「これを再開させたい」との申し入れが中国側からなされた。

日本のコメの輸出についても動きがあった。平成二十三年の東日本大震災と東京電力福島第一原子力発電所事故以来、中国は放射線の影響に配慮して福島県をはじめ、合わせて十都県からの農産物輸入を止めてきた。

林幹雄が振り返る。

〈日本からのコメ輸出に関して、中国側にはこれまで頑なガードがあった。福島県をはじめ、十都県の農産品はいっさい受け入れてもらえない。この点について中国側の責任者とも協議し、まだ発表はできないものの、明るい兆しが見えてきた。近くワーキングチームが発足し、議論を始めるところまで話を降ろせた〉

木材も同様。ヒノキやスギなどの、日本の材木が中国に輸出できない状態が続いていた。理由はよくわからない。だが、これにも転換の光が差してきている。

ユニークなのは、トイレの分野。習近平は国内向けに「トイレ革命」を政策として打ち出している。この分野では世界有数の技術と実績を誇る日本としては、これに協力するのはやぶさかではない。中国国内の農村向けにトイレのモデルを数々提案し、実行の端緒をつけていく。中国側も乗り気だ。

林はこれを受け、経産省を通じ、経団連に話をつけた。

「民間協力でどこまでできるか。ちょっと協力してくれ」

そう持ちかけ、話を進めていく。

さらには映画をめぐっても、日中間で協議がおこなわれている。

すでに日中合作で撮影が進んでいる作品もある。両国の協力関係をもう少し前に進められないかが話し合われた。映画ファンでもある林はこう考える。

〈いつまでも日本の旧陸軍が悪さをして、中国共産党軍がこれを破ったなんてストーリーばかりじゃ、そりゃあ面白くない〉

訪中前、二階俊博は同行する議員団のメンバーに、関心分野に応じて個別テーマを割り振っていった。

林は中国でインフラにおけるパワーのすごさを目の当たりにした。中国の高速道路は現在、距離にして総計一三万キロを超えている。

〈桁《けた》が違う。大変な数字だ。日本の高速道路は今、全体で九〇〇〇キロ。中国は年間九〇〇〇キロを新たに造り、延ばしている。軽く抜かれたのも無理はない〉

同じ構図は新幹線にも見られる。「日本のパクリ」とも言われた中国新幹線だが、距離に関しては日本の九倍とすでに圧倒している。

平成二十九年の一年間に日本を訪れた中国人観光客は約七百三十万人とみられる。平成三十年には約八百万人超えを見込んでいる。その多くは日本を満喫し、高い評価を与え、帰国の途に就く。

日本への旅行で寿司や刺身、ラーメンといった本物の日本食に触れた経験は帰国後もモノをいう。中国国内では現在、日本食レストランがブームを迎えている。最近、店舗数の合計がついに四万軒を突破した。日本食人気と関心の高まりを背景に、コメをはじめ、日本の農産物の輸出にも弾みがつくかもしれない。

チームで取り組む点が特徴の二階外交

「二階外交」はあくまでチームで取り組んでいる点に特徴がある。二階の独り相撲では決してない。腹心の林をはじめ、脇を固めるメンバーがいればこそ、為せる業だといえる。

「平成二十九年末の訪中がうまく機能したのは同年五月の訪中の成果があったからこそ」

同行団のなかにはそんな声が少なくなかった。各分野で具体的な進展が見られたことで二階の言う「春暖」も現実味を帯びてきた。日中関係はようやく春の暖かさを実感できるところまで改善にこぎつけようとしている。

外交、特に隣国とのそれは難しい。一進一退という側面もある。時勢に応じてではあるが、経済や文化の面で交流を深める下地はできつつある。

「二階の対中外交を見ていくと、転機となった中国訪問が四つある」

二階の訪中に同行した経験が豊富な人物はこんな分析を口にした。

まずは、第一の転機。二階俊博と中国の習近平国家主席に初めて接点が生まれたのは、平成二十七年三月のことだった。

当時、二階はまだ前職の自民党総務会長だった。

この年三月の「ボアオ・アジア・フォーラム（ＢＦＡ）」第十四回年次総会に出席するため、中国を訪れていた。

この機を捉え、二階側が習近平周辺に初接触を図ったのだ。ＢＦＡは「ダボス会議」に対抗し、中国が主導する国際会議だ。

年次総会では習近平と李克強総理が交互に演説し、「一帯一路」などを通じたアジア共同体の構築を主張している。

二階はこの年の十一月、ＢＦＡを支援する日中友好団体「日本ボアオ会」を結成し、会長に就任している。発起人には前経団連会長の御手洗冨士夫も名を連ねた。

三月の接触はこの年五月の二階を筆頭とする三千人の中国訪問として結実する。これが二番目の転機だ。

この訪中は『人民日報』をはじめ、中国国内の主要メディアが大きく報じた。

中国側が日中関係への姿勢を転換させたことを内外に知らしめている。

習近平は訪中団を前に「わたしたちはこういう日中関係を築いていく」と高らかに宣言。メディアはこのスピーチを「重要講話」と位置づけている。これこそまさに明白な「転換」だった。このときの訪中メンバーは今も興奮を隠さない。

「これまでも日中関係改善の必要性を訴える人はいました。ただ、表立って動くのはなかなか難しかった。この『重要講話』で完全に潮目が変わったんです」

三番目の転機は、平成二十九年五月。前年八月に幹事長となった二階は「一帯一路」をテーマにした国際会議に出席した。

そして、最後の転機は、同年十二月の第七回日中与党交流協議会での訪中である。

二階俊博と習近平の間には隣国の首脳同士という間柄を超えた信頼関係が構築されている。林幹雄は思う。

〈今や「二階―習近平ルート」と呼ぶ人もいるくらいだ。外務省や経産省には真似できない独自の外交チャンネル。これを党人派の二階さんが一つ一つ積み上げてきた意義はとてつもなく大きい〉

安倍晋三が総理となって以来、国内メディアは「反中」報道にいっそう力を入れるようになった。そんな風圧のなかで日中外交で地道に実績を積み上げてきたのが、二階俊博だ。

〈気に入らん日があれば、そこは片目をつぶってでも、次の段階を待ち受ける。そういう度量がなければいかん。人と人との付き合いと一緒だ〉

平成二十九年十二月の訪中は真の「親中派」二階俊博の蓄積の凄みを見せつけるまたとない機会となった。

〈記者連中も一緒にいろんなところへ連れて行った。内緒にしないで、じかに会わせた。びっくりしていた〉

今後の日中関係を考えると、二階が築き上げてきた財産を受け継いでさらに発展させられる人材が続いて出てくるかどうかにかかっているともいえる。

平成二十七年十二月二十五日、中国の主導でアジア向けの国際開発金融機関「アジアインフラ投資銀行

（ＡＩＩＢ）」が発足した。日本は米国と共同歩調を取り、平成三十年に入っても、なお参加を見送っている。

二階俊博は、ＡＩＩＢに関しても積極的だ。

〈参加したって別にいいんじゃないか〉

沖縄県知事選の敗北の真因

林幹雄は、自民党の幹事長代理兼選挙対策委員長代理として、二階俊博幹事長の指揮のもと、様々な地方選挙に力を入れている。

与党が推す花角英世《はなずみひでよ》の勝利に終わった平成三十年六月十日の新潟県知事選挙に続き、林たちが力を入れたのが九月三十日に投開票日を迎える沖縄県知事選挙だった。

当初この選挙は、現職の翁長雄志《おながたけし》沖縄県知事の任期が平成三十年十二月九日に満了になることに伴って、平成三十年十一月一日告示、十一月十八日投開票のスケジュールでおこなわれる予定であった。

また翁長知事が、平成三十年五月十五日に四月におこなった膵臓の腫瘍の病理検査でステージ２の膵癌《すいがん》であることを公表したこともあり、現職の翁長が十一月の知事選挙に出馬するかどうかも注目されていた。

その動向が注目されるなか、八月八日、翁長知事は、膵癌のために満六十七歳で死去する。翁長知事の死去によって、知事選も、九月十三日告示、九月三十日投開票の日程で実施されることが決まった。

在日米軍普天間《ふてんま》飛行場の名護《なご》市辺野古《へのこ》への移設などをめぐり、翁長知事とは対立関係にあった安倍政権にとって、非常に重要な選挙であった。

四年前の平成二十六年十一月十六日におこなわれた沖縄県知事選挙では、当時の那覇《なは》市長で、自民党沖縄県連の実力者でもあった翁長が、自民党を離党し、辺野古への移設反対を掲げ、共産党や社民党、自由党、基地移設に反対する保守系財界人などの支援を受けて出馬し、現職の仲井眞《なかいま》弘多《ひろかず》を破って当選していた。

翁長知事が安倍政権との対立姿勢を強めていたこともあり、自民党としては、なんとしても勝ちたい選挙であった。

翁長の死去後、翁長県政の与党であった共産党、社民党、自由党や、翁長に近い保守系財界人が中心の「オール沖縄」は、弔い合戦として辺野古移設反対などの方針を引き継ぐ候補者の擁立を模索した。

その結果、沖縄三区選出の衆議院議員で、自由党幹事長を務める玉城《たまき》デニーが出馬することになった。玉城は、八月二十九日に出馬を表明した。

いっぽう、前回の選挙で現職の仲井眞知事を推薦した自民党は、宜野湾市長の佐喜眞淳《さきまあつし》を擁立することを決め、佐喜眞は玉城より一足早く、八月十四日に出馬表明をした。

佐喜眞陣営では、知事選の勝利に向けて、着々と手を打っていた。七月三日に記者会見で出馬表明していた元日本青年会議所会頭の安里繁信との一本化に八月十九日に成功した。また、四年前の知事選で自主投票だった公明党や、前回の知事選に出馬していた下地《しもじ》幹郎《みきお》が所属する日本維新の会の推薦も得ていた。

二階派は、この選挙にも力を入れていた。

国会議員の秘書も、十日で交代するサイクルをつくり、応援に入った。

また、各県連の会長や幹事長にも支援要請の通達を出して、知人に声をかけるように要請した。

九月十六日には、小泉進次郎と菅義偉官房長官が沖縄入りし、那覇市の県庁前で並んで演説をしたこともあった。

林によると、これは計画したわけではなく、偶然その日になったという。

自民党側は「弔い合戦にならないように」と心がけていたが、玉城を推す「オール沖縄」陣営は、翁長前知事の後継者としてのイメージを打ち出し、選挙戦を完全に弔い合戦にしようとしていた。

今回の知事選に合わせて、自民党はかなり用意周到な準備をしていた。日本維新の会の衆院議員である下地幹郎からの全面的な支援や、公明党からの協力もとりつけ、環境自体はかなり整備していた。

だが、弔い合戦になりそうな雰囲気を見て、林は心配していた。

林は、先行きを懸念し、選挙前に自民党沖縄県連の知り合いに訊《たず》ねていた。

「沖縄でも、選挙の際に弔い合戦になる雰囲気はあるんですか」

その知り合いは、林の不安を払拭するように答えた。

「いや、沖縄には弔い合戦という風習はありません」

林は驚いた。

〈本当にそうなのか。弔い合戦になるのではないだろうか……〉

林の懸念は結果的に的中していく。

選挙中の九月二十二日には、翁長前知事の妻の樹子《みきこ》夫人が、那覇市の新都心公園で開かれた玉城陣営の総決起集会で、ただ一度だけマイクを握り、玉城への支持を訴えた。

「ウチナーンチュのマグマを噴き出させて命《ぬち》かじり頑張ろう。簡単には勝てない。それでも、簡単には負けない」

樹子夫人の登場もあって、弔い合戦ムードはさらに高まっていった。

九月三十日、沖縄県知事選挙の投開票がおこなわれた。

結果は、立憲民主党、国民民主党、共産党、自由党、社会民主党、沖縄社会大衆党が支援した「オール沖縄」陣営の玉城デニーが三十九万六千六百三十二票を獲得し、当選。

自由民主党、公明党、日本維新の会、希望の党の推薦を受けた佐喜眞淳は、三十一万六千四百五十八票で玉城の前に敗れる結果となった。

林は、今回の知事選の敗因は、有権者に翁長知事の弔い合戦として認識されたことにあると分析していた。

林が振り返って語る。

「こちらも相当力を入れていたにもかかわらず、かなり差が開いたのは、樹子夫人の演説と、玉城デニーが翁長前知事の後継者であることを打ち出した新聞の全面広告の二つが要因だろう」

佐喜眞陣営としては、基地問題よりも、県民の生活向上を訴えることに注力した。

が、劣勢を挽回するまでにはいかなかった。

また、佐喜眞自身の知名度不足も響いた。

県会議員と宜野湾市長として行政経験は豊富だったが、全県的な知名度はタレント出身の玉城デニーには遠く及ばず、短期決戦では不利となった。

沖縄では知事選後も、十月十四日投開票の豊見城《とみぐすく》市長選挙や、十月二十一日投開票の那覇市長選挙で、「オール沖縄」陣営の推す候補者が当選した。

豊見城市長選挙では、新人で社民党、共産党、沖縄社会大衆党、自由党、国民民主党、立憲民主党推薦の前市議の山川仁《やまかわひとし》が一万千二百七十四票を獲得。七千六百五十四票を獲得した新人で自民党、日本維新の会、希望の党推薦で前市議の宜保安孝《ぎぼやすたか》、六千四百五十九票を獲得した現職の宜保晴毅《はるき》を破って、初当選を飾った。

那覇市長選挙では、玉城デニー沖縄県知事や野党各党が支援した現職の城間幹子《しろまみきこ》が、自民党沖縄県連の重鎮の翁長政俊《おながまさとし》を破り、再選を決めた。城間は、七万九千六百七十七票を獲得し、四万二千四百四十六票の翁長に対して四万票近くの差をつける圧勝であった。

林によると、豊見城市長選は保守系が仲間割れし、一本化できなかったことが敗因だったという。また、那覇市長選は、事前調査で現職優勢の結果が出ており、地元の自民党組織からは「名誉ある撤退をするべきでは」という話も出ていたという。だが、結局、候補者本人が制止を聞かずに、出馬を強行したという事情があった。

沖縄で敗北が続くいっぽうで、明るいニュースもあった。

那覇市長選から一週間後の十月二十八日投開票の新潟市長選挙では自民党本部が支持した前参院議員の中原八一《なかはらやいち》が勝利をおさめた。

この選挙は、中原のほかに、前市議で自民党系会派の所属だった吉田孝志、元官僚で新潟市北区長の飯野晋、野党五党が支援する前市議の小柳聡の四人が出馬する大激戦であった。選挙結果も、当選した中原が九万八千九百七十五票、次点の小柳が九万九百二票、吉田が九万五百三十九票、飯野が四万九千四百二十五票と大混戦であった。

新潟市長選挙も自民党系から中原と吉田の二人が出馬する保守分裂選挙となったが、こちらは参議院議員時代に二階派に所属していた中原が当選した。

この選挙は、地元の自民党が市議も県議も足並みが乱れていたため、新潟県連として正式に自民党が推薦する候補を擁立することはできなかった。結局、中原を自民党本部支持という形で応援することになった。

大きな勝負となる次期参院選に向けた決意

二〇一九年の参院選は、安倍政権にとって非常に大きな勝負となる。

焦点は、三十二ある一人区でどれだけ勝てるか。平成二十五年の参院選で自民党は六十五議席を獲得し圧勝したため、今回の選挙で改選議席を維持するのはかなり至難の業だ。

しかも、次の参院選は、十二年に一度の統一地方選と同じ年におこなわれる亥年の選挙となり、過去自民党が苦戦することが多い。

平成十九年の参院選でも、当時の自民党は、小沢一郎率いる民主党相手に惨敗し、結果的に第一次安倍政権が退陣するきっかけとなっている。

選挙を差配する二階や林らの役割は非常に大きい。

林は語る。

また、永田町では、衆参ダブル選挙となる可能性も噂されている。実際にはあるのだろうか。

「これは、そのときの状況によって左右されるもので、最高の政治的決断だから、ギリギリまでわからない」

安倍総理は、憲法改正を推し進めたい考えを示しているが、その先行きはどうなるだろうか。

林が語る。

「わたし個人の意見で言えば、実際に憲法改正をやるなら、教育の無償化や、環境権など、幅広い理解を得られるものに絞って一歩ずつやっていったほうが良いと思う。いきなり、九条について扱うのは、反発も多く、合意形成が難しくなる」

参院選を考えると、憲法改正に邁進《まいしん》すればするほど、連立相手となる公明党との関係も難しくなり、選挙協力がスムーズにいかなくなる可能性もある。

林によると、憲法改正問題は幹事長室では取り扱わず、今回の党役員人事で自民党憲法改正推進本部長に就任した下村博文が中心となって進めることになるという。

林は、二階から政治家として様々な影響を受けている。行動を共にするうち、知らず知らずに二階流の政治手法がしみついてきたことをときに実感している。

二階の政治信条は「有言実行」だ。一度口にし、約束したことはすぐ実行に移し、絶対に実現させる。

以前、農業振興が議論になったとき、政治家自身が稲刈りなどの農作業の実態を知らないことが議題になった。

そのとき、二階は即決即断で提案した。

「なによりもまず、自分たちで田植えや稲刈りを体験してみてはどうだろうか」

二階の提案によって、立ち上がったのが「自民党米作りプロジェクト」だった。

このプロジェクトは、米が日本人の主食であり食生活に欠かすことができない農作物であることや、稲作が文化や自然環境の保全、景観などさまざまな面で礎になっていることから、自民党の所属国会議員が自ら田植えや収穫をおこなうことで農業に対する理解を深めることを目的に、設立された。

プロジェクトのオーガナイザー（総括）には二階が就任し、農水大臣経験者で農政通の森山裕《もりやまひろし》がリーダー（委員長）に、林も副委員長として名前を連ねている。

このプロジェクトは、平成二十九年三月に発足し、平成二十九年六月十七日に東京都青梅《おうめ》市の水田（約一〇アール）で、初夏の日差しを浴びるなか、開催された。

林や二階も、田植え用のゴム足袋を着用し、プロジェクトメンバー三十人の国会議員、JAグループや地元の関係者など総勢約百十人の参加者とともに、田植えに汗を流し、農業への理解を深めた。

このプロジェクトは、平成三十年も、埼玉県久喜《くき》市で実施され、多くの自民党所属の国会議員が参加している。

このようになによりも有言実行が二階の信条だ。

地方創生についても同じだった。「隗より始めよ」の精神で、永田町にある自民党本部の前で、各地域の物産展を積極的にやるようになった。

この試みは以前からやっていたが、平成二十八年八月に二階が幹事長に就任すると、さらにペースアップするようになり、沖縄、秋田、滋賀、徳島などの各都道府県が矢継ぎ早に物産展を開くようになっている。

二階自身も、物産展がおこなわれるたびに、顔を出して視察している。

林の地元の千葉県も、平成三十年五月十七日に自民党本部で「ちば・大地と海の恵み物産展」と題して開催した。

南房総市《みなみぼうそうし》で採れた房州びわや、林の地元の銚子漁港で水揚げされた金目鯛など、約八十品目の千葉県産の農水産物が並んだ。

林も、セレモニーで挨拶し、呼びかけた。

「千葉県は、全国有数の農業県で日本一の水揚げ量を誇る漁港も抱えている。きょうは県産品をお腹いっぱい楽しんでほしい」

会場では、富里市《とみさと》の大玉スイカや海匝《かいそう》地域の交雑牛の焼肉など様々な試食品が振る舞われ、森田《もりた》健作《けんさく》知事も参加し、「自慢の県産品だ」と太鼓判を押した。

二階も千葉の味覚に舌鼓を打っていた。

林によると、最近では、各都道府県連が売り上げを競うほど積極的に参加するようになった。

平成二十九年二月十六日には、安倍総理の地元である山口県の物産展もおこなわれた。

このときは、安倍総理も参加し、地元の日本酒の売り子を務め、それまでの売り上げ記録を更新するほどだった。

林によると、これまでの売り上げがダントツだったのは、平成三十年三月十四日の「北海道命名一五〇年・北海道物産展」だったという。

モンゴル、ベトナムへの林や武部の議員外交の取り組み

二階は、海外との交流も活発だ。

二階が幹事長になってからは海外の要人と面会する機会も増え、自民党の国際局がめまぐるしく忙しくなったという。

習近平と安倍総理の関係が良好になってきたのも、その土台づくりとして、二階や林が活発に中国を訪問し、地ならしを地道におこなってきたことが影響している。

林は振り返って思う。

〈二階さんといっしょになって動いてきたことが日中の友好関係を深めるために、いろんな意味で重しになってきているんだな〉

林幹雄は、議員外交にも積極的に取り組んでいる。

現在は、衆議院日本・モンゴル友好議員連盟の会長を務めている。

衆議院日本・モンゴル友好議員連盟は、それまで自民党の衆院議員が所属する自民党モンゴル議連と、民主党の衆院議員が所属する民主党モンゴル議連の二つが平成二十六年の十一月に解散し、十二月十四日投開票の衆院選後に新たに衆議院議員に呼びかける形で設立した議連だ。

自民党モンゴル議連の会長だった林は、衆議院日本・モンゴル友好議員連盟発足後も、そのまま会長に就任した。

もともと、林が自民党モンゴル議連の会長となったきっかけは、前任の会長で、山崎派の先輩議員であった武部勤《たけべつとむ》から頼まれたからだった。

武部は、平成二十四年十二月の衆院選に出馬せずに引退を表明。その際に、武部会長のもとで、議連の幹事長を務めていた林が引き受けることになった。

ちなみに、モンゴルに関連する議員連盟は、もともと、自民党モンゴル議連、民主党モンゴル議連、参議院議員のモンゴル議連の三つが存在し、参議院は合併することなく、そのまま残っている。

林は、日本とモンゴルを結ぶ様々な活動をおこなっている。

林は、平成二十九年七月九日から十二日にかけて、総理特使としてモンゴルを訪問し，滞在中、ハルトマー・バトトルガ・モンゴル国大統領の就任式典に出席した。

林は、バトトルガ大統領やエルデネバト首相ら、モンゴル側の多数の要人と意見交換をおこない、毎年七月十一日の革命記念日にちなんで三日間おこなわれるモンゴルの国民的民族の祭典「イフ・ナーダム」開会式などに出席した。モンゴル相撲のブフ、競馬、弓射の三つの競技がおこなわれる。

また、林は、同じ年の九月六日から九日にかけても、衆議院モンゴル訪問団の団長として、モンゴルを訪問した。

地方自治体や民間企業など総勢六十名近い関係者が同行し、バトトルガ大統領、エンフボルド国家大会議議長、スミヤバザル・モンゴル・日本友好議員連盟会長らのモンゴルの要人と意見交換をおこない、相互理解と友好親善関係をいっそう緊密なものとした。

ちなみに、二階も林の依頼により、モンゴル議連の顧問を務めている。

モンゴルは、人口は三百万人ほどだが、多くの天然資源を有している。

現在、モンゴル政府は、金鉱や銅鉱、モリブデン、石炭などの開発を推進しており、近年では、豊富な天然資源を狙った外資系企業の活動も活発になってきている。

が、モンゴルには難点もある。天然資源を輸出するにしても、北はロシア、南は中国と大国に囲まれ、資源を国外に輸出するのが難しい点だ。天然資源を輸出するにしても、海に出て船で運ばないと輸送費が高くなる。そうなると、中国やロシアの鉄道を借りて運ばなくてはならず、中国やロシアの顔色をうかがう必要がある。モンゴルは、政治的にも、ロシアや中国との関係に気を使わなくてはいけないため、難しい。

モンゴル自体は非常に親日的な国の一つである。それは、かつてモンゴルが一九九〇年から九二年にかけて、民主化を果たした際、日本がとても協力的だったからである。

かつては社会主義国で一党独裁だったモンゴルだが、九二年の新憲法公布後は、直接選挙で選出される一院制の国家大会議と大統領が並立する二元主義的議院内閣制（半大統領制）が採用され、一党独裁の時代は終わっている。国家大会議は、その後四年ごとに総選挙をおこなってきたが、そのたびに政権交代が起きている。

日本とモンゴルの新時代を拓く

安倍総理は、平成三十年十二月十三日午後五時三十八分、首相官邸に総理の招待で日本を公式訪問中のモンゴルのオフナー・フレルスフ首相を出迎えた。儀仗隊による栄誉礼、儀仗のあと、午後五時五十分から約四十分間、首脳会談をおこなった。

フレルスフ首相は、平成二十九年十月に首相に就任し、安倍総理とは初めての会談であった。

実は、林は、フレルスフ首相とは、平成二十九年七月に、安倍総理の特使としてバトトルガ大統領の就任式典に出席の際、「イフ・ナーダム」で会っている。そのときの総指揮官がフレルスフであった。当時は、エルデネバト内閣の副首相であった。

安倍総理は、フレルスフ首相に語りかけた。

「自由、民主主義、人権、法の支配などの普遍的価値を共有する重要な戦略的パートナーであるモンゴルを一貫して重視しており、地域の平和と安定を実現するため、フレルスフ首相と手を携え、共に取り組んでいきたい」

これに対し、フレルスフ首相は語った。

「九〇年代初頭のモンゴル民主化以降の日本の支援はモンゴルの今日の発展の基礎であり、改めて感謝します」

安倍総理は、平成二十九年三月の「中期行動計画」に基づき広範な分野でモンゴルとの関係が強化されていることや、同計画に沿って引き続き関係を深化させていくことにも言及した。

また、安倍総理は、第九回官民合同協議会の成功に触れつつ、語った。

「日モンゴル経済連携協定（ＥＰＡ）の着実な実施などを通じて、経済・ビジネス関係の強化に向けて連携したい。新ウランバートル国際空港の事業権契約交渉の早期妥結、早期の供用開始に向けたフレルスフ首相のリーダーシップに期待しています」

これに対してフレルスフ首相は、経済関係の強化に向けたモンゴル側の取り組みと新空港の早期開港への決意を表明した。

安倍総理とフレルスフ首相は、両国の貿易・経済関係のいっそうの強化に向けた協力を推進することで一致した。

安倍総理が「自由で開かれたインド太平洋」の実現に向けた取り組みについて説明すると、フレルスフ首相からは賛意が示され、二人は「自由で開かれたインド太平洋」の実現に向けて協力していくことでも一致した。

さらに、安倍総理大臣はフレルスフ首相に表明した。

「日本としてモンゴルの東アジア首脳会議（ＥＡＳ）加盟を支持している」

また、二人は、北朝鮮によるすべての大量破壊兵器およびあらゆる射程の弾道ミサイルの完全な、検証可能な、かつ、不可逆的な廃棄を実現するため、すべての国連加盟国による関連する安保理決議の完全な履行が重要であるとの点でも一致した。

さらに安倍総理が、拉致問題の解決の重要性を強調すると、フレルスフ首相は、拉致問題の解決に向けた日本の立場を支持することを表明し、二人は、拉致問題の早期解決に向け、引き続き緊密に連携していくことでも一致した。

会談後には、安倍総理とフレルスフ首相が立ち会いのもとで「日本国環境省とモンゴル国自然環境・観光省の間の環境協力に関する協力覚書」への署名がおこなわれ、日モンゴル共同声明および「戦略的パートナーシップのための中期行動計画」進捗状況が発表された。

その後、両首脳による共同記者発表がおこなわれ、午後六時四十六分から公邸に場所を移し、安倍総理が主催する夕食会が開かれた。

夕食会には、モンゴル側からは、フレルスフ首相に加え、平成二十九年十月二十日のオフナー・フレルスフ内閣発足に伴い鉱業・重工業大臣に就任したドルゴルスレン・スミヤバザルも出席した。彼は、元横綱で現在はモンゴル国民投資銀行の経営者で、モンゴルの大統領ハルトマー・バトトルガのブレーンでもある朝青龍の実兄である。アトランタオリンピック、シドニーオリンピックにレスリング・フリースタイルモンゴル代表として出場。アトランタ大会では開会式においてモンゴル選手団の旗手も務めている。弟の朝青龍は、「兄は自分の十倍強い」と言っている。ボブ・サップとも対戦している。モンゴル・日本友好議員連盟の会長も務めているので、衆議院日本・モンゴル友好議員連盟の会長の林とは、親しい仲である。

自民党からは、衆議院日本・モンゴル友好議員連盟会長の林幹雄のほか、参議院日本・モンゴル友好議員連盟会長の山崎正昭、衆議院議員の西村康稔内閣官房副長官、参議院議員の野上浩太郎内閣官房副長官が出席した。

公明党からも、山口那津男代表が出席した。

また、武部勤は、派閥の会長として支えた渡辺美智雄の影響もあり、議員外交に熱心であった。

現在、林が事務局長を務め、二階が会長を務めているベトナム友好議連と日本・インドネシア友好議連も、もともとは武部が会長を務め、それを引退に際して、二階が引き継いだものである。

ベトナム議連は、現在は、二階が会長、岸田《きしだ》文雄《ふみお》政調会長が幹事長、林が幹事長代理を務める体制となっている。

ベトナムも非常に親日的な国で、政府首脳は頻繁に来日している。

ベトナムは、今後も成長が見込まれる国の一つで、かつての日本の高度成長期のように、非常に活気があり、それはインドネシアも同様である。

が、そのいっぽうで、インフラ整備などまだ遅れている部分も多く、日本が、道路や港湾、鉄道などの建設で協力できる余地はかなりあると思われる。

インドネシア議連は、もともと、武部が会長を務め、林が幹事長だった。二階が会長を引き継いだのちも、林はそのまま幹事長を務めている。

林が所属するこれらの議連では、相手国の議員との交流を中心として、政府間の交流も、バックアップしている。

「ミスター成田空港」林幹雄の足跡

政治家たちの言葉のなかで、もっとも強く林の印象に残っているのは、中曽根康弘《なかそねやすひろ》元総理の言葉だ。

林がまだ当選一回の新人議員だったころ、月に一度くらいのペースで若手議員が集まり、勉強会を開いていたことがあった。その席に講師として中曽根が参加してくれたことがあった。

すでに七十五歳を超えていた中曽根だったが、戦後まもないころから議員生活を始め、五年近くの長期政権を築く大宰相となった人物だけあって、その言葉は力強く、そして、あふれるばかりの知性を林たちに感じさせるものだった。

中曽根は集まった若手議員たちを前にして語った。

「なんでもいいから一番になれ。食事の早食いだって、会議に誰よりも早く出席することだって良い。政治家は『誰にも負けない、絶対に俺が一番だ』というものを一つは持たなきゃいけないぞ」

その一言は、林に強烈な印象となって残っている。

林は中曽根の言葉を思い出すたびに、強く思う。

〈おれにとっての一番は、やっぱり成田空港だな〉

林の選挙区である千葉県第十区は、銚子市、匝瑳市、旭市、香取市、香取郡、山武郡横芝光町（旧光町域）と、成田国際空港のある成田市によって構成されている。

成田国際空港は、日本の空港において総利用者数は羽田空港に次ぐ第二位だ。

平成二十九年の統計によると、国内線で七百五十四万二百四十九人、国際線で三千百九万千三百九人、合計で三千八百六十三万千五百五十三人が利用している。国際線のみに限ったら、ダントツの一位である。

成田空港の利用拡大と発展の歩みは、まさに政治家・林幹雄の歩みと重なっている。

運輸政務次官や国土交通副大臣を歴任し、現在も、自由民主党成田国際空港推進議員連盟の幹事長を務めている林は、ときおり「ミスター成田空港」と呼ばれることもある。

林が特に成田空港と向き合うようになったのは、平成十年七月三十日に発足した小渕恵三《おぶちけいぞう》内閣で、運輸政務次官に就任したことが大きい。

川崎二郎《かわさきじろう》運輸大臣のもとで、林は、当時焦点となっていた成田空港の二本目の滑走路となる平行滑走路の建設問題に取り組むことになった。

運輸省としては、平成十年七月に、平成十二年度を目標とする平行滑走路などの整備を含む「地域と共生する空港づくり大綱」を地域に提案した。周辺地域への説明を経て、その意見を踏まえて一部修正をおこない、この年の十二月に最終とりまとめをおこなった。

翌平成十一年に入ると、運輸省と新東京国際空港公団の幹部が再三にわたり、平行滑走路の整備予定地である成田市東峰地区の住民を訪問し、用地買収の交渉を進めた。

だが、東峰地区の住民の理解は得られなかった。そのため、予定していた二五〇〇メートルの平行滑走路の建設の見通しは険しいものであった。

この年の五月ごろまでに用地買収ができないと、当初の計画どおりに平成十二年度の完成は難しかった。

運輸省内では、計画の実現が難しいことがわかってきた平成十一年一月頃から、計画を断念する場合、どのような形で責任をとるべきかが議論になっていた。

もし、川崎二郎運輸大臣が辞任した場合、内閣全体の問題になる可能性もあった。

そのため、運輸省内では、大臣の代わりに政務次官の林と当時の運輸事務次官の黒野匡彦の二人がともに辞任して責任をとるという案が浮上していた。

ちなみに、黒野は、のちに新東京国際空港公団総裁や、成田国際空港㈱（＝株式会社）の初代社長を務めている。

当時事務次官の黒野は、事務次官として二年目に入り、七月に退官予定であったため、責任をとって辞めることについては異論はなかった。むしろ林の立場を心配してくれた。

「林先生のほうが成田空港が選挙区にあるわけで、大変なのではないでしょうか」

だが、林は、もしもの場合は辞任する腹を決めた。

「そのときは、選挙区の人たちもわかってくれますよ」

結局、責任をとるような事態になった場合は、当時の新東京国際空港公団の中村徹総裁も含めて、三人で辞任することにした。

その後、成田空港の平行滑走路問題は、林運輸政務次官の陣頭指揮のもとで、様々な案を検討することになった。

五月十日には、平行滑走路などの平成十二年度完成目標を目指す当初案の実施を断念することを表明した。

その後、平行滑走路の建設自体は断念せず、すでに買収済みの用地を活かした新しい計画を五月二十一日に発表した。

この計画は、二五〇〇メートルの平行滑走路の早期着工・運用開始を目指しつつも、暫定的な措置として、すでに取得済みの用地を活用して、日韓ワールドカップの開催に間に合うように約二二〇〇メートルの暫定平行滑走路を建設するというものだった。

この新方針を発表することになり、林たち三人が辞任することはなくなった。

結局、林は、内閣改造がおこなわれる平成十一年十月五日まで運輸政務次官を務めることになった。

その後、新方針に基づいて建設工事が進められ、二一八〇メートルの暫定平行滑走路として、平成十四年四月十八日に運用が開始された。

また、当初の二五〇〇メートル化も、計画を変更することによって達成された。地権者との交渉の見通しが立たなかった国土交通省は、平成十八年八月四日、本来の計画とは反対の北側へ三二〇メートル延伸する決定を下した。

その後、地元住民などへの説明や国土交通省と千葉県、成田市など空港周辺市町と成田国際空港㈱で構成される「成田空港に関する四者協議会」の合意を得て、この年九月十五日に工事を開始。平成二十一年十月二十二日から運用が開始されるようになった。

上下一体を提唱し、成田国際空港株式会社法の成立に関与

林は、運輸政務次官を退任したのちも、自民党の国土交通部長や、国土交通副大臣などを歴任し、ことあるごとに成田空港の発展に関わってきた。

平成十三年四月に小泉純一郎《こいずみじゅんいちろう》政権が発足し、特殊法人の改革が議論になった際には、成田空港を運営する新東京国際空港公団の民営化も対象となった。

このとき、民営化後に下部（インフラ）の管理と上部（運行・運営）をおこなう組織を分離し、下部と上部の会計を独立させる上下分離方式の導入が提案された。

その際、林は、上下分離方式の導入に反対するために、当時の山崎拓幹事長に必死に訴えた。

「成田空港は、上下一体じゃないと絶対にダメです。譲ってはいけません」

林の動きもあり、新東京国際空港公団は、平成十六年四月一日に、成田国際空港株式会社に改組された

が、上下分離方式は導入されなかった。

また、民営化と同じ時期に、新東京国際空港から成田国際空港へと空港の名称変更もおこなわれている。

これも林が、地元の要望を受けて、積極的に動いた結果、民営化について定めた成田国際空港株式会社法に空港の改称が盛り込まれたことで実現した。

小泉純一郎

もう一つ、林が熱心に取り組んだのは、東京都心部と成田空港間のスピードアップを実現した京成成田空港線（愛称・成田スカイアクセス線）の開通だ。

この路線は、これまで印旛《いんば》日本医大駅まで通じていた北総鉄道北総線をさらに東へと延伸し、成田国際空港に直結させた路線だ。完成すれば、東京都心から成田国際空港へのアクセスを改善することが見込まれていた。

林は、運輸大臣経験者で山崎派の重鎮である亀井《かめい》善之《よしゆき》に協力してもらい、「成田新高速鉄道を実現させる会」を発足させ、会長に就任してもらった。

さらに林は、自ら事務局長として、積極的に実現に向けて動いた。

当時の小泉純一郎総理や、自民党の党三役にも直訴し、成田空港線の重要さを説いた。

林たちの活動が実り、平成十三年八月二十八日に、小泉政権の都市再生プロジェクトの一つと見なされ、実現に向けて動き出していった。

その後、平成十八年二月四日に、成田国際文化会館で起工式がおこなわれ、平成二十二年三月に完工、七月十七日に開業した。

この路線が開通したことにより、日暮里―成田空港間が従来よりも十五分早い約三十六分で結ばれるようになり、成田空港の利便性がさらに高まった。

林は、成田国際空港推進議員連盟の設立にも尽力した。

この議連は、平成二十年六月四日に設立されたもので、会長には運輸大臣経験者である二階に就任してもらった。

林は幹事長に就任し、事務局長には梶山弘志が就任した。

現在、日本を訪れる外国人観光客の数は、年々増えている。

国際空港としての成田空港の役割も、それに合わせて非常に大きなものとなっている。

最近では、成田空港に三本目の滑走路を造るなど新たな拡張計画も進行中である。

平成三十年三月十三日には、国と成田国際空港㈱（ＮＡＡ）、千葉県、空港周辺の地元自治体で構成される「四者協議会」が、十年後の実現を目指して、三本目の滑走路の建設、Ｂ滑走路（二五〇〇メートル）の一〇〇〇メートルの延伸、空港敷地面積および運用時間の拡大をすることで合意した。

今回の合意は、将来の訪日客増や、海外の空港との競争に勝ち抜くための機能強化を狙ったものだ。

かつては地元住民との激しい対立を抱えながら建設された成田空港だが、現在空港を取り巻く地域の視線は変わってきている。

人口減少に悩む空港周辺の地元自治体からは地域活性化の最後の切り札として見られ、多くの雇用を生む存在となっている。

林は強く願っている。

〈今後も「ミスター成田空港」として成田空港の発展と地域住民の生活向上のために力を尽くしていきたいと願っている〉

ちなみに、林の長男の林幹人も、成田市を選挙区とする千葉県議会議員で、自民党千葉県連の成田空港議連の幹事長を務めている。

親子二代にわたって、成田空港問題のエキスパートとなっているようだ。

永年在職表彰を受けた林幹雄の二十五年の議員生活回顧

平成三十年五月二十二日、平成五年七月に国会議員に初当選して以来、二十五年の年を重ねた林は、永年在職表彰を受けた。

林をはじめ、自民党では安倍晋三総理、野田《のだ》聖子《せいこ》総務大臣、茂木《もてぎ》敏充《としみつ》経済再生担当大臣、塩崎《しおざき》恭久《やすひさ》元厚生労働大臣、岸田文雄政調会長、浜田《はまだ》靖一《やすかず》元防衛大臣、鴨下《かもした》一郎《いちろう》元環境大臣、野党では、共産党の志位《しい》和《かず》夫《お》委員長と穀田《こくた》恵二《けいじ》国会対策委員長、枝野《えだの》幸男《ゆきお》立憲民主党代表、前原《まえはら》誠司《せいじ》元民進党代表、玄葉《げんば》光一郎《こういちろう》元外務大臣ら総勢十三名が表彰された。

林は、国会で代表して謝辞を述べた。

「ただいま、院議をもちまして、われわれ十三名に永年在職表彰の御決議を賜りました。大変身に余る光栄であります。最年長ということで、代表してご挨拶をさせていただきます。わたしたちは平成五年の初当選以来、お互いに切磋琢磨し、ときには党派を超え、励まし合ってきた同志であります。まずもって、今日までひとかたならぬご支援ご厚情を賜りましたふるさとのみなさまに、心から感謝と御礼を申し上げます。

また、全国各地で叱咤激励下さったみなさま、ご指導いただきました先輩・同僚議員のみなさま、事務所の秘書、役所や国会職員、党本部のみなさん、そして、本日傍聴席にも来ていますが、苦楽を共にしてくれた愛する家族に、ひたすら感謝致しております。

わたしは、父である林大幹の秘書を十年、千葉県議会議員を三期務めたあと、平成五年七月の第四十回総選挙で、初当選させていただきました。

『政治改革』『新党ブーム』の風が吹く、大変厳しい選挙でありましたが、ふるさと銚子のみなさまをはじめ、選挙区のみなさま方のお力添えに、改めて深く御礼申し上げる次第であります。

この選挙で、自民党は結党以来初めての野党となり、野党議員としてスタートした訳ですが、『政権交代はいつでも起こりうる』という事実は、わたしの政治活動に緊張感を与えてくれるものでした。以来、二十五年間、『一意専心』、地元千葉県の発展と、安心安全な国づくりに、全力投球してまいりました。

福田内閣と麻生内閣において、国家公安委員長として、治安水準の更なる向上を図り、沖縄及び北方対策担当大臣として、沖縄の振興や北方地域の諸課題に取り組み、防災担当大臣として、ゲリラ豪雨をはじめ、頻発する自然災害に対峙してまいりました。

安倍内閣においては、経済産業大臣として、福島第一原発の廃炉・汚染水対策と福島の復興を着実に進める一方、わが国の将来を見据えた責任あるエネルギー政策を推進し、経済再生と中小企業支援、通商政策等にも、全力で取り組みました。

国会では、第一八九常会の議院運営委員長として、国会運営に心血を注ぎました。戦後最長の九十五日間の延長をしたことは、記憶にも記録にも残るものでありました。

党にあっては、国対や幹事長室を担当することが多く、現在は二階幹事長のご指導のもと、幹事長代理として、党務全般の重責を担わせて頂いております。

『政党政治』『議院内閣制』のわが国にあって、党の安定がすなわち、政治の安定を意味することは言うまでもありません。多くの方々のご協力を得て、党運営に全身全霊で取り組む日々であります。

政策面では、平成二十三年六月に、野党でありながら議員立法として『津波対策の推進に関する法律』を成立させることができました。当時の二階総務会長のリーダーシップのもと、津波防災の重要性を世界に訴え、国連総会の全会一致で、十一月五日が『世界津波の日』に制定されたことは、万感胸に迫るものがありました。

わが国を、強くしなやかな国土にする『国土強靭化』は、かつては、書くことも読むことも大変難しい言葉でしたが、今や、わが国の有力な政策となり、日本全国各地でその重要性が叫ばれ、ついには海を渡り、諸外国でも、その精神が根付き始めています。

二十五年の節目に来し方を振り返るとき、本当に多くの方々のお支えがあってやってこられたと実感しております。

もとより浅学菲才《ひさい》ではありますが、今後も愚直に誠実に職務に取り組み、子や孫の世代に、『世界に誇れる日本国』と『魅力あふれるわが地元千葉県』を引き継いでまいることをお誓いし、謝辞といたします。ありがとうございました」


平成三十年十二月十九日午後三時三十分、林たち永年在職表彰を受けた議員と、その配偶者は、皇居宮殿竹の間において、天皇皇后両陛下と拝謁した。

林は、一同を代表して挨拶を述べた。

「本日は、永年在職表彰議員に拝謁を賜りまして誠に有難うございました。私は、一同を代表いたしまして天皇皇后両陛下のご健康と皇室のご繁栄をお祈り申し上げます」

拝謁した永年在職表彰議員は、林のほか、年齢順で紹介すると、溝手顕正元防災担当大臣、柳本卓治参議院議員、渡海紀三朗元文部科学大臣、鴨下一郎元環境大臣、塩崎恭久元厚生労働大臣、鈴木俊一前五輪担当大臣、安倍晋三総理、浜田靖一元防衛大臣、茂木敏充経済再生担当大臣、岸田文雄自民党政調会長、野田聖子前総務大臣、前原誠司元外務大臣、玄葉光一郎元外務大臣である。

二階幹事長の抜群の政治手腕を発揮させる「まさに黒子」

江崎鉄磨《えさきてつま》によると、普段は温厚な林だが、幹事長代理として二階幹事長のもとで仕えるようになってからは、時と場合によっては、二階が言いにくいようなことでも、代わりに言うようになってきたという。

志帥会の会合でも、若手議員などが問題発言をすると、林が「うるさいぞ！」と叱咤し、厳しく戒めることもある。

江崎は、そんな林のことを見て思う。

〈まさに黒子だな。二階さんが幹事長として抜群の政治手腕をこれだけ発揮できるのも、林さんの支えがあってこそだ〉

二階一筋の政治家人生を歩んできた江崎にとってみれば、二階を全身全霊で支える最近の林の姿には頼もしさすら感じるほどだ。

江崎は思う。

〈これからも二階さんを支え、そして、二階派のまとめ役として活躍していってほしい〉

議員生活二十五年を超えた林幹雄は、平成三十一年の一月三日で七十二歳となる。

今後は、どのような政治家人生を目指すのか。林は語る。

「どこまでやれるかはわからないが、自分としては、自分で手を挙げてワーッとやるよりも、補佐役が向いていると思っている。だから、現在、二階幹事長のもとで党務のサポートをすることはとても性に合っていると思う」

おわりに

この作品を執筆するにあたり、自民党幹事長代理の林幹雄氏に二年間に及び、節目節目でインタビューにご協力いただきました。

また、二階俊博自民党幹事長、江﨑鉄磨元内閣府特命担当大臣、経済産業省の山崎琢矢氏、林幹人千葉県議の取材協力を得ました。お忙しいなか、感謝いたします。

本文中の肩書は、その当時のもの、敬称は略させていただきました。

また、『逍遥録』（林大幹著・大樹会）、『若い樹』（昭和六十年七月二十日号）、ほか『朝日新聞』『産経新聞』『日本経済新聞』『毎日新聞』『読売新聞』の各紙を参考にいたしました。

今回、この作品の上梓に協力してくださったさくら舎の古屋信吾氏に感謝いたします。

二〇一八年十二月十五日

大下英治

著者略歴

一九四四年、広島県に生まれる。広島大学文学部を卒業。「週刊文春」記者をへて、作家として政財官界から芸能、犯罪まで幅広いジャンルで旺盛な創作活動をつづけている。

著書には『十三人のユダ　三越・男たちの野望と崩壊』（新潮文庫）、『実録　田中角栄と鉄の軍団』シリーズ（全三巻、講談社+α文庫）、『昭和闇の支配者』シリーズ（全六巻、だいわ文庫）、『トップ屋魂　首輪のない猟犬』（イースト新書）、『安倍官邸「権力」の正体』（角川新書）、『高倉健の背中　監督・降旗康男に遺した男の立ち姿』（朝日新聞出版）、『孫正義に学ぶ知恵』（東洋出版）、『落ちこぼれでも成功できる　ニトリの経営戦記』（徳間書店）、『逆襲弁護士　河合弘之』『専横のカリスマ　渡邉恒雄』『激闘！闇の帝王　安藤昇』『永田町知謀戦』（1～3）『百円の男　ダイソー矢野博丈』『日本のドン　血と弾丸の抗争』（以上、さくら舎）などがある。

自民党《じみんとう》の番頭《ばんとう》林《はやし》幹雄《もとお》の凄腕《すごうで》
——二階《にかい》幹事長《かんじちょう》の懐刀《ふところがたな》

二〇一九年二月九日　第一刷発行

著者　大下英治《おおしたえいじ》
発行者　古屋信吾
発行所　株式会社さくら舎　http://www.sakurasha.com
東京都千代田区富士見一-二-一一　〒一〇二-〇〇七一
電話　営業　〇三-五二一一-六五三三　FAX　〇三-五二一一-六四八一
編集　〇三-五二一一-六四八〇　振替　〇〇一九〇-八-四〇二〇六〇

装丁　長久雅行

印刷・製本　中央精版印刷株式会社

ISBN978-4-86581-183-4